Erica Fischer
ALT
Na und?

Erica Fischer

ALT
Na und?

BERLIN VERLAG

Mehr über unsere Autorinnen, Autoren und Bücher:
www.berlinverlag.de

Von Erica Fischer ist im Berlin Verlag erschienen:
Feminismus Revisited (2019)

Inhalte fremder Webseiten, auf die in diesem Buch (etwa durch Links) hingewiesen wird, macht sich der Verlag nicht zu eigen. Eine Haftung dafür übernimmt der Verlag nicht.

3. Auflage 2021
ISBN 978-3-8270-1418-4
© Berlin Verlag in der Piper Verlag GmbH, Berlin/München 2021
Satz: psb, Berlin
Gesetzt aus der Galliard
Druck und Bindung: GGP Media GmbH, Pößneck
Printed in Germany

Ich danke allen, die mit Interviews, Gesprächen, Ideen und Tipps zum Entstehen dieses Buches beigetragen haben. Die Arbeit daran hat mir geholfen, mit meinem eigenen Alter so einigermaßen zurechtzukommen.

*Als meine Frau und ich uns mit zwanzig Jahren kennen-
gelernt haben, war es sehr unwahrscheinlich, dass wir überleben. Wenn wir uns vorgestellt haben, wie wird das sein,
wenn wir achtzig sind ... oh Gott! Aber neunzig! Neunzig!
Schrecklich, schrecklich.*

Marcel Reich-Ranicki zu Iris Radisch in:
Die letzten Dinge[1]

*Bin 81 Jahre, fühle mich viel jünger.
Bin aktiv und kreativ.
Meine Enkelkinder sind stolz auf mich.
Es ist schön, Zeit zu haben für vieles,
was in jüngeren Jahren nicht möglich war.
Ich nutze jede Gelegenheit für alles, was schön ist.*

Eintragung ins Gästebuch der Wanderausstellung
»Was heißt schon alt?« des Bundesministeriums für
Familie, Senioren, Frauen und Jugend, Berlin

INHALT

Ein empörender Vorgang **9**

Luxusprobleme **37**

Eine bunte Bluse
    Ingrid Schloesser, Keramikerin **49**

Ageism – Altersdiskriminierung **75**

SEID LAUT!
    Die Geschichte vergeht nicht
        Susanne Scholl, »Omas gegen Rechts« **97**
    Sein langer Weg zu sich selbst
        Klaus, *Gay & Gray* **123**

Eine Portion Menschenliebe
    Stephanie Klee, Sexualassistentin **135**

Altweibersommer **147**

Krebs (N.N.) **161**

Armutsrisiko Geschlecht **171**

IM SÜNDENPFUHL BERLIN
Ich bin zufrieden
Barbara, Grundsicherungsbezieherin **189**
Die Mühe war nicht umsonst
Gülten, Reinigungskraft in Rente **199**

Wie wir wohnen wollen
Das Rote Wien **209**
Graue Wohnungsnot **217**
Fünf Frauen und die DEGEWO **223**

Mehr dazu im Internet **229**

Über das Sterben **245**

Mein Alphabet **259**
Nachruf von A–Z **263**

Da komm ich rein!
Vom Leben und Sterben im Hospiz **277**

Anmerkungen **297**

Literatur **301**

EIN EMPÖRENDER VORGANG

»Mir ist etwas Empörendes zugestoßen!«, schrieb die 49-jährige Veza Canetti am 3. Februar 1946 an ihren Schwager Georges: »Ich bin alt geworden!«[2]

Veza Canetti sah eines Tages ein anderes Spiegelbild von sich, als es ihrem inneren Bild entsprach. Wir kennen das alle: dieses Gefühl, dass wir plötzlich und unmerklich gealtert sind.

Aber eigentlich ist der Alterungsprozess ein kontinuierlicher Vorgang. Die Zeitschrift *Der Spiegel* hat es im November 2019 zusammengefasst[3]: Schon ungefähr im Alter von fünfzehn Jahren nimmt die Elastizität der Linse ab, mit etwa vierzig lässt die Sehfähigkeit in der Nähe merklich nach; etwa ab zwanzig nimmt die Zahl der für die Wahrnehmung von Tönen wichtigen Haarzellen in der Gehörschnecke ab, ab sechzig setzt oft eine Altersschwerhörigkeit ein; mit zwanzig nimmt die Produktion von Lungenbläschen ab, das Lungenvolumen wird kleiner; ab dem Alter von etwa fünfundzwanzig Jahren nimmt die Fruchtbarkeit der Frau ab, der Testosteronspiegel des Mannes sinkt; ab dreißig verliert der Knorpel des Bewegungsapparats an Elastizität, die Bandscheiben werden steifer; mit dreißig sieht man erste Spuren des Alterns, die Haut bindet weniger Feuchtigkeit und verliert an Elastizität; ab Mitte dreißig beginnen die Haare zu ergrauen; zwischen dreißig und vierzig beginnt der Knochenabbau den Knochenaufbau zu überwiegen; ab vierzig beginnt der Abbau der Muskeln; ungefähr ab vierzig wird mehr Fett eingelagert, der Energieverbrauch sinkt, und das Gewicht kann um ein bis zwei Kilo pro Jahr steigen; mit fünfzig lässt die Filtrationsleistung nach, die Blutreinigung dauert länger und ist weniger effektiv; ab sechzig sinkt die Reaktionsfähigkeit, und Gedächtniseinbußen machen sich bemerkbar, das Koordinationsvermögen verschlechtert sich, und die Geschmacksknospen schwächeln; mit fünfundsechzig Jahren kann das Herz Zeichen von Altersschwäche aufweisen, weil beispielsweise die Blutgefäße verkalken; die Anfälligkeit für Infekte erhöht sich.

»Nimm's leicht – mehr brauchst du nicht zu tun«, rät die US-amerikanische Dichterin Dorothy Parker. »Kämpf nicht dagegen an. Du bist die einzige, die sich leidenschaftlich für dein Alter interessiert; andere Leute haben selber Sorgen. Es wird vermutlich nie Thema werden, außer du selbst bringst es aufs Tapet.«[4]

Das ist wahr. Ich bin nun achtundsiebzig, alle vom *Spiegel* aufgezählten Prozesse habe ich bereits durchlaufen. Glücklicherweise waren sie so schleichend, dass außer mir selbst kaum jemand anders es wahrgenommen hat. Jetzt wird mir auch bald noch der Graue Star behoben. Ich werde besser sehen, und niemand wird es merken. Aber trotzdem: Alt werden ist ein empörender Vorgang, eine unerhörte Verletzung der Eigenliebe. Es schmerzt, das jugendliche Aussehen und die jugendliche Kraft zu verlieren.

»Heute wie gestern glaube ich, dass gesellschaftlich alles unternommen werden muss, um alternden und alten Menschen ihr missliches Geschick zu erleichtern«, schrieb der österreichische Schriftsteller Jean Améry im Frühjahr 1977 im Vorwort zur vierten Auflage seines Buches *Über das Altern*. »Und zugleich beharre ich noch immer darauf, dass alle hochherzigen und hochachtenswerten Bemühungen in dieser Richtung zwar möglicherweise etwas zu lindern vermögen – also: gleichsam harmlose Analgetica sind –, dass sie aber am tragischen Ungemach des Alterns *nichts Grundsätzliches* zu verändern, zu verbessern imstande sind.«[5] Als Jean Améry sein unerbittliches Buch über das Altern schrieb, war er fünfundfünfzig Jahre alt.

Alt werden ist ein empörender Vorgang, obwohl wir alle wissen, dass wir irgendwann alt werden, wenn wir nicht jung sterben wollen. Doch wir bewahren vom Alter, so Marcel Proust, eine »rein abstrakte Vorstellung«. »Nichts sollte erwartungsgemäßer eintreten, aber nichts kommt unvorhergesehener als das Alter«, schreibt Simone de Beauvoir. »Oft ist der Arbeitende verblüfft, wenn die Stunde der Pensionierung schlägt: Das Datum stand seit langem fest, er hätte sich drauf vorbereiten können. ... Jung oder in der Blüte der Jahre denken wir nicht wie Buddha daran, dass das künftige Alter schon in uns wohnt.«[6] Und sie appelliert: »Hören wir auf, uns selbst zu belügen; der Sinn des Lebens ist in Frage gestellt durch die Zukunft, die uns erwartet; wir wissen nicht, wer wir sind, wenn wir nicht wissen, wer wir sein werden: Erkennen wir uns in diesem alten Mann, in jener alten Frau.

Das ist unerlässlich, wenn wir unsere menschliche Situation als Ganzes akzeptieren wollen.«[7]

Einfach ist das nicht, denn laut einer Studie ist der Anteil der Befragten, die angeben, 2007 Opfer von Diskriminierung geworden zu sein, bei keiner Diskriminierungsart so hoch wie bei der aufgrund des Alters. Die heutige Gesellschaft in den hoch industrialisierten Ländern hat die von ihr selbst geschaffene Langlebigkeit der Menschen noch nicht bewältigt. Es ändert sich derzeit etwas, aber immer noch haben wir keine Kultur, die sich positiv auf alte Menschen bezieht – es sei denn als ökonomisch interessanter werdende Zielgruppe.

Im Berufsleben gehört man schon ab fünfundvierzig zum »alten Eisen«, und verliert man in diesem Alter den Job, können Altersklischees die Wahl, wer eingestellt wird, beeinflussen. So haben sich bei zwei gleich qualifizierten Job-Kandidaten und -Kandidatinnen laut einer amerikanischen Studie von 2016 80 Prozent der Teilnehmenden für das jüngere Profil entschieden, egal um welche Tätigkeit es sich handelte. Viele Ältere berichten über Probleme beim Abschluss von Versicherungen und bei der Kreditvergabe durch Banken, selbst wenn sie über eine eigene Immobilie verfügen. Auch Schöffinnen und Schöffen dürfen bei Amtsantritt nicht älter als siebzig sein. Als mein Mann und ich eine Reise mit einem Cargo-Frachtschiff buchen wollten, waren wir knapp davor aufzugeben, weil alle angefragten Reedereien eine Altersgrenze von sechsundsiebzig Jahren vorsehen. Schließlich haben wir eine italienische Reederei gefunden, die Passagiere bis fünfundachtzig mitnimmt. Wir haben es nicht als Altersdiskriminierung wahrgenommen, sondern als notwendige, wenn auch vielleicht veraltete Vorsichtsmaßregel, weil es an Bord keinen Arzt gibt.

Wie man im Fall der Reedereien und der Schöffinnen sieht, hat die Festlegung eines bestimmten Alters mehr mit überkommenen Konventionen und Vorstellungen zu tun als mit der gesundheitlichen und geistigen Realität. Denn wann jemand als alt gilt, ist äußerst relativ. Den typischen alten Menschen gibt es nicht. Skilaufende müssen schon früh aus Altersgründen aus dem aktiven Wettkampfsport ausscheiden. Geistig Tätige bleiben oft bis ins Greisenalter »rüstig«. Arme und Schwerarbeiter altern früher.

»Keine Frau entkommt dem Schock, vierzig zu werden«, schrieb Susan Sontag 1972. »Nach Überwindung des ersten Erschreckens hilft ein liebenswerter, verzweifelter Überlebensimpuls vielen Frauen beim Eintritt in ein neues Jahrzehnt, die Grenze um weitere zehn Jahre hinauszuschieben. In der späten Adoleszenz erscheint dreißig das Ende des Lebens. Mit dreißig wird das Urteil auf vierzig verlegt. Mit vierzig geben sie sich noch zehn Jahre.«[8]

Die Missachtung alter Frauen hat eine lange Geschichte. In der Berliner Gemäldegalerie betrachte ich das Gemälde »Der Jungbrunnen«, das Lucas Cranach d. Ä. 1546 malte. Inmitten einer Weltlandschaft befindet sich ein Becken für Nichtschwimmerinnen, in das aus einem hohen Brunnen Wasser fließt. Männer, junge Frauen und Pferdegespanne bringen gebrechliche Greisinnen auf dem Rücken, in Schubkarren und auf Leiterwagen an den Rand des Beckens, wo sie entkleidet werden. Sie haben Hängebrüste und faltige Pos und Bäuche. Junge Frauen helfen ihnen beim Einstieg ins Wasser. Kaum haben sie die

Hälfte des Beckens überwunden, werden ihre Brüste prall und ihre Haare nehmen Farbe an. Am anderen Beckenrand werden sie von einem selbstredend angekleideten Mann mit galanter Geste begrüßt und in ein bereitstehendes rotes Zelt gewinkt. Drinnen werden sie eingekleidet, und schon warten die Galane auf sie. Im rechten Vordergrund des Bildes vergnügt sich hinter einem Busch ein Paar beim Liebesspiel. Im Hintergrund ist auf einer Wiese ein großer Tisch weiß gedeckt, an dem die nunmehr jungen Frauen unter den bewundernden Blicken der Männer speisen und sich zum Tanz auffordern lassen.

Ausgehend von Interviews mit Frauen um die vierzig schrieb ich 1983 das Buch *Jenseits der Träume*. Ich zitiere aus dem Vorwort: »Ja wie alt bist du denn?, fragen mich die jungen Frauen aus der Frauenbewegung, wenn es unüberhörbar wird, dass mir mein Alter ein Problem ist. Bald vierzig, antworte ich verschämt. Was, das hätte ich nie gedacht! Das sieht man aber nicht!«[9] Wehmütig denke ich an die Zeit zurück, als ich vierzig war. Fotos von damals zeigen mir meine Schönheit und Tatkraft. Dennoch ging es mir schlecht, wahrscheinlich wegen irgendeiner misslungenen Liebe, und ich dachte, ich hätte meine besten Jahre hinter mir.

Heute ist mir mein Alter nur selten ein Problem, bloß eine unleugbare Tatsache, mit der ich offensiv umzugehen versuche. Ich bin alt. »Zu alt« für so manches, was früher einmal Spaß gemacht hat. Doch die Reaktion fällt immer noch ähnlich aus wie mit vierzig: »Was! Das sieht man aber nicht!« Es ist die Ziffer, die beeindruckt und augenblicklich ein klischeehaftes inneres Bild abruft, das mit meiner äußeren Erscheinung, vor allem aber mit meiner

Lebendigkeit und Neugier auf die Menschen und die Welt nicht übereinzustimmen scheint. Und natürlich fühle ich mich geschmeichelt. Wer möchte nicht jünger wirken. Jünger auszusehen ist für Frauen überlebenswichtig, und sie sind bereit, vieles zu unternehmen, um die Niederlage des sichtbaren Alters hinauszuzögern. Gleichzeitig bedeutet das Kompliment aber auch, dass es mir auf Kosten anderer Frauen gegeben wird, denen man ihr Alter angeblich ansieht.

»Bei Strafe des Ausschlusses«, schreibt Charlotte Wiedemann in einem Kommentar in der *tageszeitung*. Eine, die in der Öffentlichkeit steht und nichts »an sich machen lässt«, vor allem eine Schauspielerin, wird für ihren Mut gelobt. Stets geht es um die erotische Ausstrahlung, ohne die eine Frau in unserer Gesellschaft nichts mehr zählt. Der Sex-Appeal von Männern hingegen hat ein wesentlich längeres Verfallsdatum. Ein ergrauter Dreitagebart und Falten im kantigen Gesicht machen einen Mann wesentlich anziehender als ein Jungspund, der aussieht wie ein halbes Kind. Bei Frauen ist das anders. Models, die das Schönheitsideal der heutigen Zeit prägen, sollten mit achtzehn längst Karriere gemacht haben. Aber natürlich: Die Aufgabe von Männern ist es auch nicht, zu gefallen, sondern Macht, Finanzkraft und Selbstbewusstsein auszustrahlen. »Die Art, wie Männer sich das Alter ausmalten und wie Frauen es erlebten und erleben, hat wenig miteinander zu tun. Auch im Alter gibt es zwei Kulturen«, schreibt Hannelore Schlaffer in *Das Alter. Ein Traum von Jugend.*[10]

Die Scham, die das Eingeständnis des eigenen Alters in unserer auf Jugendlichkeit fokussierten Gesellschaft auslöst, lässt sich überall dort beobachten, wo ältere Leute, Frauen ebenso wie Männer, sich weigern, der Schwerhörigkeit durch das Tragen eines Hörgeräts abzuhelfen. Während die Brille ein allgemein akzeptiertes Hilfsmittel ist, das ja auch junge Menschen bisweilen benötigen, gilt das Hörgerät immer noch, wenn auch zunehmend weniger, als unwiderrufliches Zeichen des Alters. Lieber nehmen Menschen soziale Isolierung in Kauf, als sich und der Umwelt einzugestehen, dass der Alterungsprozess eben auch zu Schwerhörigkeit führen kann. Anders als früheren Generationen steht uns aber heute eine ausgereifte Technik zur Verfügung, die es uns ermöglicht, dieser Behinderung fast unsichtbar zu begegnen. Ich selbst habe festgestellt, dass der offensive Umgang mit meiner Schwerhörigkeit, die bei mir bereits mit fünfundsechzig Jahren einsetzte, der beste Weg ist, diese Scham über eine geringfügige Behinderung abzulegen. Aber ich gebe zu, dass die Mitteilung des Hörakustikers, ich würde ein Hörgerät benötigen, erst einmal einen Schock ausgelöst und mich in eine tagelange Depression gestürzt hat.

Einiges hat sich geändert und wird sich weiter ändern. Was als alt wahrgenommen wird, verschiebt sich nach hinten. Zum ersten Mal in der Geschichte können die meisten Menschen auf der Welt damit rechnen, sechzig Jahre und älter zu werden. Ein 2015 in Brasilien oder Myanmar geborenes Kind hat heute eine um zwanzig Jahre höhere Lebenserwartung als noch vor fünfzig Jahren, behauptet der 2016 veröffentlichte WHO-Weltbericht über Altern und Gesundheit. Vorausgesetzt, es fällt nicht einem Krieg, einer Hungersnot, einer durch den Klimawandel verursachten Überschwemmung oder einer »ethnischen Säuberung« zum Opfer, füge ich hinzu. Diese höhere Lebenserwartung weltweit hat tiefgreifende Auswirkungen auf die Gesundheitssysteme und deren Haushalte sowie auf die im Gesundheitswesen beschäftigten Arbeitskräfte.

Anfang des 20. Jahrhunderts war eine Frau mit vierzig nicht »älter«, sondern »alt«. Am Ende. Abgeschrieben. Heute, schreibt Susan Sontag, beginnt die Alterskrise bei Frauen früher, dauert aber länger; sie erstreckt sich über den Großteil ihres Lebens. »Die Krise kann jederzeit einsetzen.«[11] Ähnlich Simone de Beauvoir: »Lange vor der endgültigen Verstümmelung wird die Frau vom Schrecken des Alters verfolgt.«[12]

Für den damals dreiundsechzigjährigen Grafiker der Taschenbuchausgabe meines Buches *Jenseits der Träume* Celestino Piatti sah eine Frau mit vierzig einer unerfreulichen Zukunft entgegen. Auf dem von zwei Flächen in düsterem Lila und Rotbraun eingefassten Schwarz-Weiß-Foto runzelt eine skeptisch dreinschauende Frau auf grauem Hintergrund nachdenklich die Stirn. Kein Bild, das zum Kauf des Buches einlädt. Seine persönliche Ablehnung älterer Frauen erwies sich als stärker als das Vermarktungsinteresse des Verlags.

»Man sollte von Jugend auf die Forderung beherzigen, den Tod gering zu schätzen, ein Grundsatz, ohne den niemand ruhigen Sinnes zu sein vermag«, schrieb der zweiundsechzigjährige Cicero in *De Senectute* – »Über das Alter« im Jahr 44 v. Chr. »Denn sterben muss man gewiss, und ungewiss ist nur, ob man es nicht bereits an diesem Tag muss. Wie könnte also einer festen Sinnes sein, wenn er sich vor dem Tode fürchtet, der zu jeder Stunde droht?«[13] Cicero ist voller guter Empfehlungen. Dem Nachlassen sexueller Aktivität, heute eines der zentralen Themen von Ratgebern, kann er nur Gutes abgewinnen: »Welch herrliches Geschenk des Lebens, wenn es uns wirklich das nimmt, was in der Jugend die schlimmste Qual des Lasters ist!«[14] So manche ältere Frau, deren sexuelle Erlebnisse mit ihrem Mann nicht immer berauschend waren, denkt sich das wohl heute auch noch.

Unleugbar ist, dass die vor uns liegende Zeit mit den Jahren schrumpft, auch wenn der Tod laut Cicero theoretisch zu jeder Stunde drohen kann. Aber eben nicht muss, mit fortschreitendem Alter allerdings immer wahrscheinlicher wird. Je weniger Zeit wir vor uns haben, schreibt Améry, desto mehr Zeit sei in uns. Aufgesammelte, abgelebte Zeit. Wir blicken zurück, erinnern uns. Wir werden alt durch die Zeit, die in uns lastet. Die Zukunft, so Améry, sei nicht Zeit, sondern vielmehr Welt und Raum. »Alt sein oder auch nur altern sich spüren, heißt: Zeit haben im Körper ... Jung sein, das ist: den Körper hinauswerfen in die Zeit, die keine Zeit ist, sondern Leben, Welt und Raum.«[15]

Welt und Raum würden im Alter schrumpfen, schreibt Améry. Die Welt stehe uns nicht mehr offen. Der Autor spürt, dass er immer mehr verstummt. Was hat er in dieser rasant fortschreitenden Zeit und Welt noch zu sagen? Und er wird auch nicht mehr gefragt. Was er zu sagen hat, sei nicht mehr relevant, sei Meinung von gestern.

Alt werden, so Améry weiter, heißt, sich selbst fremd zu werden. Der Spiegel zeigt uns wie Veza Canetti eine Person, die nicht übereinzubringen ist mit dem Ich, das wir in uns tragen. »Vielleicht die stärkste Komponente des Überdrusses ist eben diese Selbstentfremdung, diese Unstimmigkeit von dem durch die Jahre mitgebrachten jungen Ich und dem Ich der alternden Spiegelfrau. Aber in den gleichen Atemzügen wird ihr [...] greifbar, dass sie sich samt Gelbflecken und glanzlosem Auge näher, überdrussvoll traulich-vertrauter ist denn je zuvor und dass sie verurteilt ist, vor ihrem fremdgewordenen Spiegelbild auf immer drangvollere Weise sie selber zu werden.«[16]

Wer kennt diesen verdrießlichen Blick in den Spiegel nicht? Wie Menschen, die sich satt essen können, ihren Magen vergessen, so war unser Gesicht, das wir in jungen Jahren ohne Missvergnügen im Spiegel betrachteten, eine solche Selbstverständlichkeit, dass wir es vergessen konnten. Es war Teil der Welt. Améry spricht von einer narzisstischen Melancholie, die den alternden Menschen erfasst, wenn er sein Spiegelbild betrachtet. Und er rebelliert gegen das seinem Gefühl nach falsche Ich, welches sich ihm offenbart. Bin das noch ich? Aber welches Ich ist eigentlich gemeint? Das Kinder-Ich, das Adoleszenz-Ich, das Ich der erwachsenen Person auf dem Höhepunkt ihrer Kraft?

Das letzte Wort hat der Körper. »Ich bin ich im Altern durch meinen Körper und gegen ihn: ich war ich, als ich jung war, ohne meinen Leib und mit ihm«, schreibt Améry.[17] Erst im Alter entdecken wir den Körper und die Zeit, die wir in unserer Jugend vergessen konnten. »Als Alternde werden wir unserem Körper fremd und seiner trägen Masse zugleich näher als je zuvor.«[18]

Die gut gelaunten, hellwachen Alten, mehrheitlich Frauen, die Museen, Theater, Ausflugslokale, Reisebusse und Kreuzfahrtschiffe bevölkern, scheinen sich mit ihrem fremd gewordenen Körper versöhnt zu haben. Ohne Zahlen zu kennen, behaupte ich, dass der Tourismus und die Kulturindustrie ohne die Generation 60plus blass aussehen würden. Ihre grauhaarigen Konsumentinnen fühlen sich offensichtlich wohl in ihrer Haut und sind fest entschlossen, ihre verbleibende Lebenszeit in vollen Zügen zu nutzen – so sie denn die finanziellen Mittel dazu haben. Denn die Alten bilden keinen monolithischen Block. Der oder die Alte »muss schon immer als Mensch behandelt worden sein«, um mit Simone de Beauvoir zu sprechen.[19]

Der Statistik zufolge ist es den Alten noch nie so gut gegangen. Das Zentrum für Altersforschung weiß, dass es bei den über Sechzigjährigen noch nie so viele Partnerschaften gab wie heute, möglich gemacht unter anderem durch die Angebote des Internets. Partnerschaft ist mehr als Sex, denn gleichzeitig haben ab dem Alter von siebzig ein Drittel bis die Hälfte der Senioren keinen Sex mehr. Es gibt aber andere Herausforderungen: Noch nie haben so viele Senioren an deutschen Hochschulen studiert wie heute, wobei das Fach Geschichte am beliebtesten ist. Nach der U-Kurve des Glücks in Europa sind die Zwanzig- bis Fünfundzwanzigjährigen, deren Leben vor ihnen liegt, am glücklichsten, der Tiefpunkt liegt in der Mitte des Lebens zwischen vierzig und fünfzig, und danach steigt die Kurve kontinuierlich wieder an. Die Psychologie erklärt das damit, dass die Alten, deren Lebenszeit begrenzt ist, sich weniger Sorgen um die Zukunft machen müssen. Allerdings handelt es sich hier um einen Mittelwert, der nicht ausschließt, dass es arme, kranke, depressive und einsame Alte gibt.

Die vergnügten und wissbegierigen Seniorinnen und

Senioren sind die sichtbarste Seite des demografischen Wandels, der zu Amérys Zeiten noch nicht so ausgeprägt war. Die Zahl der älteren und hochbetagten Menschen steigt. »Ältere Menschen werden zukünftig unsere Gesellschaft mehr und mehr prägen«, heißt es im Siebten Altenbericht des Bundesministeriums für Familie, Senioren, Frauen und Jugend von 2016. Seit dem 19. Jahrhundert habe sich die Lebenserwartung fast verdoppelt. Aktuell gehört hierzulande mehr als jede vierte Person der Generation 60plus an. Im Jahr 2050 werden zwischen 33 und 40 Prozent der Bevölkerung sechzig und älter sein. Die meisten älteren Menschen der Altersgruppe 65plus, so der Bericht, fühlen sich gesundheitlich wohl. Erst im hohen Alter steigt der Pflegebedarf deutlich an, in der Altersgruppe der über Neunzigjährigen sind dann zwei Drittel pflegebedürftig.

Die Pflege, so der bekannteste deutsche Pflegekritiker Claus Fussek, sei ein gigantisches Geschäft, ein riesiger Wachstumsmarkt, auf dem Milliardenbeträge verdient werden. »Wenn man auf einen Altenpflegekongress geht, hat man das Gefühl, auf der CEBIT zu sein«, sagte er dem Online-Nachrichtenticker *Telepolis* im August 2013. »Wir haben als Gesellschaft ohne Protest die Güter Pflege und Gesundheit der freien Marktwirtschaft übergeben, und nun herrschen dort die Gesetze des Marktes.« Seit Einführung der Pflegeversicherung 1995 ist der Anteil der privaten Betreiber von Alten- und Pflegeheimen von 26 auf 40 Prozent gestiegen. Da Personalkosten 70 Prozent und mehr der Gesamtkosten ausmachen, sind Personalkürzungen ein beliebtes Mittel, um die Rendite zu steigern.

In ihrer leidenschaftlichen Anklage gegen die moderne Gesellschaft und ihre Einstellung zu alten Menschen – *Das Alter* – bezeichnet Simone de Beauvoir Frankreich mit seinen mageren zwölf Prozent der Bevölkerung über fünfundsechzig als Land mit dem höchsten Prozentsatz an Alten weltweit, »verurteilt zu Armut, Einsamkeit, Krankheit, Verzweiflung«.[20] Das war 1970, und Beauvoir sah sich auch vor einer kulturellen Wüste, in der bei Büchern, Filmen, Fernseh- und Radiosendungen die Alten als Zielgruppe fehlten.

Das ist heute anders geworden. Der Markt ist dabei, sich dem steigenden Alter der Kulturkonsumentinnen anzupassen, bisweilen bis zum Überdruss. Immer häufiger erobern Filme über alte Menschen die Leinwand: »Wolke 9«, »Sein letztes Rennen«, »Marigold Hotel«, »Der Hundertjährige«, »Harold and Maude«, »Liebe«, »Mr. Morgan's Last Love«, »About Schmidt«, »Das Leuchten der Erinnerung«, »Lucky«, »Mrs. Fang«, »Back in the Game«, »Im Labyrinth der Erinnerung«, »Lara«… Und während sich Greta Garbo schon im Alter von sechsunddreißig Jahren von der Leinwand zurückzog, können wir uns heute an einer wachsenden Zahl in die Jahre gekommener Schauspielerinnen erfreuen.

Nach wie vor erobern im Film faltige Männer über fünfzig kaum zwanzigjährige Schönheiten, und doch ist etwas in Bewegung geraten. Mit dreiundfünfzig denkt die strahlend schöne Julia Roberts noch lange nicht ans Aufhören, ebenso wenig Iris Berben, Corinna Harfouch oder Meryl Streep, von der großartigen Helen Mirren und der 1937 geborenen Jane Fonda ganz zu schweigen. Sie verschweigen auch nicht mehr ihr Alter, wie es früher üblich

war und wie auch ich es eine Zeit lang verschämt prakti-
ziert habe.

Vor allem aber der Buchmarkt reagiert auf die »Vergreisung« der Gesellschaft, wie es abschätzig heißt. Die Liste
der Titel zum Altwerden ist endlos: *Entscheide selbst, wie alt
du bist, Vom Vergnügen, entspannt alt zu werden, Alt werden war gestern, Bin ich schon alt oder wird das wieder?, Das
Glück der späten Jahre, Alt werden, ohne alt zu sein, 50 ist
das neue 30, Wie kluge Frauen alt werden, Mut zu mir selbst:
Alt werden ist nichts für Feiglinge, Ich bin alt und das ist
gut so, Alt werden und jung bleiben, Wenn der Wecker nicht
mehr klingelt, Klüger werden und Demenz vermeiden, Wer
nicht alt werden will, muss früher sterben, Vom Abenteuer,
alt zu werden, Die neue Lust am Älterwerden, Für Träume
ist man nie zu alt, Lebensplanung für Fortgeschrittene, Fit
im Alter, Gesund und glücklich hundert werden, Alt werden
nur die anderen, Sex Deluxe: Sinnlich älter werden, Amor
altert nicht, Sex in deinem Alter?!, Partnerschaft im Alter,
Ziemlich heiße Jahre, Wenn Paare älter werden, Sex Ü60,
Partnersuche im Internet für die zweite Lebenshälfte, Liebe
bis in den späten Herbst, Wenn Kinder aus dem Haus sind
und der Hund gestorben ist...*

Alles im Handel erhältlich. »Genieße dein Alter, wenn
es ja doch nicht zu ändern ist«, rufen uns diese Bücher zu.
Und natürlich haben sie recht. 1970 galt, so de Beauvoir,
Liebe und Eifersucht von Alten noch als »widerwärtig
oder lächerlich«, Sexualität als »abstoßend«.[21] 2008 hingegen sorgte Andreas Dresens Film »Wolke 9«, in dem
das »Tabuthema Sex im Alter« überraschend offenherzig
behandelt wurde, in Cannes für einen zehnminütigen
Beifall im Stehen.

Nun füge ich also der langen Liste von Büchern über Alter und Altern ein weiteres hinzu, wenn auch keinen Ratgeber. Über Ratschläge verfüge ich nicht, ich befrage nur mich selbst und spreche mit unterschiedlichen Menschen, die mir erzählen, wie sie ihr Leben im Alter gestalten – je nach ihren früheren und jetzigen Lebensumständen gestalten können. Die Statistiken und Analysen entnehme ich der Arbeit von Wissenschaftlerinnen und Wissenschaftlern. ´

Zu den zufriedenen Alten gehöre auch ich. Mit achtundsiebzig tut mir, außer an manchen Tagen das linke Knie, nichts weh, ich treibe Sport, lese so viel wie zuletzt als Kind und lebe sorglos mit einem Mann mit guter Rente, den ich erst mit fünfundsechzig kennengelernt habe. »Spätes Glück« wird das genannt. Vor allem aber arbeite ich, was ich als noch größeres Glück empfinde. Als Freiberuflerin war ich schon immer darauf eingestellt, so lange zu arbeiten, wie es meine geistige und körperliche Verfassung erlaubt. Insofern habe ich mich nie verstärkt um meine Rente gekümmert. Mit Erstaunen konnte ich beim Eintritt des Rentenalters feststellen, dass ich tatsächlich eine – wenn auch bescheidene – Rente beziehe. Zum ersten Mal im Leben habe ich nun ein regelmäßiges Einkommen. Ich habe einen Schreibtisch in einer Bürogemeinschaft, die mir soziale Kontakte zu Jüngeren sichert. Hobbys habe ich keine, ich bin nicht ehrenamtlich tätig und habe keine Kinder und folglich auch keine Enkel, die mich auf Trab halten. Meine Lieblingsbeschäftigung ist die Arbeit. Mit ihr tue ich etwas einigermaßen Sinnvolles und befriedige meine Neugier auf die Welt.

So erlebe ich mein Alter tatsächlich als eine Zeit der

Freiheit. Auch als Frau. Während ich mit fünfzig noch darunter litt, trotz gefärbter Haare nicht mehr gesehen zu werden, ist es für mich heute – mit weißen Haaren – entlastend, ich selbst sein zu dürfen, keine Rolle spielen, den Erwartungen an Weiblichkeit nicht mehr entsprechen zu müssen und mich ohne Angst vor sexueller Belästigung frei in der Welt zu bewegen. Wenn ich mich dennoch schminke und sorgfältig kleide, tue ich es für mich selbst und bin froh, dass mein Äußeres von anderen nicht mehr begutachtet wird.

Über Komplimente, vor allem von Frauen, freue ich mich dennoch. Aber manchmal fühlt es sich eben gut an, nicht gesehen zu werden. »Von einem Jahr aufs andere ist die Zeit meine Verbündete geworden, wie für jede Frau«, schreibt die polnische Nobelpreisträgerin Olga Tokarczuk in ihrem Roman *Unrast.* »Ich bin unsichtbar, durchsichtig geworden.«[22] So kann sich ihre Protagonistin durch die Welt bewegen wie ein Gespenst, kann den Leuten unbemerkt über die Schulter schauen und ihren Gesprächen lauschen. Nicht immer ist es jedoch angenehm, unsichtbar zu sein. Um doch noch gesehen zu werden – etwa, wenn mich der Kellner im Restaurant hartnäckig übersieht, während er später eingetroffene Männer und Paare bedient, oder der Spanischlehrer mich nicht aufruft, obwohl ich direkt vor seiner Nase sitze und mich melde –, musste ich lernen, selbstbewusst und fordernd aufzutreten. Als Lernschritt für das vierte Lebensquartal ist das gar nicht schlecht.

Der melancholische Blick in den Spiegel auf den sich verändernden Körper ist allerdings ein Luxusproblem. Dem Altenbericht ist zu entnehmen, dass viele seiner

Autorinnen und Autoren »von einem relevanten Anstieg der Altersarmut in den kommenden Jahren und Jahrzehnten« ausgehen. Insbesondere in Ostdeutschland. Wer sich Sorgen um das tägliche Überleben machen muss, hat wohl keine Muße, mit dem Aussehen zu hadern. »Deutlich ist, dass das Niveau der Eingangsrenten in der gesetzlichen Rentenversicherung seit Jahren sinkt«, urteilt der Altenbericht.[23] Ein Skandal in einem reichen Land wie Deutschland, in dem es immer mehr Superreiche gibt.

»Dass die gesetzliche Rente derart kaputt gemacht wurde, ist der größte sozialpolitische Skandal der Nachkriegszeit«, urteilt Sahra Wagenknecht in *Rente und Respekt!*.[24] Insbesondere alleinstehende Frauen, Menschen ohne Berufsausbildung, Personen mit Migrationshintergrund, Menschen mit chronischen Erkrankungen und Langzeitarbeitslose sind von Altersarmut bedroht. Sollte die Politik eine solche »soziale Polarisierung des Alters« nicht wünschen, dann wird sie sich Gedanken machen müssen – über den sozialen Wohnungsbau und bezahlbare Mieten, über existenzsichernde Mindestlöhne, die Umverteilung von bezahlter und unbezahlter Arbeit sowie über eine Umstrukturierung der Renten- und Steuerpolitik, um nur einige Minimalanforderungen zu nennen.

Norberto Bobbio zitiert in seinem Buch *Vom Alter. De Senectute* aus dem Jahr 1996 erschütternde Aussagen von Menschen in italienischen Altenheimen, deren Einsamkeit so umfassend ist, dass sie nur noch den Tod herbeisehnen. Studien zeigen, dass chronische Einsamkeit, also soziale Isolation, ein größeres Sterberisiko mit sich bringt als fünfzehn Zigaretten am Tag, Fettleibigkeit oder Bluthochdruck. Der Psychiater Manfred Spitzer bezeichnet Einsamkeit mit ihren körperlichen Folgen wie Herz-Kreislauf-Erkrankungen und einer höheren Wahrscheinlichkeit, an Krebs zu erkranken, als »Todesursache Nummer eins«.[25]

Das viel zitierte und auch belächelte Einsamkeitsministerium in Großbritannien hat einen Haken: Gesprochen wird über einen emotionalen Zustand, nicht jedoch über öffentliche Strukturen, die soziale Isolation schaffen, über die sterbenden Dörfer, die Ausdünnung der Verkehrsverbindungen, die Entmischung der Innenstädte, die keine Orte der Begegnung mehr anbieten, über die Ausbreitung extremer Berufsanforderungen, die kein Privatleben zulassen. Gesprochen wird nicht über Armut, die Einsamkeitsproduzentin Nummer eins.

Die Armutsforscherin Irene Götz hat in ihrem Buch *Kein Ruhestand* Frauen zwischen sechzig und achtzig Jahren porträtiert, die im reichen München Not leiden. Mehr als 70 Prozent der Frauen in Bayern leben unterhalb der Armutsgefährdungsgrenze. Die Autorin berichtet von alten Frauen, die ihr Leben lang erwerbstätig waren und nun auf einem Klappbett im Flur der Tochter schlafen, Straßenzeitungen verkaufen, im Callcenter im Akkord arbeiten. Auf die Generation der Babyboomer, die heute älter als fünfzig sind, sieht sie ein Katastrophenszenario zukommen. Der Anteil an Frauen, die in Teilzeit oder geringfügiger Beschäftigung arbeiten, ist weiterhin hoch, und ihre spätere Rente wird entsprechend niedrig ausfallen. Einen Ausgleich durch betriebliche und private Altersvorsorge haben gerade die unteren Einkommensgruppen kaum zu erwarten.

Den verzweifelten Alten in Italien stellt Bobbio die selbstzufriedene Rede aus der rhetorischen Tradition eines Cicero gegenüber, und die armen Frauen von München und anderswo in Deutschland sind die Schattenseite der in die Jahre gekommenen gut bestallten deutschen Bewohnerinnen und Bewohner von Mallorca mit den verheißungsvollen Lebensratgebern im Gepäck. So wie die Kluft zwischen Arm und Reich allgemein in Zeiten des Neoliberalismus größer wird, so wird die Verteilung der Lebenschancen im Alter ungleicher. Schlimm daran ist zudem, dass die Altersarmut in der Regel endgültig ist.

Wer sich über die »Vergreisung« unserer Gesellschaft Sorgen macht, sollte sich von Japan warnen lassen, dessen Alte für ihre Langlebigkeit bekannt sind, aber zunehmend ein Problem darstellen. Ein Blick zurück: In einigen Gebieten Japans waren die Dörfer bis in die jüngste Zeit so arm, dass man die Alten opfern musste, schildert Simone de Beauvoir in *Das Alter*. Man brachte sie auf sogenannte Totenberge und ließ sie dort zurück. Man veranstaltete ein Totenfest mit kostbaren Speisen und Reiswein. Im Morgengrauen danach wurden die Todgeweihten von einem Verwandten an ein Brett gebunden und auf den von Raben umkreisten Berg getragen, dessen Gipfel von Knochen übersät war.

Die Atago-Siedlung am Stadtrand von Tokio ist ein Gebäudekomplex mit 1698 Wohneinheiten, einer von Hunderten ähnlichen Komplexen rund um Tokio. In diesen nicht als Altenheime konzipierten Sozialwohnungen leben heute fast nur noch alte Leute, das Ergebnis einer Sozialpolitik, die jüngere Bewohner ab einer gewissen Einkommenshöhe nicht mehr dort wohnen lässt. Zurück bleiben die Alten, doch die fünfstöckigen Gebäude haben keine Aufzüge, und in der Umgebung gibt es weder einen Supermarkt noch eine Apotheke. Die 1976 eröffnete Grundschule musste 2016 mangels Schülern schließen. Die britische Zeitung *The Guardian* zitiert einen siebzigjährigen Mitarbeiter des Atago-Wohnkomitees, dem zufolge in den letzten fünf Jahren über 2300 alleinstehende Alte in Japan einen *Kodukushi* gestorben sind, einen »Tod in Einsamkeit«. So nennen die Japaner den Tod, der erst Wochen später entdeckt wird, ein Damoklesschwert, das über den Bewohnern von Atago schwebt.

Manches, was der ehemalige Journalist des *Spiegel* Wieland Wagner in seinem 2018 erschienenen Buch über Japan – *Abstieg in Würde. Wie ein alterndes Land um seine Zukunft ringt* – beschreibt, lässt an den Totenberg denken. Seit neun Jahren in Folge schrumpft die japanische Bevölkerung. Mehr als ein Viertel war 2018 fünfundsechzig Jahre alt und älter, so viele Menschen wie noch nie. Damit war der Anteil der Alten mehr als doppelt so hoch wie jener der unter Fünfzehnjährigen. Während heute die Alten immer älter werden, rücken zu wenige Junge nach. 2017 betrug die Geburtenziffer 1,43 Kinder pro Frau, eigentlich nur geringfügig weniger als in Deutschland. Immer weniger Arbeitsfähige müssen immer mehr Arbeit verrichten, mit derart katastrophalen Folgen für die körperliche und psychische Gesundheit der noch Erwerbstätigen, dass sich die Regierung 2015 genötigt sah, ihre Landsleute zu fünf Zwangsurlaubstagen im Jahr zu verpflichten.

»Die Vergreisung liegt wie ein grauer Schleier über Japan«, schreibt Wagner. »Allenthalben ist vom Altern und vom Sterben die Rede.«[26] Katastrophal sind auch die Folgen für die Wirtschaft. Immer weniger Waren werden verkauft, Firmen suchen verzweifelt nach Personal, Betriebe, deren Besitzer in Rente gehen, finden keine Nachfolge, junge Erwerbstätige haben vor lauter Überstunden keine Zeit und wegen der niedrigen Löhne auch kein Geld, eine Familie zu gründen, Alte müssen bis ins hohe Alter schuften, weil ihre karge Rente zum Überleben nicht reicht, Wohnungen und Häuser bleiben unbewohnt und verfallen, die Bettenzahl in Krankenhäusern wird drastisch gesenkt, während das Personal im Pflegebereich heillos überfordert ist.

Immer wieder kommt es vor, dass Pflegende und Angehörige sich nicht mehr zu helfen wissen und als letzten Ausweg ihre Schutzbefohlenen ins Jenseits befördern. Und *Karoshi* – »Tod durch Überarbeitung« – ist ein Euphemismus für den Suizid von Mitarbeitern, denen so viele Überstunden abverlangt werden, dass ihnen der Tod wünschenswert erscheint. Selbst die Gefängnisbelegung altert, sodass man dazu übergeht, jüngere Gefangene in der Altenpflege auszubilden.

Während Deutschland sein Demografieproblem durch Zuwanderung lindert, bleiben die Japaner lieber unter sich. Notgedrungen will das Land bis 2025 seine strengen Zuwanderungsregeln lockern und eine halbe Million ausländische Arbeitskräfte ins Land lassen. Schon heute sieht man auf Baustellen, in Supermärkten, Restaurants, Altenheimen und landwirtschaftlichen Betrieben nicht nur japanische Beschäftigte. Doch der rechtlich unsichere Status der Zugewanderten erlaubt es ihnen nicht, sich dauerhaft niederzulassen und eine Familie zu gründen.

Stattdessen bevorzugt man in Japan technische Lösungen. »Um Alte und Demente psychisch zu betreuen, setzen viele Heime auch Roboter-Seehunde und Roboter-Katzen ein«, berichtet Wagner. In einem Seniorenheim in Tokio konnte er 2005 noch bestaunen, wie Bewohner von Waschrobotern geduscht und getrocknet wurden, zwölf Jahre später sei man davon wieder abgekommen. »Zwischen den Visionen der amtlichen Planer und dem Alltag der Pfleger klafften offensichtlich Welten«, schließt der Autor.[27]

Auf Deutschland bezogen hat sich die Bertelsmann Stiftung in einer jüngst veröffentlichten Studie mit dem demografischen Wandel beschäftigt. Rein rechnerisch wäre es möglich, mit höherer Zuwanderung den Altenquotienten bis 2035 annähernd konstant zu halten. Auf Bruttobasis würde das jedoch innerhalb von fünfzehn Jahren eine Zuwanderung von knapp 45 Millionen Personen erforderlich machen, was vermutlich in Zeiten von zunehmendem Rassismus und Fremdenfeindlichkeit politisch nicht durchsetzbar ist. Die tatsächliche Alterung der Gesellschaft würde dadurch aber nur auf später verschoben, denn langfristig altern auch die Zugewanderten oder wandern wieder ab.

»Mögliche Instrumente sind eine schnellere Erwerbsintegration von Zuwanderern, ein Anstieg der Erwerbstätigkeit und des Arbeitsvolumens bei Frauen und Migranten sowie eine Erhöhung der Regelaltersgrenze, die sich an der steigenden Lebenserwartung orientiert«, schlussfolgert die Demografie-Expertin der Bertelsmann Stiftung Martina Lizarazo López.[28] Eine bessere flächendeckende Kinderbetreuung, eine Änderung des sozialen

Sicherungssystems, eine kinder- und familienfreundliche Umgestaltung der Arbeitswelt, eine Umverteilung entlohnter und nicht entlohnter Arbeit und eine Umverteilung des gesellschaftlichen Reichtums von oben nach unten, würde ich ergänzen.

Heute und morgen erreichen Menschen in Deutschland das Rentenalter, die eine andere Jugend durchlebt haben als frühere Generationen, sie kennen weder Krieg noch Hunger, viele haben sich in jungen Jahren für soziale Gerechtigkeit eingesetzt, haben ihr Leben nicht in der »Normalfamilie« verbracht und sind Feministinnen, die weniger fügsam sind als frühere Frauengenerationen. »Sie fürchten nicht die Schwierigkeiten, die sie mit ihren Kindern bekommen, weil sie nicht als ›richtige Omas‹ für die Betreuung der Enkel zur Verfügung stehen, sondern einen eigenen Terminkalender haben«, schreibt Gisela Notz.[29] Sie zitiert den »Freiwilligensurvey« aus dem Jahr 2009, der diagnostiziert, dass sich die Freiwilligen von heute wegen ihrer besseren körperlichen Verfassung und ihres höheren Bildungsniveaus in steigendem Maße als kritische und selbstbewusste Engagierte erweisen. Zunehmend richte sich ihr Engagement direkt auf das Gemeinwesen. Zum Erfahrungswissen der Alten komme nun auch kritische Kompetenz. Sie werden als »unwürdige Greisinnen« (Brecht) zum Sand im Getriebe der nur auf Verwertbarkeit ausgerichteten neoliberalen Maschinerie.

Angesichts der Vereinsamung und oft desolaten Wohnsituation älterer Menschen entwickeln manche schon in jüngeren Jahren Ideen, wie sie ihr Alter in Gemeinschaft mit Jüngeren und Kindern gestalten wollen. Doch ohne

Förderung durch die öffentliche Hand werden diese wunderbaren Ideen nur von einer kleinen finanziell gut ausgestatteten Elite umgesetzt werden können.

Das Alter, schreibt Simone de Beauvoir, »ist nicht nur eine biologische, sondern eine kulturelle Tatsache«.[30] Und eine politische.

Die Alten genießen den Luxus, nicht mehr Teil der Leistungsgesellschaft zu sein. Wahrscheinlich sind deshalb so viele von uns zufrieden. Wir dürfen uns den Müßiggang erlauben. »Müßiggang« ist ein schönes Wort: sich die Muße nehmen, den Gang zu verlangsamen. Zu schlendern. Auf Italienisch heißt es *ozio*. Das ist viel zu kurz. »Unser Tatendrang entspringt dem unbewussten Hang, uns für Mittelpunkt, Ursache und Endziel der Zeit zu halten«, schreibt Émile M. Cioran in *Lehre vom Zerfall*.[31] Alte können sich diese Illusion nicht mehr erlauben. Aber, so Cioran, »Müßiggänger erfassen mehr von den Dingen als Geschäftige, dringen tiefer als diese in sie ein: ihren Horizont begrenzt keinerlei Arbeit.« Sie tun weder Gutes noch Böses, sind bloß »Zuschauer der in Zuckungen sich windenden Menschheit«.[32]

Heute sagen Wissenschaftler voraus, dass die Menschen eines Tages hundertdreißig Jahre alt werden könnten. Emma Morano aus dem piemontesischen Verbania starb 2017 im Alter von 118 Jahren. Sie wurde 1899 geboren und war die letzte Person der – westlichen Journalistinnen bekannten – Welt, die das gesamte zwanzigste Jahrhundert durchlebt hat. Verständlicherweise wurde sie immer wieder von Leuten aufgesucht, die auf das Geheimnis ihrer Langlebigkeit neugierig waren. Ein Arzt habe ihr geraten, gegen Blutarmut täglich zwei rohe

Eier zu essen, gab sie zu Protokoll, daran habe sie sich ihr Leben lang gehalten. Doch der eigentliche Grund für ihr hohes Alter sei ein anderer: Nachdem ihre große Liebe im Ersten Weltkrieg gefallen und ihr zweiter Versuch mit einem Mann an dessen Gewalttätigkeit gescheitert war, verbrachte sie ihr restliches Leben allein, wenn auch nie einsam. Dadurch, verriet sie verschmitzt, habe sie sich eine Menge Ärger erspart.

Was soll ich sagen? Ich bin dreiundneunzig. So alt zu werden wie ich ist eigentlich beschissen. Die Kräfte lassen nach. Du siehst schlechter. Du hörst schlechter. Der Körper macht nicht mehr mit. Es geht dem Ende zu. Das ist schmerzhaft, denn du denkst: Wie lange hab ich noch zu leben? Wie kann ich alles schaffen, was ich noch vorhabe? Die Zeit vor mir wird immer kürzer.

Marie Thérèse, 93, Wien

LUXUSPROBLEME

13. Mai 2019. Heute war ich in einem großen Warenhaus
einkaufen und bin deprimiert zurückgekehrt, noch depri-
mierter, als ich schon am Vortag war.

Voller Vorfreude auf unseren Türkei-Urlaub hatte ich
tags zuvor meine Sommerhosen in Augenschein genommen. Wohlweislich einige Tage im Voraus, denn ich ahnte
schon, dass ich im letzten Jahr zugenommen hatte. Mein
Mann erholte sich in dieser Zeit von einer Operation, und
ich blieb überwiegend zu Hause, um ihm Gesellschaft zu
leisten. Ich schiebe es auf ihn. Drei Mahlzeiten am Tag
sind zu viel für mein Alter. Schon lange bin ich auf keine
Waage gestiegen, um mir die Stunde der Wahrheit zu
ersparen. Aber nun ist es schlimmer gekommen, als ich
befürchtete.

Sage und schreibe elf Hosen sind untragbar geworden. Ich habe sie mir im Laufe der letzten fünf Jahre aus
lauter Begeisterung über den Erfolg meines Intervall-
fastens, das ich knapp vor meinem siebzigsten Geburtstag
volle drei Monate rigoros durchgehalten hatte, nach und
nach gekauft – eine Kleidergröße kleiner als zuvor. Wel-

che Freude! Glücklicherweise habe ich nicht alle meine zu weit gewordenen Hosen weggegeben, denn jetzt brauche ich sie wieder. Und nicht einmal die passen alle. Also ging ich einkaufen.

Der Schock saß tief. Will ich uneingezwängt in den Süden reisen, muss ich mir Hosen kaufen, die *zwei* Kleidergrößen weiter sind als meine elf in die finsterste Ecke des Schranks verbannten. Die eigentliche Größe wage ich weder auszusprechen noch hinzuschreiben. Und doch habe ich es im Interesse eines entspannten Urlaubs getan. Das ist vernünftig. Zum ersten Mal seit Längerem wird sich keine Fettwulst über die Taille wölben, und ich werde mich tatsächlich wohlfühlen in meinem Körper. Wenn ich nicht an ihn denke und in keinen Spiegel schaue.

Doch vor dem Kauf kam die Anprobe. Anders als zu Hause vor dem Spiegel überwiegend frontal kann ich mich in der Ankleidekabine auch seitlich betrachten, wenn ich den zweiten Spiegel ausklappe. Hätte ich es nur nicht getan! Was ich gesehen habe, ist eine alte Frau. Weißes wuscheliges Haar, von einer tüchtigen Friseurin zwar flott geschnitten, aber lange nicht mehr so dicht wie vor vierzig Jahren, Bauch und Po der Kleidergröße entsprechend, Busen na ja, vor allem aber diese Krümmung im oberen Rückenbereich. Früher nannte man diese Erscheinung Witwenbuckel, weil die Osteoporose, die für die medizinisch »Hyperkyphose« genannte Erscheinung verantwortlich ist, überwiegend bei Frauen vorkommt. Genauer gesagt handelt es sich um ein Zusammensinken der Wirbelkörper, was eine Verkürzung und Verformung der Wirbelsäule mit sichtbarer Krümmung des Rückens zur Folge hat.

Im Internet finde ich folgenden Satz: »Außerdem leiden Menschen mit einer verstärkten Kyphose oftmals sehr unter ihrem Aussehen und entwickeln überdurchschnittlich häufig depressive Verstimmungen bis hin zu ausgeprägten Depressionen.« In der Tat hat mich der Anblick meines oberen Rückens, der so gekrümmt ist, dass sich zwischen Rückenansatz und Hals eine Hautfalte bildet, zutiefst deprimiert. Wie Jean Améry es beschreibt, konnte ich mein jung gebliebenes inneres Ich nicht mit der alten Frau in Einklang bringen, die mich vom Spiegel her ansah. Wie soll ich mich dazu verhalten?

Mit sechsundsiebzig ist man alt. So ist es eben. Ich habe mir in letzter Zeit angewöhnt, mich auch vor Publikum als »alt« zu bezeichnen, nicht das abschwächende »älter« zu verwenden, sondern eben »alt«. Der Spiegel gibt nur wider, was ist. Flacher Bauch, kleine Brüste, fester Po, aufrechte Haltung – alles passé. Von den weißen Haaren und der von Altersflecken verunstalteten Haut ganz zu schweigen. Und die Schlupflider. An manchen Tagen schlimmer als an anderen. Die weißliche Haut legt sich über die beweglichen Augenlider, reicht manchmal bis an die Wimpern heran und drückt auf die Augen. Meine Augen, einst groß und strahlend, das Schönste an meinem Gesicht, sind unter den Schlupflidern stumpf geworden. Wenn ich spreche, mich ereifere, lache, mich für einen Gedanken begeistere, scheint das Strahlen zurückzukehren, so versichern mir meine Gesprächspartnerinnen. Du bist schön, sagt auch mein Mann, dein Gesicht ist hellwach und lebendig, auf deinen Körper kommt es nicht an. Aber auch er beäugt mitunter seinen Bauch kritisch im Spiegel.

Im Kaufhaus sind am Vormittag überwiegend ältere Frauen unterwegs. Wie ich lassen sie sich blenden von den anorektischen Schaufensterpuppen, die, umweht von einschmeichelnder Musik und ausgeklügelter Beleuchtung, die neuesten Modelle zur Schau stellen. Die älteren Frauen holen sich Klamotten in ihrer Kleidergröße von der Stange, gleich drei Stück auf einmal, man weiß ja nie, ob man nicht doch abgenommen hat, und verschwinden in der Ankleidekabine. Draußen vor dem großen Spiegel drehen sie sich um ihre eigene Achse, das neue Kleidungsstück am Leib, und versuchen, der gedrungenen Person mit den rötlich gefärbten Haaren das Mindestmaß an für die Kaufentscheidung erforderlichem Wohlgefallen abzugewinnen. Sie ringen darum, ihr Bild übereinzubringen mit der den Kleiderstapeln entströmenden Glücksverheißung. Diesmal wird das Wunder geschehen. Sie sind Betrogene, noch ehe sie der Kassiererin ihre Kreditkarte hinübergereicht haben und von ihr auch noch ein Rubbellos geschenkt bekommen. Für den nächsten Versuch.

Inzwischen hat sich die Modeindustrie nun aber doch auch auf ihre ältere und fülligere Kundschaft eingestellt. Neben Skinny Jeans gibt es nun endlich wieder Hosen, die dem weiblichen Körper angemessen bis zur Taille reichen, anstatt schon unter dem Nabel zu enden. Und im Kaufhaus sah ich auch etliche Hosen, die einen elastischen Bund haben, was den Tragekomfort für nicht ganz so Schlanke erheblich erhöht. Es war höchste Zeit.

Wie schön wäre es, einfach ohne Reue altern zu können, dem Körper freie Bahn zu lassen. Mit Gusto zu essen, wann immer es mir gefällt. Ich habe immer gern und viel gegessen und hatte nie Probleme mit meiner Figur. Aber der Metabolismus des Körpers verändert sich. Heute würde er nur die Hälfte meiner Nahrungszufuhr benötigen, Intervallfasten eben – was die Lebensfreude nicht gerade erhöht. Wie großartig wäre es, keine engen Jeans zu tragen, die sich mithilfe von Elastan bemühen, meinen geformten Körper möglichst männlich schmal erscheinen zu lassen und dabei erbarmungslos jede Speckfalte betonen. Wie schön wäre es, weite Gewänder zu tragen wie die Afrikanerinnen. Wie Göttinnen schreiten sie mit ihren bunt gemusterten Turbanen hocherhobenen Hauptes in Ghana über den Marktplatz und in Genf durch den Konferenzsaal, vorbei an den zerbrechlichen hochhackigen Kostümträgerinnen mit ihren eingefallenen Wangen im Nancy-Pelosy-Stil. Man ahnt bei jedem ihrer Schritte, dass die Afrikanerinnen auch unter dem wallenden Stoff Königinnen sind. Haben sie Probleme mit ihrem Körper? Ich weiß es nicht, sie sehen jedenfalls nicht danach aus. Sie dürfen Frauen sein, deren Körper ab der Menopause nach Fett verlangt. Und sie gefallen den Männern auch so, insbesondere so. Kein feministisches Argument, ich weiß.

Apropos Feminismus. Kürzlich wurde ich zu einem Podium über Feminismus und Alter eingeladen. Ich hatte wenig zu sagen. Klar, als Feministin muss ich auf den Gendergap verweisen, der im Alter immer größer wird. Frauen haben immer weniger Geld zur Verfügung, durchschnittlich 60 Prozent weniger Rente als Männer, und gelten spätestens ab fünfzig als Personen, denen jede erotische Ausstrahlung abgesprochen wird. So dankt ihnen die Gesellschaft ihre Reproduktionsarbeit. Als Feministin muss ich sagen, dass alten Frauen weder Schönheit noch

Weisheit zugestanden wird, alten Männern aber schon. Dass der Körper von Männern als nebensächlich gilt und sie sich gewiss selten derart kritisch im Spiegel betrachten, wie ich es im Kaufhaus getan habe.

»Männer haben einen erheblichen Vorteil«, wird der heute achtundfünfzigjährige George Clooney zitiert (der übrigens auch Schlupflider hat), »wir kriegen Falten, werden fett und glatzköpfig oder weißhaarig, und keinen kümmert's.«[33] Das »wir« ist zwar galant, trifft aber auf ihn selbst nicht zu, der immer noch als der schönste Mann der Welt gilt. »Frauen werden Männern niemals ebenbürtig sein, solange sie nicht mit Glatze und Bierbauch die Straße runterlaufen können und immer noch denken, sie seien schön«, sagt Nina Hagen.[34] All das hätte ich auf dem Podium sagen müssen und habe es wohl auch gesagt, aber die beschämende Wahrheit ist, dass eine feministische Überzeugung nicht vor der Melancholie schützt, welche die meisten von uns Frauen überfällt, wenn wir uns jenseits der fünfzig im Spiegel betrachten.

Halten sich Nina Hagens Männer mit Glatze und Bauch wirklich für schön? Das frage ich mich oft, wenn etwa einer wie Harvey Weinstein trotz seines wenig einnehmenden Äußeren vor Selbstbewusstsein strotzt und sich herausnimmt, jede noch so schöne, noch so kluge Frau anzubaggern (und mehr), vorausgesetzt sie ist jung und auf der Suche nach einer Rolle. Clooney hat recht: Es kümmert weder ihn selbst noch andere. Denn er hat etwas anderes anzubieten, das schwerer wiegt als Schönheit und Jugend. Dazu Karl Marx mit wie immer bestürzender Klarheit: »Ich bin häßlich, aber ich kann mir die schönste Frau kaufen. Also bin ich nicht häßlich, denn die Wirkung der Häßlichkeit, ihre abschreckende Kraft ist durch das Geld vernichtet. Ich bin geistlos, aber das Geld ist der wirkliche Geist aller Dinge, wie sollte sein Besitzer geistlos sein?«[35]

Wir Frauen im Westen sind so sehr auf unseren Körper fixiert, dass wir uns eine Umkehr der Verhältnisse kaum vorstellen können, also ältere Frau/junger Mann. Aufgrund der Erwerbstätigkeit der Frauen im Westen und der Armut anderswo gibt es heute allerdings Ansätze. Ältere Frauen, die zu Hause wenig Chance auf ein Liebesabenteuer haben, reisen nach Kuba oder in ein afrikanisches Land, um sich einen Urlaub lang mit einem jungen Mann zu vergnügen. Der es natürlich nicht umsonst tut.

Der österreichische Regisseur Ulrich Seidl folgte in seinem Film »Paradies Liebe« einer Sextouristin nach Kenia. Die etwa fünfzigjährige Wienerin ist dicklich und unübersehbar keine Schönheit. Aber das Begehren fragt nicht nach einem gefälligen Äußeren. Sie findet sich einen Toyboy, fast zufällig, denn eigentlich wollte sie nur ein freundliches Gespräch führen – auf einer »Augenhöhe«, die unter den Bedingungen der ökonomischen Ungleichheit nicht möglich ist. Dem jungen Mann stand der Sinn nicht nach einem freundlichen Gespräch mit einer ältlichen Wienerin. In Kenia kehren sich die uns vertrauten Machtverhältnisse um. Die Frau zahlt und bekommt Sex. Doch das Tauschverhältnis humpelt. Denn die Wienerin im Film gibt sich als gelernte Frau der Illusion hin, neben dem Sex auch Gefühle zu ernten. Der junge Mann braucht jedoch nur ihr Geld, um seine Familie durchzubringen. Weil sie das zu Beginn nicht begreift, wird die Frau verletzt. Erst wenn sie sich das Bedürfnis nach

Gefühl im anderen ausgetrieben hat, wird sie »funktionierender Bestandteil der Marktabsprachen da in Kenia«, schreibt Marlene Streeruwitz in ihrer großartigen Rezension auf *Zeit Online*.

Aber eben nur vordergründig. Ihre weiße Haut und das selbst verdiente Geld ermächtigen die Fünfzigjährige zwar, sich in Kenia einen bezahlten Lover zu suchen, doch »an die Macht lassen sie [die Sextouristinnen] sich nun selbst nicht und vollziehen die patriarchalen Aufträge subtil an sich«, analysiert Streeruwitz. In einer kaum erträglichen Szene, die an Rassismus nicht zu überbieten ist, wird bei dem Versuch der Frauengruppe aus Wien, eine Orgie zu inszenieren, der dafür vorgesehene Kenianer verjagt, weil er keine Erektion zustande bringt. »Die fehlende Erektion des Mannes wird zum Schuldspruch am Körper der Frau«, fasst Streeruwitz zusammen. »Wieder fühlen sie sich alle nicht schön genug, das Begehren dieses Prostituierten erwecken zu können. Es bleibt beim Penis als Richter über den Wert der Frau.« Die Umkehr der Verhältnisse misslingt.

Ich selbst war Anfang der 1980er-Jahre in Mosambik in einer Situation, in der ein bezaubernder junger Kellner bereit gewesen wäre, sich mir anzudienen. Ich war noch jung genug, um mir einbilden zu können, er wäre an meiner Person interessiert. Auf die Idee, dass unsere ökonomische Ungleichheit jeden gleichberechtigten Austausch unmöglich machte, kam ich damals nicht. Erst als der Mosambikaner mich bat, ihm Adidas-Schuhe zu schicken, ging mir ein Licht auf. Über ein Jahrzehnt danach in Kuba waren meine Vorstellungen immer noch von dem einzigen mir bekannten Verhältnis zwischen den

Geschlechtern so tief verankert, dass ich mich nur hilflos fragen konnte, was der junge Musiker mit der samtbraunen Haut eigentlich von mir wollte. Nach Hause zurückgekehrt, informierte ich mich über die weitverbreitete Prostitution unter Afro-Kubanern beiderlei Geschlechts im Tourismus-Geschäft. In meinem einsamen Bett in Berlin fand ich die Vorstellung eines solchen marktförmigen Verhältnisses mit umgekehrten Vorzeichen eigentlich recht anregend. Zumindest in der Fantasie.

Um zur Veranstaltung zu Feminismus und Alter zurückzukehren: Mein Feminismus hilft mir zwar, einen Befund über die gesellschaftlichen Verhältnisse zu erstellen, ich bin aber nicht in der Lage, den Blick von meinem immer unansehnlicher werdenden Körper abzuwenden. Da helfen mir alle klugen Analysen nichts. Ein Trost ist mir der tieftraurige Jean Améry, der ja schließlich keine Frau war: »Denn dem Blick und dem Urteil der anderen entgehen wir nicht.«[36] Und dem eigenen erst recht nicht. Der wohlgemeinte Rat, sich einfach jung zu fühlen, und dann sei man es auch, bedeute, so Simone de Beauvoir, »die komplexe Wahrheit des Alters zu verkennen: Das Alter ist ein dialektischer Bezug zwischen meinem Sein in den Augen anderer, so wie es sich objektiv darstellt, und dem Bewusstsein meiner selbst, das ich durch das Alter gewinne«.[37]

Mir einzureden, ich sei mit sechsundsiebzig im herkömmlichen Sinn schön, wäre ebenso Selbstbetrug wie der Glaube, ich müsse mich nur einfach jung fühlen, um es dann auch zu sein. Mich nicht mehr anzuschauen wäre eine Möglichkeit. Doch ich bin eine im westlichen Patriarchat geborene Frau und werde im westlichen Patriarchat sterben. Alles, was aus mir geworden ist, was ich denke, was ich fühle, wie ich aussehe, wie ich mich bewege, wie ich mich kleide und wie ich mich im Spiegel betrachte, ist durch diesen patriarchalen Blick geprägt. Geringfügige Veränderungen habe ich dank des Feminismus vollzogen, geringfügige Veränderungen vollziehen sich auch in der Gesellschaft. Doch die Befreiung vom Joch der Schönheit als oberstem Gebot für den Status einer Frau werde ich nicht erleben.

»Die Tage schrumpfen und trocknen ab, da hatte er [A.] Begehr, die Wahrheit zu sagen.« So lautet Jean Amérys letzter Satz in seinem Buch *Über das Altern*.[38]

Dem kann ich mich nur anschließen.

Es gibt viele, die von einem Tag auf den anderen als Geschenk vom Chef eine Uhr in die Hand gedrückt bekommen, und danach sitzen sie zu Hause. Vereinsamt. Ich arbeite ja in einem medizinischen Beruf und kenne viele, die nach der Verrentung nicht aufhören. Sie suchen sich ein bis zwei Mal in der Woche etwas – weil sie das Geld brauchen, aber mehr noch, weil es ihnen Spaß macht. Aber viele haben diese Möglichkeit nicht, und erworbenes Wissen wird ja auch nicht nachgefragt. Es geht nur noch um Tempo und Jugendlichkeit. Die Alten sind vielleicht langsamer, aber sie haben Wissen und Erfahrung. Eine Gesellschaft definiert sich doch über das Wissen der Alten, ob über Rituale oder Familiengeschichten. Die Alten geben dieses Wissen an die Jüngeren weiter. Die dann vielleicht auch auf den Gedanken kommen könnten, mal innezuhalten und nicht nur gedankenlos immer weiterzustürmen.

Agnes, 75, Köln

EINE BUNTE BLUSE

INGRID SCHLOESSER, KERAMIKERIN

Ingrid Schloesser wurde am 5. Januar 1929 in Düren geboren, ist also 2020 einundneunzig Jahre alt. »Im Winter 1929 war der Rhein komplett zugefroren und zur Überquerung zu Fuß freigegeben«, schreibt sie in ihrem Erinnerungsbuch. »Die Minustemperaturen gingen bis zu 18 °C. Auf dem Fluss war Jahrmarktstimmung mit Glühweinbüdchen und Karussell. Man konnte sogar mit dem Auto über die Eisschichten fahren.«

So viel zum Klimawandel. Ingrid Schloessers Mutter kam aus einem reichen Fabrikantenhaus in Osnabrück, ihr Vater hatte in Kleve Landwirtschaft studiert, konnte aber infolge einer schweren Verletzung, die er sich im Ersten Weltkrieg zugezogen hatte, den Beruf nicht ausüben. Die Arbeitslosigkeit in den Zwanzigerjahren war hoch. Durch Beziehungen erhielt er die Genehmigung für eine staatliche Lotterie-Einnahme, wovon die Familie gut leben konnte.

Bei Kriegsbeginn 1939 war Ingrid zehn Jahre alt und kam gerade in die höhere Oberschule für Mädchen. Die ersten Bomben auf Deutschland fielen auf Düren, einen wichtigen Eisenbahnknotenpunkt, wenn es auch sonst keine kriegswichtigen Industriebetriebe gab. »Noch heute sehe ich die Beine eines toten Jungen auf dieser Karre liegen. Nun wusste man, was eine Bombe anrichtet.« Trotz seiner Kriegsverletzung wurde der Vater, der Freimaurer war und die Nazis nicht mochte, als Offizier nach Frankreich versetzt. Und 1942 war er in Warschau.

Als die Alarmnächte immer unerträglicher wurden, schickten die Eltern Ingrid für ein halbes Jahr zu einem Patenonkel nach Fockendorf bei Altenburg, wo sie zur Schule ging. Im März 1944 wurde sie erneut von ihm aufgenommen. »Ungewöhnlich war für mich, dass ich nachts durchschlafen konnte und nicht in den Keller musste. Ich konnte wieder Kind sein.«

Am 16. November 1944 wurde Düren dem Erdboden gleichgemacht. Ingrid war noch in Fockendorf, die Mutter und die Schwester in Bayern, der Vater konnte sich in letzter Minute aus ihrem brennenden Haus retten.

Der Winter 1946/47 war sehr hart. Die Familie, die in Bad Essen bei Osnabrück unterkam, hatte nur das Nötigste zu essen und kaum Heizmaterial. »Wenn ich zum Frühstück einen Apfel mit einem Stück Brot hatte, war der Tag gerettet.«

Als Ingrid das erste Mal eine Töpferei betrat, war ihr sofort klar: Das Töpfern war ihre Bestimmung. Zielstrebig ging sie ihren Weg und machte 1949 ihre Gesellenprüfung.

Am 14. April 1954 heiratete sie Rolf Schloesser, den Sohn der besten Freundin ihrer Mutter. Er arbeitete als Redakteur bei der *Neuen Post*. Ein Jahr darauf wurde Ingrids Tochter geboren, 1962 ihr Sohn.

Als die Kinder größer wurden, bekam sie einen Unterrichtsvertrag an der Werkerziehungsschule in Köln und konnte dort auch eine Ausbildung durchlaufen, die aus Ingrid eine Künstlerin machte. Das Institut war nach dem Bauhaus ausgerichtet, und in der voll ausgestatteten Töpferwerkstatt blühte Ingrid auf. Da die Keramikerin, die die Werkstatt leitete, oft krank war, sprang Ingrid ein und leitete schon bald die Keramikklasse der Schule.

Zwanzig Jahre arbeitete Ingrid Schloesser im Schuldienst. Im 1986 eingeweihten Familienwohnhaus im Bauhausstil ließ sie sich eine Werkstatt einrichten und konnte sich nach Ende des Schuldienstes 1989 voll ihrer künstlerischen Tätigkeit widmen. Es folgten mehrere Ausstellungen im eigenen Haus und in Ausstellungsräumen außerhalb.

Ingrids Mann Rolf arbeitete erst als Redakteur beim WDR und übernahm danach den Buchverlag c.w.leske, einen der ältesten, 1921 gegründeten Buchverlage Deutschlands. Das von ihm verlegte Buch *Struwwelhitler. Satire und Macht*, eine englische Struwwelpeter-Parodie aus dem Jahr 1941, wurde ein Hit und erlebte viele Ausgaben.

Seit 1967 leitet Ingrid Schloesser einen Werkkreis für künstlerisches Gestalten. Auch heute noch gibt sie jede Woche einen Kurs. Begonnen hatte der Werkkreis als Handarbeitsgruppe im Rahmen der Kirchengemeinde. Alle Dinge, die sie am Werklehrerinstitut lernte, trug sie sofort in ihre Gruppe. Die dort angefertigten Produkte werden auf Weihnachtsmärkten verkauft und mit dem Erlös soziale Projekte unterstützt. »Ein Feuerwerk an Ideen und Energie. Ein wärmender Ofen der Herzlichkeit. Ein Leben mit Kunst, Schönheit und Kreativität«, schreibt ein Teilnehmer anlässlich des fünfzigsten Jahrestags des Werkkreises.

2009 starb Rolf überraschend, und Ingrid Schloessers Leben veränderte sich. »Den plötzlichen Tod konnte ich erst gar nicht realisieren.« Aber sie war dankbar, dass er nicht leiden musste. Doch danach fiel sie in ein großes Loch und wurde krank.

Drei Jahre nach Rolfs Tod verkaufte sie ihr gemeinsames Haus und zog in eine lichtdurchflutete Erdgeschosswohnung mit Terrasse und Garten, die sie im Bauhausstil einrichtete. »Als ich vor sechs Jahren hier hinzog, kam es mir vor, als wenn ich nach Hause käme.«

Zur Hochzeit von Ingrids Enkelin Katharina drehte ihr die Großmutter als Geschenk hundert kleine Vasen aus Ton, die von der Familie gemeinsam beschriftet wurden.

Ich habe Ingrid Schloesser über meine Kölner Freundin Erika kennengelernt, die mit ihr im »Experimentalchor Alte Stimmen« singt. Bei meinem Besuch im Mai 2019 versammeln sich fünfunddreißig Frauen und fünf Männer im runden holzgetäfelten Saal des Kölner Bezirksamts Mühlheim. Alle über siebzig, viele weißhaarig. Lange vor meinem Köln-Besuch hat mir Erika zum Geburtstag einen wunderschönen Schal in den Farben Rot, Schwarz und Weiß geschenkt, kunstvoll aus verschiedenen Stoffen zusammengenäht, ein Teil mit glitzernden schwarzen Pailletten appliziert. Damals wusste ich noch nicht, dass ich die Herstellerin eines Tages kennenlernen würde. Es war Ingrid Schloesser.

Der 2011 gegründete Chor stellt sich auf seiner Webseite vor: »Bei vielen Menschen verändert sich die Stimme im Alter. Unsere Ohren, geprägt durch CD, Funk und Fernsehen, nehmen diese Veränderungen häufig als Defizit wahr. Doch eine ältere Stimme gewinnt zugleich an Charakter, wird individueller: Wenn ältere Menschen singen, dann kann das eine für uns Jüngere unnachahmliche expressive Kraft haben. Im ›Experimentalchor Alte Stimmen‹ wird gemeinsam nach neuen Tönen für alte Stimmen und der Schönheit der ›faltigen‹ Stimme gesucht. Im künstlerischen Dialog zwischen Chor und Leitungsteam entstehen neue Improvisationen, Chorsätze und Arrangements, die ganz auf die Ideen, Erfahrungen und Fähigkeiten der Teilnehmenden zugeschnitten sind.«

Nach einleitenden Körperübungen – Arme strecken, Einatmen, Spannung abschütteln, Ausatmen – geht es an diesem Donnerstag zum Thema des Nachmittags: Vokale länger halten, zum Wahrnehmen des Unterschieds mal mit starrem Kiefer, mal mit leicht geöffnetem Mund. Und wieder vorbereitende Körperübungen: Innenseite der Arme und Schultern abklopfen, Lippen lockern, Gesichtsmassage, Mundwinkel ausstreichen, mit Geräuschen unterlegte Grimassen schneiden, Becken und Schultern kreisen, Schultern heben und fallen lassen.

Und dann wird Bachs geistliches Lied »Komm, süßer Tod, komm, selge Ruh« von der Chorleiterin am Klavier angestimmt. Ich, die ich noch nie in meinem Leben gesungen habe und bei der jeder Ton hörbar falsch aus meiner Kehle dringt, bin beeindruckt. Und ich verspüre sogar eine eilig unterdrückte Lust mitzumachen. Bei uns zu Hause wurde niemals gesungen. Meiner Mutter hatte man in der Schule gesagt, sie habe eine Stimme wie eine

Kröte. Dieses Bild von sich selbst ging auf mich über. Wenn mein Mann mit strahlenden Augen und energiegeladen von der Chorprobe kommt, beneide ich ihn um diese künstlerische Ausdrucksmöglichkeit, die mir verwehrt ist. Schreiben ist so viel weniger körperlich.

Ingrid Schloesser sang schon mit sechs Jahren im Martinschor der Kirchengemeinde. Im »Experimentalchor Alte Stimmen« sitzt die Neunzigjährige in der ersten Reihe, steht auf und setzt sich, reckt die Arme wie alle anderen. Bei einem öffentlichen Auftritt des Chors hat sie sogar einmal einen Stepptanz hingelegt, auch wenn sie sich dazu ihres Rollators bedienen musste, denn diese Bewegungen machen ihre operierten Hüften nicht mehr mit. Mit dem Auto fährt sie allerdings wie der rasende Roland. Zum Interview kam ich mit Erika mit der Straßenbahn in den Stadtteil Junkersdorf, und Frau Schloesser ließ es sich nicht nehmen, uns von der Haltestelle abzuholen. Sie begrüßte mich, die fremde Autorin, wie eine alte Freundin und plauderte gleich gut gelaunt drauflos.

Von ihrer in Weiß gehaltenen großzügigen Wohnung mit Blick ins Grüne waren wir erst einmal sprachlos vor Begeisterung. Bauhaus pur, minimalistische Möbel mit viel Raum dazwischen, darunter ein alter Schrank mit Glastüren für das schöne Meißner-Service, das Ingrid einmal günstig erstanden hatte. Überall in den Regalen und auf dem Fußboden kleinere und größere Keramikgefäße und an den Wänden Kunstwerke, ihre eigenen und die anderer Künstler, die sie und Rolf im Laufe der Jahre zusammengekauft hatten. Als sie in ihre neue Wohnung einzog, ließ sie zuallererst Leisten für ihre Bilder anbringen.

In ihrer Kindheit war nicht vorauszusehen, dass sie ihren »Lebensabend«, wie man so sagt, derart komfortabel verbringen würde. Wenn man 1929 geboren wurde, hatte man wenig Zeit für eine frohe Kindheit.

Krieg
In Düren habe ich mich immer schon für die Altstadt interessiert, weil sie so bezaubernd war. Düren war eine reiche, schöne Residenzstadt. Es gab Textilindustrie, vor allem aber Papierindustrie, weil die Rur das beste Wasser hat. Mein Großvater war Pfarrer in Düren, mein Vater ist dort geboren.

Am 16. November 1944 wurde Düren von den Alliierten dem Erdboden gleichgemacht. Nur vier Häuser waren noch bewohnbar. Als das passierte, war nur mein Vater noch in Düren, ich selbst habe die Bombardierung nicht direkt miterlebt. Die Alliierten hatten angefragt, ob man Düren nicht kampflos übergeben wolle. Dann wäre die Stadt verschont geblieben. Aber die Nazibonzen haben sich in ihren Bunker zurückgezogen und Düren seinem Schicksal überlassen. Die Zivilbevölkerung ist geflohen, trotzdem gab es über dreitausend Tote. Das ist ein solches Verbrechen. Ich bin ja in der Zeit groß geworden, aber ich kann es bis heute nicht begreifen.

Als ich nach dem Krieg 1946 nach Düren zurückkehrte, war ich schockiert. Ich konnte mich überhaupt nicht zurechtfinden. Wo unser Haus einmal gestanden hatte, war nichts mehr zu erkennen. Es war ein einziges Trümmerfeld. Sie haben ja nach der Bombardierung auch noch Brandbomben geworfen. Das muss ein einziges Inferno gewesen sein. Eine Weile haben wir in einem Trümmerhaus gewohnt, dessen unterer Teil noch einigermaßen stand.

Das Schlimmste, was ich selbst erlebt habe, spielte sich gegen Kriegsende ab. Ich war bei meinem Onkel in Fockendorf bei Altenburg, wo ich es gut hatte wie selten und auch zur Schule ging. Meine Eltern waren in Detmold, wo unserer Familie eine kleine Wohnung zugewiesen wurde. Natürlich wollte ich zu ihnen und wurde von meiner sieben Jahre älteren Schwester abgeholt. Während der Zugfahrt wurden wir von Fliegern beschossen. Das war grauenhaft, und ich hatte große Angst. Es fällt mir schwer, es zu erzählen, aber ich will es versuchen.

Wir standen in Leipzig, und die Züge waren brechend voll, Menschentrauben überall. Ein hübscher junger Offizier bot sich an, uns zu helfen. Er hatte vorne im Zug ein Abteil und wollte uns Plätze frei halten. Mir aber gelang es, zwei Plätze für uns anderswo zu ergattern, und ich dachte, es wäre besser, zu bleiben, wo wir waren. Es war März und das schönste Wetter. Vier Tage waren wir unterwegs. Zwischen Sangershausen und Nordhausen kamen die Flieger auf uns zu. »Tack, Tack, Tack«, und schon lagen wir zwischen Leichen. Meine Schwester hat sich auf mich geworfen, und dann haben wir beide gesungen: »Es kann mir nichts geschehen,/als was er hat ersehen/und was mir selig ist.«

Die Menschen haben alle geschrien, aber als wir sangen, wurde es plötzlich still. Es war, als wäre Gott in diesem Moment bei uns, und wir hatten die Gewissheit, dass uns heute nichts passieren würde. Als wir es im Zug nicht mehr aushielten, sind wir raus, und da saß dann – ach, das war so schlimm – ein junger Offizier mit einem toten Kind im Arm und gleich in seiner Nähe eine Frau mit zerschossenen Beinen, auch sie mit einem Kind im Arm. Das vergisst du nie.

In Detmold mussten wir uns erst einmal langsam erholen von diesem Schock. Mein Vater hat uns erst gar nicht erkannt. Ich hatte immer dickes Haar. Das stand mir ab wie bei Struwwelpeter. Man sagt doch: Die Haare stehen einem zu Berge – so war das. Die haben mein Haar gar nicht entwirren können. In Detmold war der Krieg noch nicht zu Ende. Da flogen die Bomber über die Stadt. An meine Gedanken von damals erinnere ich mich heute noch: Soll doch endlich eine Bombe auf uns fallen, damit ich dieses Grauen hinter mir habe. So habe ich gedacht.

Und dann haben wir uns langsam erholt. Nein, ich träume heute nicht mehr davon. Das ist vorbei. Das habe ich überwunden. Wir waren junge Dinger und haben nachher gefeiert, was das Zeug hält. Wir wollten tanzen und uns amüsieren. Ich habe danach so viel Schönes erlebt: meine Jugendliebe. Aber diese Zeit, diese kurze Zeit war schlimm. Doch wenn man jung ist, ist die Freude darüber, endlich ausschlafen zu können, schnell wieder da.

Natürlich wurde ich in der Zeit auch nationalsozialistisch indoktriniert. Einmal sagte mein Vater: Hitler ist der größte Deutschenhasser aller Zeiten. Da habe ich die Ohren gespitzt. Ich konnte Hitlers Stimme ohnehin nicht ertragen. Und so im Gleichschritt marschieren, das war nichts für mich. Ich bin in die Sing- und Spielschar gegangen, wo man Volkslieder gesungen hat. Das war schön. Mein Vater wollte nicht, dass ich zum Jungvolk gehe, das musste man aber. Dann ging ich als Gegenpol in einen hervorragenden Konfirmandenunterricht.

Die Verarbeitung fing nach dem Krieg erst an. Bald ging ich wieder zur Schule und hatte eine beste Freundin. Sie war ganz in Schwarz gekleidet, weil ihr Bruder noch am letzten Kriegstag erschossen worden war. Und kaum hatte man die Kriegserlebnisse so halbwegs verarbeitet, musste man sich damit auseinandersetzen, was die Nazis Unfassbares getan hatten. Ich habe alles darüber, was man den Juden angetan hat, gelesen und bin in jeden Film gegangen. Das habe ich bis heute nicht überwunden. Aber direkt nach dem Krieg hat man nicht darüber gesprochen.

Mit dreizehn Jahren war ich 1942 mit meiner Mutter in Warschau gewesen, wohin mein Vater nach seinem Frankreich-Einsatz strafversetzt worden war. Ich weiß nicht warum, vielleicht hatte er ein Techtelmechtel mit einer Französin. Ich wollte wissen, was ein Getto war, wollte es mir ansehen. »Das können wir nicht«, sagte mein Vater. Und ich: »Warum nicht?« – »Wenn wir da reingehen, werden sie uns mit Pinkeltöpfen bewerfen.« So hat er gesagt. Ob er gewusst hat, was dort los war, weiß ich nicht. Ob er über die KZs Bescheid wusste, weiß ich nicht. Er war damals in Warschau für die Verpflegung verantwortlich und deswegen sehr beliebt. Wir gingen von einem tollen Restaurant ins nächste. Ich selbst habe oft gar nichts gegessen, denn Essen war für mich in dem Alter nicht besonders interessant. Nur an die Nachtische kann ich mich erinnern. Wir haben im besten Hotel gewohnt und wurden verwöhnt. Mein Vater hatte auch Charme, er war sehr fröhlich, und obwohl er kein Nazi war, hat er sich gut mit denen arrangiert.

In der Grundschule hatte ich eine jüdische Freundin. Sie hieß Hannelore und war auch nachher mit mir im Chor. Sie ist Nonne geworden. Die Familie hatte ein Hutgeschäft in Düren, und die hübsche Hannelore hatte immer Kleidchen mit passenden Hütchen. Ich habe viel mit ihr gespielt, wir sind schwimmen gegangen und so. Aber danach, in der höheren Schule, habe ich nichts mehr von ihr gehört. Nach dem Krieg habe ich mich nach der Familie erkundigt. Der Vater war »Arier«, die Mutter »Volljüdin« und hat durch ihren Mann überlebt. Sie hatte etwas Unangenehmes an sich. Sie mochte mich nicht, und das merkst du als Kind. Vielleicht, weil ich blond und blauäugig war. Aber bei Geburtstagen war ich immer eingeladen. Nachher hatte ich auch eine ganz besonders beste Freundin, die auch Jüdin war. Mit der war ich bis zu ihrem Tod eng befreundet. Sie hat alle ihre Verwandten in Auschwitz verloren. Wir hatten eine sehr enge Freundschaft und haben uns wunderbar verstanden, wenn es um die Kinder ging. Aber über die Nazizeit und den Holocaust hat sie nie gesprochen. Sie war unerbittlich – natürlich, ihre ganze Familie ist umgekommen, das kann man verstehen, ja.

Keramik

In Bad Essen sah ich diese Keramikwerkstatt, und es war mir sofort klar: Das will ich lernen! Ich sah die Scheibe, die sich drehte, und ich dachte: Das ist dein Beruf, du schaust nicht nach links und nicht nach rechts und gehst schnurstracks auf ihn zu. Die Keramikerin war eine Künstlerin und hatte bei einem berühmten Bauhaus-Töpfer gelernt. Aber da sie nur Gesellin war, hatte sie keine Lehrberechtigung.

Also kam ich zuerst in Adendorf bei einem Töpfer unter und habe sechs Wochen bei seiner Familie gewohnt. Ich hatte ein allereinfachstes Zimmer, wo die Mäuse ein und aus liefen. Aber das hat mir alles nichts ausgemacht, ich dachte nur an eins: töpfern, töpfern und sonst gar nichts. Die Frau des Töpfers hat sich um mich gekümmert, machte mir jeden Abend Bratkartoffeln. Endlich bekam ich was zu essen, ich war ein Strich in der Landschaft. Und die Jungens standen vor der Tür, ich war ja ein hübsches Mädchen. Aber die Frau des Töpfers sagte: »Ich lass dat Mädche nid von üch versaue.«

Diese Töpferei war eigentlich nicht das Richtige für so ein junges Ding, teilweise war es Schwerstarbeit. Aber ich habe viel gelernt. Wir haben diese blauen Salzbrand-Keramiken gemacht. Und dann wurde ich von einer Ärztin untersucht, die sagte: »Hör ma, Kind, dat ist hier nix für dich. Hier ist offene TBC. Ich würde dir das nicht raten.« Die Töpfersleute waren richtig traurig, als ich von ihnen weg bin.

Zuerst ging ich wieder nach Düren zu meinem Vater, der sich nach zweiunddreißigjähriger Ehe von meiner Mutter getrennt hatte. Meine Mutter hat sich in Bad Essen ein kleines Häuschen gebaut, und dort haben wir zu dritt gewohnt, meine Mutter, meine Schwester und ich. Dann kam von Frau Haulmann, der Keramikkünstlerin, ein Brief, dass sie von der Handwerkskammer in Hannover als Lehrmeisterin anerkannt worden sei und ich jetzt bei ihr lernen könne.

Zunächst musste ich das Handwerk von der Pike auf lernen. Hundert Becher hat sie mich drehen lassen, und ich habe sehr schnell gelernt. Drehen war meine Leidenschaft, das konnte ich nachher bald besser als meine Meisterin. Bei der Gesellenprüfung in Hannover musste ich sechs identische Vasen drehen und durfte bei der zweiten schon aufhören. In Theorie hat mich kein Mensch unterrichtet, die habe ich mir selbst beigebracht. Ich hatte ein kleines Buch, das ich fast auswendig konnte. Aber technisch musste ich mir hinterher noch eine Menge beibringen. Ich habe mein ganzes Leben gelernt, und es ist ja noch nicht zu Ende.

Ohne Arbeit bin ich nie gewesen, und ich konnte auch nicht ohne Arbeit sein. Als ich nicht gleich eine Gesellenstelle fand, habe ich angefangen zu tapezieren. Zuerst flog mir die Tapete überallhin, nur nicht an die Wand. Aber bald war ich so firm, dass ich in unserem Dorf überall bei alten Leuten schnell die Leiter hoch bin und ihre Zimmer tapeziert habe. So habe ich auch etwas Geld verdient. Ich war flink und freundlich, und alle liebten mich. Ich habe nie Nein gesagt und alles gemacht, was die alten Tanten wollten.

Rolf
Und eines Tages schrieb die beste Freundin meiner Mutter, meine Tante Alma, ob ich nicht nach Köln kommen könnte, um ihr Haus in Braunsfeld zu tapezieren. Tante Alma kannte ich schon mein Leben lang, und mit ihrem Sohn Rolf habe ich als Kind immer gespielt. Ja, die Ingrid

kam also, hatte blonde Locken und trug flache Schuhe. Im Dirndl kam das frische Landkind nach Köln. Und Rolf verliebte sich sofort in mich, aber ich merkte es erst gar nicht. Wir haben nur immerfort geredet, bis zwei Uhr nachts haben wir geredet, geredet, geredet. Und ich wusste nicht, was los war mit uns. Als ich in der Wohnung arbeitete, ahnte ich nicht, dass ich dabei war, meine eigenen Wände zu tapezieren. Immer länger blieb ich in Köln, und meine Mutter wunderte sich schon, denn die Wohnung hätte ja schon längst fertig sein müssen.

Als Rolf und ich es dann endlich begriffen, haben wir uns gleich verlobt, wir beide ganz allein in Königs Forst am 14.4.1952. Wir haben es niemandem erzählt, keiner Menschenseele. Aber kaum war die Tante Alma draußen, fingen wir an zu knutschen. Doch lange konnten wir unser Geheimnis nicht verbergen. Eines Tages fragte ich die Tante, ob ihr nichts aufgefallen sei. Sie guckte mich verblüfft an und fragte nur: »Rolf?« Dann weinte sie vor Freude: »Jetzt kann ich ruhig sterben.«

Rolf hat mich total verändert: Locken ab, enge Röcke und Schuhe mit hohen Absätzen, in denen ich kaum laufen konnte. So hatte sich mein Kindheitswunsch teilweise erfüllt. Schon damals liebte ich Köln, malte mir aber meine Zukunft noch anders aus: Ich wollte zehn Kinder, keinen Mann und in Köln leben. Eine Weile reiste ich zwischen Köln und Bad Essen hin und her. Und da ich ohne Arbeit nicht sein konnte, fand ich eine in einem kleinen Nähbetrieb für Kinderkleidung. Pro Kleid verdiente ich fünf D-Mark und schaffte zwei am Tag. Immer konnte ich mir mit Nähen helfen, auch später, wenn es uns finanziell schlecht ging.

Am 24.4.1954 haben wir schließlich in Bad Essen in der evangelischen Kirche geheiratet. Mein weißes Hochzeitskleid habe ich mir selbst genäht. Dann wurde meine Schwiegermutter krank, und meine Mutter kam nach Köln, um sie zu pflegen. Nun hatte ich zwei Mütter.

Die erste Zeit wollten wir noch kein Kind. Wir wollten erst ein bisschen leben. Da es die Pille noch nicht gab, half man sich anders. Ich kaufte mir ein Zyklotest-Thermometer. Da ich Beschreibungen nie richtig lese, sagte ich bei der tollsten Kurve zu Rolf: »Heute geht es prima!« Und was kam dabei heraus? Unsere bezaubernde Tochter Martina. Ich war so überrascht. Wir waren ja selbst noch halbe Kinder.

Arbeit

Meine Schwiegermutter hatte ein Laboratorium für Ätztechnik von ihrem Vater geerbt. Als sie schwer krank wurde und dann auch starb, hatte ich dieses Labor am Hals. Ich hatte keine Ahnung von der Materie und musste ins kalte Wasser springen. Was ich da tat, war im Grunde unverantwortlich. Ich habe Lacke hergestellt und mit Giften hantiert. Aber natürlich hatte ich immer diese Sehnsucht nach meinem eigentlichen Beruf. Irgendwann ging die Firma schließlich ein, weil auf diesem Gebiet neue Sachen erfunden wurden.

Eine Weile war ich ausschließlich Mutter, da inzwischen auch Kai geboren worden war. Dann ging ich zum Arbeitsamt und sagte der etwa gleichaltrigen jungen Frau: »Ich halte das nicht mehr aus, ich muss wieder in meinen

Beruf zurück.« Und sie sagte: »Ach, Sie haben ja einen Gesellenbrief! Ich habe eine Idee für Sie, ich rufe mal den Direktor Miebach an, der betreibt hier eine Werkschule.« »Och«, sagte ich, »das würde mich schon interessieren.« Und schon hatte ich einen Termin bei Herrn Direktor Miebach, der mich gleich mochte. »Mein Engelchen«, sagte er und duzte mich sofort. Und so kam ich in die Werkschule, die nach dem Bauhaus ausgerichtet war, und konnte auch schon bald die Keramikklasse leiten. Weil ich die Gesellenprüfung hatte und seit 1967 den Werkkreis leitete, wurde ich als Lehrerin unter Vertrag genommen. Gleichzeitig durfte ich drei Jahre lang an der Schule lernen und Prüfungen machen.

Ich habe alles aufgesogen wie ein Schwamm, als ob ich nie etwas anderes getan hätte. Metall ist mir erst schwergefallen, aber dann habe ich eine gute Note bekommen. Ich habe gelernt, Marionetten mit Gewinden zu machen, aus Holz, aber auch mit Metall, mit allem, was zu einem Gerippe gehört. Das hat Spaß gemacht, sehr viel Spaß. Nur bei den Fäden wurde ich ungeduldig. Die Schule hat mein Leben restlos verändert. Gleichzeitig machte ich den Führerschein, hatte dann eine rote Ente, die immer voller Ton und Kram war. Und das, was ich an der Schule lernte, habe ich dann gleich wieder in den Werkkreis getragen. Mein Leben war unglaublich spannend. Und meine Kinder haben nicht darunter gelitten, die habe ich mitgenommen. Martina war schon in der Schule. Drei Jahre lang war ich sechs Stunden an der Schule und dreimal in der Woche am Institut für Werkerziehung. Auch dorthin konnte ich öfter meine Kinder mitnehmen. Meine letzte Prüfung habe ich 1972 bestanden.

Von 1969 bis 1989 war ich im Schuldienst. Mit sechs Stunden in der Woche fing ich an, in den letzten zehn Jahren waren es zwanzig. Zuerst kam ich in eine spießige katholische Schule. Als freie Protestantin war ich da schon ein Enfant terrible, aber nachher haben sie mich alle geliebt. Das ist mir oft im Leben passiert. Erst mochten sie mich nicht, und dann wichen sie mir nicht mehr von der Seite. Ein Mittelding gab es nicht. Entweder die Leute waren begeistert von mir, oder sie fanden mich zum Kotzen.

Mit Rolf lief alles prima. Jeder hatte seinen eigenen Bereich. Natürlich haben wir uns auch gezofft, hatten Krisen. Aber wir haben sie immer gemeistert. Denn wir hatten so viel Gemeinsames, und er hat mich auch wirklich unterstützt. Wenn ich Vorträge halten musste, hat er mir bei den Texten geholfen. Er war ein begnadeter Zeitungsmacher. Und er war ein freier Mensch. Der WDR war ihm zu spießig, da hat er gekündigt. Ich war damals sehr sauer, denn wir hatten ja schon zwei Kinder. Doch das war ihm egal. Die Pensionsberechtigung interessierte ihn überhaupt nicht. Aber er hatte eben auch immer wieder Glück. Ein Bekannter bot ihm an, in seinen Werbeverlag einzusteigen. Dort hat er Werbung für viele Zeitungen organisiert und schließlich auch für die Krankenkasse. Damit sind wir richtig reich geworden.

Und dann hat er den Buchverlag c.w.leske gegründet, einen links gerichteten Verlag, und hat mindestens so viel Geld verloren, wie er vorher verdient hat. Aber das war sein Herzensprojekt. Die Bücher, die er herausgegeben hat, habe ich alle noch, sie stehen dort hinten im Regal. Wir haben uns stets ergänzt. Wenn er etwas Neues angefangen hat, hat er es mir immer gezeigt, und umgekehrt. Es hat ihm auch Spaß gemacht, mir zuzuschauen. Und er hat Kritik geübt. Manchmal sagte er: »Du, das ist nix geworden, das kannste gleich wegschmeißen.«

Kranker Körper

Rolf ist mit neunundsiebzig Jahren gestorben, da war ich gerade achtzig geworden. Er hat mir noch zu meinem Geburtstag am 5. Januar achtzig Rosen geschenkt. Nach seinem Tod habe ich noch drei Jahre in unserem Haus gewohnt, aber das wurde mir einfach zu groß. Und dann habe ich mir diese Wohnung gesucht. Die Hälfte der Möbel musste ich verschenken, dafür war ja hier kein Platz.

Mit achtzig war ich kränker als heute. Nach Rolfs Tod hatte ich eine Menge Schwierigkeiten. Eigentlich spreche ich nicht gern über Krankheiten. Aber in dieser Zeit habe ich alles gehabt; erst eine Thrombose im Auge, dann Darmkrebs. Aber mein Lebenswille hat mich immer gerettet. Ich habe mir damals gesagt: Du hast keinen Krebs, sollen die das nur sagen, aber du hast ihn nicht. Und so war es dann auch. Meine Enkelin ging damals mit mir zum Arzt, und der sagte: »Sie haben ein bösartiges Geschwür im Darm.« Die anderen wurden leichenblass, aber ich dachte: Das stimmt nicht, ich habe nur Probleme mit meinem Darm. Nach der OP sagte der Arzt: »Es ist alles okay. Sie haben weder Metastasen noch sonst was.« Und die Probleme, die ich vorher mit dem Darm hatte, waren somit behoben.

Dann bekam ich zwei neue Hüften, da war Rolf noch am Leben. Ich habe ja mein Leben lang schwer gearbeitet, immer an der Scheibe, und schwere Sachen gehoben. Dann fing das Elend mit den Knien an. Beim rechten Knie war die OP kein Problem, aber dann haben sie mir ein Medikament gegeben, das ich nicht vertragen konnte. Ich habe gekotzt wie ein Reiher und wurde mit Tatütata ins evangelische Krankenhaus gebracht. Vierzehn Tage war ich auf der Intensivstation.

Ich hatte allerdings zu der Zeit auch eine Menge privater Probleme. Rolf und ich haben kein Testament gemacht. Einmal sagte er zu mir: »Ich habe dich schlecht abgesichert.« Und ich: »Komm, hör doch auf, wir machen erst die Bücher, dann das Testament.« Wir hatten einfach keine Lust darauf. Dann haben wir noch eine so wunderbare Zeit mit Rolfs Büchern verlebt. Wir hatten eine Riesenbibliothek, und jede Woche kaufte er weitere vier Bücher dazu. Ich sehe mich noch auf der Leiter stehen, und er sagt: »Das gehört doch dahin, du musst das neben den Grimmelshausen stellen.« Ich bin dann runter und habe ihm gesagt: »Dass du jedes Buch hier kennst, das bewundere ich.« Das war viel schöner als ein Testament. Hätten wir doch lieber das Testament zuerst gemacht, dann hätte ich mir eine Menge Ärger erspart.

Ich hatte mich gerade erholt, da musste das linke Knie operiert werden. Ich habe dann aufgepasst, dass sie mir nur ja nicht dieses Mittel geben, das ich nicht vertragen konnte, aber trotzdem musste ich für sechs Wochen ins Krankenhaus, weil das Knie sich entzündete und viermal aufgeschnitten werden musste. Überall hingen Schläuche an mir. Eine Freundin kam jeden Tag und hat mich gefüttert. Sechs Wochen Schmerzen. Ja, zwei Hüften und zwei Knie. Und heute laufe ich wieder prima. Aber ich passe auf. In der Reha habe ich richtig hart an mir gearbeitet. Das ging morgens um sechs schon los. Ich wollte auch unbedingt wieder Rad fahren, aber das mache ich heute nicht mehr. Und dann habe ich mich wieder prima eingekriegt. Allmählich ist die Lebensfreude zurückgekehrt.

Rollator
In den Chor hat mich die Marliese mitgenommen. Während der Ehe hatte ich keine Zeit fürs Singen. Ich hatte zwei Kinder und später drei Enkelkinder. Und meine Kurse waren sehr beliebt und immer belegt. Auch meine Mutter habe ich gepflegt. Wie ich das alles geschafft habe, weiß ich heute nicht mehr. Aber ich hatte auch Hilfen, das konnten wir uns leisten. Und nachdem Rolf nicht mehr gearbeitet hat, haben wir auch schöne Reisen unternommen.

Heute ist der Chor ein wichtiger Teil meines Lebens. Musik war mir immer wichtig. Früher habe ich Klavier gespielt. Man drückte mir ein Instrument in die Hand, und ich konnte es gleich spielen. Aber ich hatte keine Ausdauer. Noten konnte ich lesen und kann auch heute noch fließend vom Blatt singen. Als ich ein Kind war, hat mir der blinde Chorleiter immer gesagt: Ingrid, was dir fehlt, ist Zucht. Beim Chor muss man sich einordnen. Für den Chor brauchst du Disziplin, das ist ganz wichtig. Man muss zuhören und darf nicht so viel quatschen. Das wird manchmal auch in unserem Chor beanstandet, und ich achte sehr darauf, dass ich das nicht mehr tue.

Unser Chor ist ein Kreativchor. Einmal wurden wir für ein Konzert eingeladen, bei dem jede etwas Eigenes beitragen sollte. Ich mag Jazz und habe ein gutes Rhythmusgefühl. In Detmold habe ich als junges Mädchen viel gesteppt. Da dachte ich, das wäre doch wunderbar! Aber im Stehen kann ich das nicht mehr, denn das muss man aus der Hüfte heraus machen. Aber mit dem Rollator ... Die Schritte beherrsche ich ja, du kannst mich nachts wecken, und ich erinnere mich. Also bin ich zu diesem Laden, wo man Sachen fürs Theater kriegt. Und sage: »Ich hätte gern so Plättchen für Schuhe, ich will steppen.« – »Ah, Sie wollen steppen«, sagt die Verkäuferin. Und ich: »Es ist schon ein paar Jahre her, aber früher habe ich viel gesteppt.« Da lacht sie schon: »Ich hab was Schönes für Sie, wollen Sie diese Kinderschuhe mal probieren, die kosten nur 35 Euro.« Ich habe wirklich sehr kleine Füße und dachte: Probier die doch! Und so bin ich zu meinen Steppschuhen gekommen. Die passten wie angegossen.

Ich musste so lachen, als ich es das erste Mal auf der Bühne gemacht habe. Vor Jahren hätte ich es wahrscheinlich nicht getan. In gewissem Sinne hast du in meinem Alter Narrenfreiheit. Was kann dir schon passieren, dachte ich. Ich war auch die Ruhe selbst, ich habe mich überhaupt nicht aufgeregt. Und dann saß ich in meinem Rollator vorne an der Bühne, und als dann der Rhythmus kam, war es wie im Schlaf. Ja, klar, sonst laufe ich schon rum, aber beim Steppen muss man hüpfen, man muss das aus dem Hüftgelenk machen. Das geht nicht mehr. Aber mit den Füßen, da kann ich es, da bin ich noch recht gelenkig. Also, mit dem Rollator.

Freiheit

Klar, in meinem Alter muss man aufpassen. Ich sage mir immer: Geh mit dem Kopf, nicht mit den Füßen. Damit du nicht fällst. Da muss man sich drauf einstellen. Ich konnte ja mit den Knien nicht mal mehr von hier bis dort gehen. Da hilft nur große Disziplin, viel Sport. Ich gehe jede Woche schwimmen. Früher war ich beim Kieser-Training, aber das ist für alte Knochen zu viel. Da hatte ich dann Rückenschmerzen. Seither gehe ich lieber schwimmen. Und ich mache viel Gymnastik, jeden Morgen die Übungen, die mir die Physiotherapeutin gezeigt hat. Und Wassergymnastik. Mindestens einmal in der Woche, manchmal zweimal, wenn ich Zeit habe. Aber ich habe ja nie Zeit. Das A und O ist Disziplin. Dich nicht gehen lassen. Machen, tun, beweglich bleiben. Es gibt ja immer etwas, was man noch kann. Das Motto für ein Buch über das Alter wäre: »In erster Linie Disziplin«. Jeden Tag sich neu erfinden, jeden Tag neu beginnen. Ja, sich neu inszenieren ist vielleicht noch besser.

Natürlich gibt es Tage, an denen man nicht so gut drauf ist. Dann sage ich mir nur: Jeder Tag hat seine Mühe und Plage. Das steht schon in der Bibel, und damit musst du heute fertigwerden. Morgen ist es ganz bestimmt anders. Diese positive Haltung muss man haben. Und Neugier. Heute denke ich auch: Das kannst du alles liegen lassen. Die Freiheit, die ich heute habe, habe ich nie in meinem Leben gehabt. Und ich genieße sie. Ich genieße die Freiheit, machen zu können, was ich will, und immer noch etwas Neues lernen zu können. Aufgrund einer Freundschaft, die auseinandergegangen ist, lerne ich derzeit auch, mich von Menschen nicht mehr runterziehen zu lassen. Das ist vorbei. So ist es im Augenblick, aber morgen kann es schon wieder anders sein.

Natürlich freue ich mich, dass ich so ein schönes Umfeld habe, dass es mir materiell gut geht. Manchmal denke ich, dass alles, was ich jetzt hier habe, gar nicht mir gehört. Doch es war auch schon mal ganz anders. Wir waren ausgebombt, wir hatten am Anfang ganz wenig Geld. Wir mussten uns durchkämpfen. Aber ich kann mich auch trennen von Dingen. Damit fange ich jetzt schon an. Neulich habe ich mich von meinem Lieblingsbild getrennt. Ich kann auch gut allein sein. Ich denke: Heute gehst du gar nicht ans Telefon. Ich kann sagen: Heute habe ich Zeit, oder: Heute habe ich keine Zeit. Aber grundsätzlich bin ich dankbar für das Leben, das ich führe.

Ich habe auch einen guten Freund, einen jungen Pfarrer. Wenn ich mal gar nicht mehr weiterweiß, ist der Pfarrer für mich da. Ich bin keine Kirchgängerin, ich picke mir nur raus, was mir guttut. Voriges Jahr habe ich mir eine Vortragsreihe über Teresa von Avila angehört, diese mittelalterliche Mystikerin. Du bist nicht mehr ganz richtig im Kopf, dachte ich damals, jetzt gehst du dorthin und willst noch lernen, den Mund zu halten und zu schweigen. Willst du das wirklich? Und dann hat mir das so gutgetan. Diese Vorträge haben mir so viel gebracht. Ich würde mir kein Bild von Jesus übers Bett hängen, aber diese Atmung: einmal einatmen, zweimal ausatmen. Diese Ruhe. Das mache ich jetzt jeden Morgen. Das bringt mir Kraft und Ruhe.

Tod

Mit dem Tod habe ich kein Problem. Gar keins. Ich denke, ja, den gibt es, der kommt auch bestimmt. Vorerst bin ich aber dankbar, dass es mir so gut geht, nach allem, was ich hinter mir habe. Ich denke: Du kannst jeden Tag Gott danken, dass es so ist. Das tue ich auch. Ich bin in diesem Moment glücklich. Der Gedanke an den Tod erschreckt mich nicht. Als ich meinen Mann sah, nachdem er gestorben war, sah er so hübsch aus. Er hatte einen so entspannten Ausdruck im Gesicht. Da dachte ich: Der Tod muss schön sein. Am Nachmittag nach der Beerdigung hatten wir das ganze Haus voller Freunde und Bekannte. Da habe ich mir eine bunte Bluse angezogen. Die mochte er so gern. Jetzt kann ich schon gut drüber sprechen. Und dieses Jahr ist es mir zum ersten Mal passiert, dass ich seinen Todestag vergessen habe.

Ich habe einmal einen Comic gesehen, der ging so: Eine alte Frau sitzt auf einem Riesensockel, ganz oben. Und überlegt, wie sie von dort runterkommt. Zwei Männer entfernen sich gerade mit einer Leiter. Man sieht, dass sie es waren, die sie dort oben hingesetzt haben. Und jetzt rennen sie weg. So fühle ich mich. Eine Säulenheilige. Und wahrscheinlich mache ich unwissentlich auch mit.

Marie-Thérèse, 93, Wien

AGEISM – ALTERSDISKRIMINIERUNG

Am 10. Dezember 1948 verabschiedete die General-
versammlung der Vereinten Nationen die Allgemeine
Erklärung der Menschenrechte. Sie enthält das Diskriminierungsverbot aufgrund verschiedener Merkmale, das
Alter jedoch kommt in der Erklärung nicht vor. Altersdiskriminierung war damals noch nicht definiert und als
gesellschaftliches Problem nicht erkannt. Erst 1969 prägte
der US-amerikanische Psychiater und Gerontologe Robert N. Butler analog zu *racism* und *sexism* den Begriff
ageism, auf Deutsch etwas umständlich »Altersdiskriminierung«.

» *Ageism* ist die systematische Stereotypisierung und
Diskriminierung von Menschen aufgrund ihres Alters,
ebenso wie Rassismus und Sexismus dies aufgrund von
Hautfarbe und Gender tun«, definiert Butler den von ihm
geschaffenen Begriff. »Ich sehe *ageism* in einer großen
Bandbreite von Erscheinungen auf individueller und in-
stitutioneller Ebene – Stereotype und Mythen, unverhoh-
lene Geringschätzung und Abneigung, subtile Kontakt-
vermeidung ebenso wie diskriminierende Praktiken bei

der Wohnungssuche, am Arbeitsplatz und bei Diensten aller Art.«

Bis heute ist Altersdiskriminierung im Vergleich zu anderen Formen der Diskriminierung am wenigsten erforscht, obwohl sie – anders als Sexismus und Rassismus – potenziell alle Menschen betrifft. Seit der neoliberalen Wende gehören die Alten in den westlichen Gesellschaften zu einer der ersten Opfergruppen von Diskriminierung. Denn der ideale neoliberale Mensch ist jung, männlich und hip. Im Arbeitsleben sind viele ältere Menschen dem Vorurteil ausgesetzt, sie würden weniger gut arbeiten als ihre jüngeren Kolleginnen – was statistisch nicht belegbar ist. Denn Schnelligkeit allein sagt noch nichts über die Qualität der Arbeit aus.

Umfragen haben ergeben, dass das Alter in Deutschland zu den häufigsten Gründen gehört, weswegen Menschen diskriminiert werden. So bekommen ältere Leute mitunter keine Kreditkarte von der Bank oder können keine zusätzliche private Krankenversicherung abschließen. Auch Entgeltregelungen in Arbeits- und Tarifverträgen orientieren sich manchmal am Lebensalter und nicht an der Leistung oder den individuellen Fähigkeiten. Beim Autofahren wird bei älteren Menschen ein höheres Unfallrisiko angenommen. Und in einigen Alten- und Pflegeheimen werden Menschen vernachlässigt und mangelhaft versorgt.

In den USA ist Altersdiskriminierung wesentlich stärker im Bewusstsein der Menschen verankert und wird juristisch schärfer verfolgt als hierzulande. So darf etwa die Dating-App Tinder seit Februar 2018 keine unterschiedlichen Preise für Nutzer unter und über achtundzwanzig Jahren verlangen. Das kalifornische Berufungsgericht hielt diese Preisgestaltung für diskriminierend. In Deutschland sind die Preise für Ältere nach wie vor deutlich höher als für Leute unter achtundzwanzig. Tinder argumentierte, ältere Nutzerinnen würden über mehr Geld verfügen als jüngere, eine Sichtweise, der sich das kalifornische Gericht nicht anschließen mochte.

Das US-amerikanische Age Discrimination in Employment Act (ADEA) von 1967 schützt Personen über vierzig vor Diskriminierung am Arbeitsplatz. Das Gesetz bezieht sich auf Angestellte ebenso wie auf Personen, die sich um einen Arbeitsplatz bewerben. Heute darf eine Person über siebzig nicht gezwungen werden, in Rente zu gehen. Ausnahmen gelten nur für einige Berufe wie für Pilotinnen und Piloten, die seit 2007 mit fünfundsechzig in Pension gehen müssen.

Damit unterscheiden sich die Vereinigten Staaten von allen anderen Ländern, in denen die Rente verpflichtend zwischen Ende fünfzig und siebenundsechzig Jahren beginnt, in den meisten Fällen mit einem unterschiedlichen Renteneintrittsalter für Frauen und Männer. In Frankreich liegt das reguläre Renteneintrittsalter bei durchschnittlich 60,8 Jahren. Um das Milliarden-Defizit bei den Rentenkassen zu senken, strebte Präsident Emmanuel Macron 2019 eine Reformierung des äußerst komplizierten Rentensystems an. Nach Streiks und teilweise gewaltsamen Demonstrationen will er nun eine Grundrente von 1000 Euro einführen, das Renteneintrittsalter aber bei zweiundsechzig Jahren belassen.

In den USA bilden ältere Menschen einen wachsenden Teil der Beschäftigten, teilweise weil ihre Rente so gering ist, dass sie nicht über die Runden kommen, teilweise aber auch, weil sie arbeiten wollen und durch das ADEA bis zu einem gewissen Grad geschützt sind. Für sie gibt es spezielle Jobbörsen für über Fünfzigjährige. Älteren Leuten, die weiterarbeiten möchten, wird empfohlen, den Antrag auf das Altersruhegeld bis zum Alter von siebzig Jahren aufzuschieben, um danach einen jährlichen Aufschlag beanspruchen zu können. Nicht zu vernachlässigen ist das erhebliche Volumen an ehrenamtlicher Arbeit, das von Rentnerinnen und Rentnern geleistet wird. In den USA wurde es 2015 mit 75 Milliarden Dollar beziffert, und man geht in den kommenden Jahren von einer Erhöhung dieses Anteils aus.

In Deutschland kennt das Grundgesetz kein ausdrückliches Diskriminierungsverbot wegen des Alters. Ein Antrag der Senioren-Union auf dem CDU-Bundesparteitag 2011, in das Grundgesetz den Satz einzufügen »Niemand darf wegen seines Lebensalters benachteiligt werden«, wurde zurückgezogen. In der Charta der Grundrechte der Europäischen Union ist allerdings ein Verbot von Altersdiskriminierung enthalten. Also wurde in Deutschland 2006 das Allgemeine Gleichbehandlungsgesetz in Kraft gesetzt. Zusammen mit insgesamt sechs Merkmalen ist das Alter nun vor Diskriminierung geschützt. Zuständig ist die Antidiskriminierungsstelle.

Jeder fünfte Deutsche wurde mindestens schon einmal wegen ihres oder seines Alters diskriminiert. Die meisten halten das für normal und nehmen die Ungleichbehandlung einfach hin. In manchen Berufen gilt ein faktisches Berufsverbot für Ältere. In der Mehrheit der Bundesländer werden kommunale Spitzenbeamte und Bürgermeister ab dem sechzigsten, fünfundsechzigsten oder siebenundsechzigsten Lebensjahr von weiterer Tätigkeit ausgeschlossen, Ähnliches gilt für Schöffinnen und Notare.

»Liebe Mitwählende über 60, wir unter 30 hätten ja auch gerne was von diesem Wohlstand, nicht zuletzt weil wir schon jetzt ärmer sind, als unsere Elterngeneration es je war, uns von Befristung zu Befristung hangeln und eigentlich nie so richtig freihaben, weil wir unsere Wochenenden damit verbringen, die letzte noch bezahlbare Wohnung zu finden (eure Renten finanzieren wir natürlich trotzdem gerne).«

So schreibt die junge Journalistin Johanna Roth am 1. Juni 2019 in der Berliner *tageszeitung*.

»Leider habt ihr uns aber nicht nur eine prekäre Arbeitswelt hinterlassen und ein Europa mit kollektiver Identitätskrise und Nationalismusproblem, sondern auch den Planeten zugemüllt mit Kohlekraftwerken und Plastiktüten. Und ihr wollt über unsere Zukunft bestimmen? Sie merken, ich steigere mich da in etwas hinein. Ich mach's also kurz: Führerscheine sollte man im Alter abgeben. Warum nicht auch das Wahlrecht? Ja, ich weiß – ein Menschenrecht. Aber es sollte doch auch für uns Junge ein Menschenrecht darauf geben, mindestens Ende siebzig zu werden wie der durchschnittliche Mensch in Europa heute, und das, ohne abwechselnd von Sturmfluten und Waldbränden heimgesucht zu werden. Was wir brauchen, ist eine Epistokratie der Jugend: das Wahlalter herabsenken und nach oben begrenzen – oder zumindest deutliche Anreize dafür setzen, die eigene Stimme an Jüngere zu delegieren. Zugespitzt hieße das, Unschuldige vor einer in fundamentalen Fragen inkompetenten Wäh-

lerklientel zu schützen. Das kann man jetzt demokratie-
feindlich finden, ich finde es nur vernünftig, sich darüber
zumindest mal Gedanken zu machen.«

Ein klarer Fall von Altersdiskriminierung. Ausgelöst
von einer Pressemeldung über einen Rentner, der mit dem
Auto in eine Menschenmenge fuhr.

Johanna Roth ist offensichtlich zu jung, um zu wissen,
dass ein Großteil der Demokratie, die sie heute – noch –
genießt, von Menschen meiner Generation und der Generation vor mir erkämpft wurde. Wäre sie so alt wie ich,
wäre sie noch ein »Fräulein« gewesen. Die Generation der
heute Siebzigjährigen und darüber hat einen tiefen Einschnitt in die bis dahin gültige Kultur erkämpft. Dafür
erhielten wir Berufsverbote und wurden als Demonstrantinnen beschimpft und angespuckt. Wir haben die Sexualität und die Kindererziehung revolutioniert und an den
Universitäten den Mief der letzten hundert Jahre entlüf-
tet. Wir Feministinnen haben die Gewalt an Frauen und
Kindern aufgedeckt, Noteinrichtungen für Gewaltopfer
geschaffen und erst den Blick auf den allgegenwärtigen
Sexismus ermöglicht, auf die omnipräsente Frauenfeind-
lichkeit. Wenn ich auf eins in meinem Leben stolz bin,
dann ist es meine Teilnahme an den großen kulturellen
Umwälzungen der späten Sechziger- und der Siebzigerjahre. Damals waren wir – als junge Frauen – sichtbar, als
lautstarke Demonstrantinnen und als Sexobjekte, heute
sind wir – als alte Frauen – unsichtbar geworden. Aber es
gibt uns, und viele von uns sind immer noch laut. Auf das
Wahlrecht wollen wir bestimmt nicht verzichten.

Und auch nicht auf anderes. Während das ZDF vor
drei Jahrzehnten eine Serie über »Sex im Alter« unter

80

Zuschauerprotesten abbrechen musste, weil in der ersten Folge ein älteres Paar beim Duschen in einer erotischen Situation durch eine Milchglasscheibe gezeigt wurde, beginnt sich heute einiges zu ändern. Ab und zu erscheinen weißhaarige Models auf den Titelseiten von Modejournalen, und Unterhaltungskünstlerinnen stehen noch mit über achtzig auf der Bühne. Die 79-jährige Joan Baez wird in der *Glam Mag*-Ausgabe vom April 2020 zur *Sexiest Woman Alive* gekürt. Und nicht nur das: Sie führt die Jahresliste der bestbezahlten Sängerinnen der Welt an.

In einem Interview mit dem *Guardian* vor zwei Jahren gibt die heute dreiundachtzigjährige Jane Fonda mehrere Gesichtsstraffungen zu, auf die sie aber nicht stolz zu sein behauptet. Ob deswegen oder wegen ihrer unglaublichen Selbstdisziplin – auf dem Foto sieht sie hinreißend aus. Mit fünfzig stieg sie aus dem Filmgeschäft aus, mit fünfundsechzig begann sie ihre zweite Karriere, die unvermindert anhält. 2017 erhielt sie zusammen mit dem gleichaltrigen Robert Redford für den Film »Our Souls at Night« den goldenen Löwen für ihr Lebenswerk. In dem Film spielen die beiden eine Nachbarin und einen Nachbarn in einer amerikanischen Kleinstadt, die sich behutsam einander annähern und schließlich ein Liebespaar werden.

Ein neues Genre ist entstanden, der »Seniorenfilm« für ein in der Marketingsprache »Best Ager« genanntes Publikum, eine diskriminierende Bezeichnung, vergleichbar mit dem »Frauenfilm«. Viele der Protagonisten solcher Filme sind Schwergewichte wie Judi Dench, Maggie Smith, Dustin Hoffmann, Michael Caine, Morgan Freeman, Fanny Ardant, Otto Sander und Corinna Harfouch, erfahrene Schauspieler und Schauspielerinnen, die einfach älter geworden sind und ihren Beruf weiter ausüben. Die gut gemeinte schlichte Botschaft vieler dieser Filme lautet: Das Alter ist auch eine Zeit der Freiheit; mach was draus, trau dich, geh ungewohnte Wege! Einsame Spitze, ganz ohne Glückskekse: der 2012 mit der Goldenen Palme ausgezeichnete Film »Amour« von Michael Hanneke mit Emmanuelle Riva und Jean-Louis Trintignant.

»Ich gehöre einer Generation an, die sich für politische Ziele eingesetzt hat, für eine Vision«, sagt die 1949 geborene wunderschöne französische Schauspielerin Fanny Ardant, die mit berühmten Regisseuren wie François Truffaut, Volker Schlöndorff und Michelangelo Antonioni gearbeitet hat. »Man muss die Welt verändern wollen, man darf nicht mit dem zufrieden sein, was ist. Sonst ist man praktisch schon tot. Es gibt so viele Themen, die unter den Nägeln brennen.«

Weder Ardant, die sich gewiss nicht hat liften lassen, noch Fonda verschweigen ihr Alter. Das ist neu. Auch ich hatte eine Phase, in der ich meinen Verlag darum bat, mein Geburtsdatum aus meiner Biografie wegzulassen. Aber dann war es mir peinlich. Wenn eine Frau das fünfzigste Lebensjahr überschritten hat, setzt die große Angst ein, nicht mehr wahrgenommen zu werden. Denn auch für eine Schriftstellerin ist der Körper ihr Kapital, erst recht für eine Schauspielerin. »Die große weibliche Lücke klafft zwischen fünfzig und siebzig«, schreibt Bascha Mika in *Mutprobe*.[39] Danach würden Frauen vereinzelt öffentlich wieder auftauchen: als große alte Damen, »die für ihre Erfahrung, ihre Klasse und Kompetenz geschätzt werden. Die weise Alte passt wieder ins Bild, auf der Bühne würde man sagen, sie habe ins Charakterfach gewechselt.«

In den Jahren dazwischen erfolge »der Übergang von der erotischen Person zur Unperson, der gesellschaftlich weggeblendet wird. Dabei soll niemand zusehen müssen«.[40] So gesehen bin ich schon seit einiger Zeit im Charakterfach und fühle mich auch mitunter als weise alte Dame. Ich bin entspannter geworden. Wenn ich öffentlich auftrete, weiß ich, dass ich etwas zu sagen habe. Und ich weiß auch, dass von mir keine erotische Ausstrahlung mehr erwartet wird. Einerseits ist das traurig, denn die hätte ich doch noch gern, andererseits ist es aber auch entlastend. Ich kann mich auf das Wesentliche konzentrieren.

Die US-amerikanische Autorin Ashton Applewhite zeigt in ihrem Buch *This Chair Rocks. A Manifesto Against Ageism*, wie die Moderne ab Anfang des 19. Jahrhunderts die Sichtbarkeit älterer Menschen in der Gesellschaft schrittweise reduziert und ihre Autorität untergraben hat. Der rasche soziale Wandel habe das Lernen über die Vergangenheit weniger relevant erscheinen lassen. Verloren gegangen sei dabei das Gefühl für eine Lebensspanne, in der jedes Stadium seinen Wert und seine Bedeutung hat.

Es ist die Diskriminierung und nicht das Alter selbst, das uns die volle Beteiligung an der Gesellschaft erschwert. So gut wie alle beteiligen sich an dieser Diskriminierung Älterer, einschließlich der Alten selbst. Denn unsere gesamte Kultur ist von ihr durchsetzt und wird selten hinterfragt. Was die meisten Jüngeren allerdings nicht wahrhaben wollen: *Ageism* ist ein Vorurteil gegen ihr eigenes künftiges Ich. Niemand soll sich der Illusion hingeben, dass es sie oder ihn nicht treffen wird. Denn wer will schon jung sterben?

Noch eine Weile können wir stolz darauf sein, als jünger wahrgenommen zu werden, als wir tatsächlich sind, so wie hellhäutige Schwarze sich bisweilen darum bemühen, als Weiße durchzugehen, um der Diskriminierung zu entgehen, und Schwule als heterosexuell. Es ist die Angst, die uns davon abhält, uns dem Unausweichlichen zu stellen. Und wieder geht es bei dieser Angst nicht um das Alter selbst, sondern um das, was den weniger Wohlhabenden von uns blühen mag: Vernachlässigung, Herabsetzung und körperliche und psychische Gewalt bis hin zu *granny dumping*, dem Aussetzen lästig gewordener alter Menschen durch Verwandte vor einem Krankenhaus oder Altenheim, vergleichbar dem Aussetzen von Hunden am Straßenrand in der Urlaubszeit oder dem Aussetzen Alter auf dem Berg Obasuteyama im Japan früherer Tage. Seit Medicaid immer seltener die Kosten für Medikamente und Pflege zu übernehmen bereit war, gab es in den USA schon 1992 etwa 70 000 solcher Fälle.

Es geht um ein kulturelles Klima, das Alten und pflegebedürftigen Menschen vermittelt, ihr Leben sei nicht lebenswert und also das Geld nicht wert, das ihre Pflege kostet. Dabei sollte es ein Anlass zum Jubilieren sein, dass die Bevölkerung heute immer älter wird, ist es doch ein Triumph der Leistungen von Medizin und Technik, ein Triumph unseres Wohlstands und unserer gesünderen Lebensweise. Im 18. Jahrhundert lag die Lebenserwartung global bei etwa neunundzwanzig Jahren. Seither hat sie sich in jeder Region der Erde mehr als verdoppelt. Um 1800 lebten die Menschen weltweit nicht viel länger als bis dreißig. Seit dem 19. Jahrhundert ist die Lebenserwartung immer schneller angestiegen, rascher als der materielle Wohlstand. Die heutige Nachkriegsgeneration ist in den westlichen Gesellschaften die gesündeste in der Geschichte. Kein Grund zur Freude?

Die Alterung der Gesellschaft wird jedoch als Problem gesehen. Die Nachkriegsgeneration hat hierzulande das Glück, in einer Periode von Frieden und Wohlstand aufgewachsen zu sein. Den nachwachsenden Generationen wird es vermutlich weniger gut gehen. Das veranlasste die *taz*-Journalistin ja auch dazu, einen Generationenkonflikt zu konstruieren. Der Generationenvertrag, auf dem die gesetzliche Rentenversicherung in Deutschland beruht, gerät wegen der veränderten Altersstruktur ins Wanken, und meine Generation hat – wie jede Generation vor uns – der nachfolgenden eine Menge Probleme hinterlassen.

In dem 2004 von Frank Schirrmacher veröffentlichten Buch *Das Methusalem-Komplott* verweist der Autor mit alarmistischem Vokabular auf eine »Vergreisung« der Gesellschaft und malt einen »Krieg der Generationen« an die Wand. Junge gegen Alte auszuspielen sei, so Applewhite, eine politisch erfolgreiche Methode des *divide et impera* – »Teile und herrsche«. Alte und Junge könnten sich ja auch zusammentun, um für eine gerechtere Welt für alle zu kämpfen. »Barrikaden sind leichter zu bauen als Brücken«, schreibt sie.[41] Und erinnert daran, dass Einkommensungleichheit nicht nach Alter unterscheidet. Das reichste eine Prozent setzt sich aus allen Altersgruppen zusammen, ebenso wie die 99 Prozent der Habenichtse.

Eine schlaflose Nacht hat mir Applewhite mit ihrer Ermahnung verschafft, dass ich mich aufs hohe Alter vorbereiten sollte. Auch ich gebe mich der Illusion hin, dass meine Zukunft sich nicht wesentlich vom Heute unterscheiden wird. Noch bin ich geistig und körperlich fit, arbeite, habe jüngere Freundinnen, mit denen ich mich in der Kneipe treffe, und fühle mich nur selten ausgeschlossen. Doch wenn ich ein Alter erreichen sollte, das weit in die Neunziger hineinreicht, was durchaus möglich ist, wird es nicht mehr so sein. Irgendwann beginnt der Abstieg. Irgendwann wird sich meine Lage immer mehr an die der Pflegebedürftigen annähern, mit denen ich mich bisher nicht identifizieren mochte. Ich werde einen Rollator und vielleicht einen Rollstuhl benötigen.

Ich werde also unter Umständen die Hilfe anderer Menschen in Anspruch nehmen müssen. Das ist nicht unbedingt schlimm. Wenn sie wissen, dass ihre Hilfe gern angenommen wird, haben die meisten Leute durchaus Freude daran, anderen zu helfen. Das hat sich in der »Flüchtlingskrise« und in der »Corona-Krise« gezeigt. Wir tun uns oft schwer damit, weil wir unser Leben lang Wert auf Autonomie gelegt haben. Doch wollen wir bis ans Ende autonom bleiben, brauchen wir in den meisten Fällen auch Jüngere, die uns dabei helfen. Es ist eine Illusion zu glauben, dass wir den Übergang ins hohe Alter allein meistern werden. Und wie zu Beginn unseres Lebens werden es am Ende meistens Frauen sein, die uns zur Seite stehen. Frauen, die schlecht bezahlt werden und nicht selten unter prekären Bedingungen arbeiten und leben.

Vielleicht werde ich aber auch keine Hilfe benötigen. Die Corona-Krise hat gezeigt: Es gab wesentlich mehr

Hilfsbereite als Hilfesuchende. Die Alten wollten sich nicht helfen lassen! Trotz Ansteckungsrisiko selbst einkaufen zu gehen und vielleicht sogar weiterhin die Enkel zu besuchen, bedeutet Teilnahme an der Gesellschaft. Und überhaupt: Wer sind die Alten? Offiziell gelten in der Pandemie als vulnerabel alle über sechzig. Mir wäre mit achtundsiebzig nicht eingefallen, mir helfen zu lassen. Ich habe mich an die vorgegebenen Regeln gehalten wie die meisten. Sonst nichts. Ich habe mich nicht als extravulnerabel empfunden, wenngleich ich wusste, dass ich bei einer Erkrankung möglicherweise eher sterben würde als Dreißigjährige. Aber auch wenn ich mir eine Hüfte breche, wird die Genesung bei mir länger dauern und möglicherweise langfristigere Folgen haben als bei Jüngeren.

Der Vorstoß der EU im April 2020, für die Zeit nach der Lockerung des Lockdowns Richtlinien für das Verhalten Älterer zu erlassen, löste in der westlichen Welt eine Welle der Empörung aus und zwang die Regierungen zurückzurudern. Vor allem der Ruf nach mehr sozialen Kontakten in den Seniorenheimen war unüberhörbar. 85 000 Personen unterschrieben eine Online-Petition, die die Forderung der Präsidentin der Europäischen Kommission Ursula von der Leyen nach fortgesetzter Kontakteinschränkung in Pflegeheimen als »katastrophal« ankreidete. Stefano Taravella, der selbst positiv getestete siebzigjährige Leiter einer italienischen Seniorenvereinigung, beschrieb die europaweite Empörung als einen »verzweifelten Ruf nach Würde«. Die Empfehlung der Behörden, ältere Leute ins Haus zu verbannen, sei paradox, sagte er dem *Wall Street Journal.* »Wenn jemand zu

Hause bleiben sollte, dann sind es die Jungen. Sie sind es, die einen riskanten Lebensstil führen.«

Die Debatte lässt mich an die seinerzeitige Empfehlung der Polizei denken, Frauen sollten wegen des Vergewaltigungsrisikos nachts die Straße meiden. Daraufhin forderten Feministinnen ein Ausgehverbot für Männer.

Die Professorin für politische Soziologie Silke van Dyk und ihre Mitarbeiterinnen sprechen in den *Blättern für deutsche und internationale Politik* von einer »merkwürdigen Gleichzeitigkeit von An- und Abwesenheit des Alters und der Alten in der Corona-Krise«.[42] Einerseits stehe der Schutz dieser besonders gefährdeten Alten im Mittelpunkt der Debatte, andererseits würden wir wenig über die tatsächlichen Lebensbedingungen der wirklich Vulnerablen erfahren. Für die »sozial ungleich verteilte Sterblichkeit, die das Leben der weniger Privilegierten um viele Jahre verkürzt, gesunde Hochaltrigkeit zu einem Privileg macht und ganz nebenbei noch die Rentenleistungen von unten nach oben umverteilt, gibt es so gut wie keine öffentliche Aufmerksamkeit«.[43]

Die älteste Covid-19-Überlebende der Welt, die 113-jährige Spanierin Maria Branyas, lebt in einem Pflegeheim 100 Kilometer nördlich von Barcelona und weiß als Überlebende sämtlicher Katastrophen des 20. Jahrhunderts einiges über die Lage der Alten zu sagen: »Die Pandemie hat gezeigt, dass die alten Leute die Vergessenen unserer Gesellschaft sind«, sagte sie dem britischen *Observer.* »Sie haben ihr Leben lang gekämpft, haben ihre Zeit und ihre Träume für die heutige Lebensqualität geopfert. Sie verdienen es nicht, die Welt auf diese Weise zu verlassen.« Es sei, sagt Branyas, »als ob diejenigen unter uns, die sich für ein Leben in einem Pflegeheim entscheiden, aus der Gesellschaft verschwinden.«[44]

Europaweit stirbt etwa die Hälfte der an Covid-19 Erkrankten in einem Pflegeheim. Schon ein Jahrzehnt vor Ausbruch der Pandemie mussten in Spanien Alte in Pflegeheimen stundenlang darauf warten, zur Toilette gebracht zu werden oder ein Glas Wasser zu bekommen, und das Pflegepersonal war gezwungen, an Windeln und Seife zu sparen. Und dann kam das Virus. Im März 2020 wurde das spanische Militär zum Desinfizieren in Pflegeheime geschickt und traf auf Seniorinnen und Senioren, die in ihren Betten sich selbst überlassen waren, manche von ihnen tot.

Auch in Deutschland waren die Alten- und Pflegeheime mangelhaft mit Schutzmasken und Schutzkitteln ausgestattet – Corona-Schnelltests fehlen bis heute. Ein Wolfsburger Rechtsanwalt erstattete im März 2020 gegen den Betreiber eines Pflegeheims, die Diakonie, Anzeige wegen fahrlässiger Tötung. Denn es habe, so die *Wolfsburger Allgemeine*, hygienische Missstände im Hanns-Lilje-Heim gegeben. Die Beschäftigten hätten sich unter anderem über das Fehlen von Atemschutzmasken beschwert. Fast die Hälfte der etwa 160 Heimbewohner habe sich deshalb infiziert. Heime quer durch die Republik kämpfen gegen untragbare Verhältnisse. Gegen strukturelle Missstände wie den akuten Mangel an Pflegepersonal ohnehin.

Die Corona-Krise verstärkt die bekannten Mängel bei der Organisation und Finanzierung von Heimen. Sie betreffen etwa 75 000 Menschen, die in einem der rund 14 000 vollstationären Pflegeheime wohnen. »In der

Pandemie haben die Staaten um der Gesundheit willen die Grundrechte in einem Umfang beschränkt, der als beispiellos gelten kann«, schreibt der Soziologe Roland Schaeffer am 16. Juni 2020 in der *taz*. Viele Heime seien einfach überfordert.

Jeder Besuch erfordere, dass Mitarbeiterinnen für 40 Minuten freigestellt werden, rechnet ein Heimleiter in Schleswig-Holstein vor. »Außenkontakte der Bewohnerinnen werden so zum Luxus, den man sich angesichts des Notstandes kaum leisten zu können meint«, so Schaefer. Nicht nur in Spanien, auch in Deutschland entfällt etwa die Hälfte aller Corona-Toten nach einer Studie der Universität Bremen auf Bewohner von Alten- und Pflegeheimen, obwohl ihr Anteil an der Bevölkerung unter einem Prozent liegt. Das Erkrankungsrisiko des Pflegepersonals liegt sechsfach über dem des Bevölkerungsdurchschnitts. Bisher mussten sämtliche Corona-Mehrkosten von den Heimen selbst getragen werden, berichtet Schaefer weiter. In manchen Einrichtungen laufe das Personal noch immer mit geschenkten Schutzanzügen aus landwirtschaftlichen Betrieben oder selbst genähten Schutzmasken durch die Räume. Dabei wissen alle Beteiligten, dass Pflegearbeit mit Abstandsgeboten nur begrenzt vereinbar ist.«

Das ist Altendiskriminierung!

Die Angst vor dem Tod sei menschlich, die Angst vor dem Alter Kultur, schreibt Applewhite. Wie alte Menschen behandelt werden, ist von Kultur zu Kultur unterschiedlich. Unterschiedlich ist, wie wir alte Menschen wahrnehmen und wie sie sich selbst wahrnehmen. Die schlaflose

Nacht, die mir die Autorin verschafft hat, rührt daher, dass ich mich mir selbst nicht mit einem Rollator oder einem Rollstuhl vorstellen kann, dass ich mir mein eigenes Leben, auf diese Weise reduziert, trostlos ausmale. Doch es ist eine Anmaßung, anzunehmen, wir könnten wissen, was im Kopf derjenigen vor sich geht, deren Leben uns als nicht lebenswert erscheint. Jeder Tag ist lebenswert, jeder Tag ist anders. So wie die Mutter meines Mannes kurz vor ihrem Tod sagte:»Gestern war ein schöner Tag.«

Der Kontakt mit hochaltrigen und pflegebedürftigen Menschen kann uns helfen, die enorme Bandbreite ihrer physischen und psychischen Lebensumstände zu erkennen und unsere Annahmen neu zu kalibrieren. Alles, was wir auf uns selbst beziehen, ist eine Projektion. Wahre Empathie ist der Versuch, die Welt aus der Perspektive der anderen Person zu sehen. Als Ashton Applewhite Robert Butler, der den Ausdruck *ageism* erfunden hatte, fragte, was ihn, den Gerontologen, am meisten überraschte, als er selbst seinen achtzigsten Geburtstag überschritten hatte, sagte dieser:»Ich weiß nicht einmal, ob ich überrascht bin, ich merke nur, dass der Tod seinen Schrecken verloren hat.«[45] Auch von anderen Gerontologen hat die Autorin gehört: Die sehr Alten wollen zwar nicht sterben, aber sie haben keine Angst. Das Leben geht weiter – im Schatten des Todes.

»Was soll ich sagen? Bis zum Alter von achtundachtzig Jahren ist es einigermaßen gut gegangen, die Bilanz ist also positiv«, antwortete die große italienische Intellektuelle Rossana Rossanda 2015 auf die Frage, wie sie sich fühle.»Es wäre schade zu sterben, wegen der Bücher, die ich nicht gelesen, und der Orte, die ich nicht besucht haben werde. Aber ich gebe zu, dass ich keine Verbundenheit mehr mit dem Leben verspüre.«[46]

Ich kenne mehrere Personen, mich selbst eingeschlossen, die es vorziehen, ihren Geburtstag stillschweigend zu übergehen. Ich habe noch einen zusätzlichen Grund: Meiner fällt auf den 1. Januar, einen Tag, an dem niemand Lust zum Feiern hat. Also verreise ich üblicherweise irgendwohin. Aber eigentlich heißt Älterwerden nur leben, uns verändern, und Geburtstage erinnern an diesen glücklichen Umstand. Viele Frauen beginnen ihre Geburtstage ab dem dreißigsten Lebensjahr mit wachsender Besorgnis zu begehen und legen erst ab fünfundsiebzig wieder richtig los.

Vielleicht sind wir erst dann wir selbst geworden, wenn wir uns von dem Drehbuch gelöst haben, das besonders Frauen, aber auch Männern vorschreibt, wie sie zu sein haben. Nun erst können wir unser Alter richtig feiern. Nun gibt es nichts mehr zu verbergen, nichts mehr zu vertuschen. Wir sind, wer wir sind, und dürfen stolz darauf sein. Und wir sind auch nicht Teil einer imaginierten Gruppe von »Seniorinnen«, denen unterstellt wird, irgendwie einer einheitlichen Kategorie anzugehören. Je älter wir werden, desto unterschiedlicher werden wir.

Neben großer Hilfsbereitschaft und Solidarität haben wir bei manchen Intellektuellen in der Corona-Krise Altendiskriminierung erlebt, wie sie im Buche steht. Plötzlich wurde es legitim, von »Menschenopfern« zu sprechen, von »geopferten Alten« zur Rettung der Wirtschaft. Der texanische Vizegouverneur behauptete, bereit zu sein, für seine Enkel zu sterben, und forderte andere auf, es ihm gleichzutun – wohl wissend, dass gerade er nicht zu jenen gehörte, die man opfern würde. Der englische Journalist Jeremy Warner ging im *Telegraph* noch weiter: »Ohne zu sehr ins Detail zu gehen, könnte sich Covid-19 langfristig sogar als leicht vorteilhaft erweisen, indem das Virus unverhältnismäßig viele ältere Angehörige aus dem System stößt.«

Der Literaturwissenschaftler Hans Ulrich Gumbrecht fragte in der *Neuen Zürcher Zeitung*, ob die Moral, alle Bürger nach dem Gleichheitsprinzip »maximal gegen eine Todesgefahr zu schützen«, nicht das »Überleben der Menschheit aufs Spiel« setze. Er stellte sich eine Entscheidungssituation vor, »in der es tatsächlich darum ginge, ob man bewusst die Überlebenschancen der ältesten Generation zugunsten der Zukunftsmöglichkeiten ihrer jüngeren Zeitgenossen verringert«. Und der Kulturphilosoph Charles Eisenstein philosophierte über die Verdrängung des Todes in unserer technisierten Gesellschaft: »Ein gerettetes Leben bedeutet eigentlich einen aufgeschobenen Tod.«

Dem setzte der französische Philosoph Alain Finkielkraut seine humanistische Philosophie entgegen: »Das Leben eines Greises ist genauso viel wert wie das eines Menschen im Vollbesitz seiner Kräfte. Solange wir dieses Prinzip hochhalten, hat der zeitgenössische Nihilismus nicht endgültig triumphiert, und wir bleiben eine Zivilisation.« Und Margarete Stokowski schrieb in ihrer *Spiegel Online*-Kolumne »Ist ja nur das Leben« Ende April 2020: »Die Politik hat beschlossen, zugunsten dieser Minderheit der Mehrheit sehr schwere Lasten aufzubürden, schrieb Jakob Augstein vor ein paar Wochen, und da klingt leider auch durch: Minderheiten – who the fuck cares?«

Schließlich sterben wir alle, um mit Wolfgang Schäuble zu sprechen. Die Frage ist nur, ob eines natürlichen Todes oder als Menschenopfer zugunsten der Wirtschaft. Und außerdem: Der Anteil der »Senioren« über fünfundsechzig an der Gesamtbevölkerung beträgt in Deutschland 21 Prozent! Ist das noch eine Minderheit?

Schön ist die Ruhe, die das Alter mit sich bringt. Wenn man körperlich nicht mehr so fit ist, passt sich auch der Geist an. Man denkt mehr nach über sein Leben und über die Erfahrungen, die man gemacht hat, und kann sich darüber freuen. Man lernt, seinen eigenen Wert zu erkennen. Man weiß jetzt, was man auf keinen Fall mehr möchte. Man kann sich über dumme Konventionen hinwegsetzen. Es ist, wie Ballast abwerfen, an jedem einzelnen Tag. Ich erlebe es als befreiend, dass ich mich nicht mehr so aufrege. Mit meinem ausgeprägten Gerechtigkeitsgefühl gab es immer reichlich Anlass zur Aufregung: mein Engagement in der Gewerkschaft gegen unsere Arbeitsbedingungen, auf die Straße gehen und demonstrieren. Ich freue mich wie verrückt, dass das jetzt die Jungen übernehmen, und denke: Gott sei Dank muss ich das nicht mehr, das erledigen jetzt andere. Alles hat seine Zeit.

Agnes, 75, Köln

SEID LAUT!

DIE GESCHICHTE VERGEHT NICHT

SUSANNE SCHOLL, »OMAS GEGEN RECHTS«

Susanne Scholl wurde 1949 in Wien geboren. Ihr Vater, ein Arzt, und ihre Mutter waren nach dem »Anschluss« Österreichs an Nazi-Deutschland nach London geflüchtet, wo sie sich im Austria Center kennenlernten. Schon 1946 kehrten sie nach Wien zurück, um »am Aufbau des Kommunismus in Österreich mitzuwirken«.

Susanne studierte Slawistik in der UdSSR und in Rom und begann ihre journalistische Laufbahn als Assistentin des Mittel- und Osteuropa-Korrespondenten von Le Monde. *Anschließend war sie für Radio Österreich International und für die APA (Austria Presse Agentur) tätig, von wo sie 1986 in das Pionierteam der neuen ORF-Osteuroparedaktion geholt wurde. 1989 ging sie als Korrespondentin des ORF nach Bonn, 1991 nach Moskau. Von 1997 bis 2000 leitete sie in der Wiener Zentrale das »Europajournal« im ORF-Radio, um danach nach Moskau zurückzukehren. 2009 wurde sie pensioniert.*

Susanne Scholl, Mutter eines 1983 geborenen Zwillingspaars, hat mehrere Bücher geschrieben, Sachbücher, Romane und auch Gedichte: Russisches Tagebuch, Moskauer

Küchengespräche, Elsas Großväter, Nataschas Winter, Reise nach Karaganda, Töchter des Krieges, Überleben in Tschetschenien, Rot wie die Liebe, Russland mit und ohne Seele, Russische Winterreise, Allein zu Hause, Die Königin von Saba, Wachtraum *und zuletzt* Die Damen des Hauses. *Sie wurde mit mehreren Preisen ausgezeichnet.*

Seit 2017 ist sie Sprecherin von »Omas gegen Rechts«, Wien.

Susanne liebt die Farbe Rot: rote Lippen, rote Brille, rote Handtasche, rote Schuhe. Irgendetwas Rotes muss immer dabei sein.

»Meine Mutter war zweiundzwanzig Jahre alt, als sie 1938 aus diesem Land fliehen musste.« Mit diesen Worten begann Susanne Scholl am 15. November 2018 ihre Rede beim Antisemitismus-Kongress der Österreichischen Hochschülerschaft. »Dieses Land« ist Österreich. Bis zu ihrem Tod behauptete Susannes Mutter, sie habe in Wien vor 1938 keinen Antisemitismus erlebt. »Ein Akt der Verdrängung«, meint die Tochter, denn »Antisemitismus war und ist immer schon da gewesen und dient vor allem auch dem Kampf gegen eigene Minderwertigkeitskomplexe, gegen Ohnmachts- und Hoffnungslosigkeitsgefühle.«

Als Susannes Mutter im Frühjahr 1946 aus dem englischen Exil zurückkehrte, wusste sie kaum etwas über das Schicksal ihrer Eltern. Auf der Suche nach Informationen schaute sie bei ihrem alten Wohnhaus vorbei, wo sie eine ehemalige Nachbarin antraf. Diese erzählte, dass Susannes Großvater, als man ihn abholte, ihr seinen Radioapparat anvertrauen wollte, seinen wertvollsten Besitz. Doch die Nachbarin habe ihn nicht nehmen wollen, weil sie meinte, es würde ein Fluch auf ihm lasten.

Susannes Großeltern mütterlicherseits wurden im Sommer 1942 in einem Viehwaggon nach Maly Trostinec bei Minsk deportiert, und weil die Mörder am Wochenende ruhen sollten, mussten sie drei Tage ohne Wasser und Brot im Waggon warten, ehe man sie an den Graben trieb, in dem die Leichen der vor ihnen Ermordeten lagen. Das also erfuhr Susannes Mutter, als sie aus dem Exil zurückkehrte. »Und glauben Sie mir: Keiner hat sie mit offenen Armen empfangen«, fuhr Susanne in ihrer Rede fort. »Keiner hat versucht, ihr beizustehen, als sie das Unvorstellbare erfuhr.« Der Antisemitismus der Nazis sei nach Kriegsende in den Untergrund gegangen, der alltägliche Antisemitismus aber bestehen geblieben.

Susanne ist eine Nachgeborene. »Aber auch ich, die aufgewachsen ist mit dem Versprechen, dass sich nie wiederholen werde, was so unglaublich und doch geschehen ist, habe schon als Kind gelernt, dass man sich besser unsichtbar macht, wenn wieder der Hass die Stimme erhebt.« Die Rückkehr der Juden war unerwünscht, in Österreich ebenso wie in Deutschland. Schließlich erinnerten sie an Vorkommnisse, über die niemand sprechen wollte.

Auch meiner polnisch-jüdischen Mutter, die im Gegensatz zu Susanne Scholls Mutter 1948 widerwillig nach Wien zurückkehrte, weil mein österreichischer Vater es so wollte, neidete man die Jahre der Flucht. Sie habe es gut gehabt in England, während die Wienerinnen und Wiener bombardiert wurden und Hunger litten. Ein Jahr lang sprach meine Mutter mit keinem Menschen, weil sie – zu Recht – in jedem einen Nazi vermutete. Man warf den Juden vor, sagte Susanne in ihrer Rede, den »echten Österreichern« die Arbeitsplätze wegnehmen zu wollen.

»Die Eltern meines Vaters sind noch im Dezember 1939 vor den Nazis nach Belgien geflüchtet«, berichtete Susanne. »Die belgische Polizei behandelte sie wie Kriminelle. Sie mussten sich jede Woche melden. Und jede Woche drohte man ihnen mit der Abschiebung.« Auch daran muss sie denken, wenn sie abschlägige Asylbescheide liest, in denen man keinen Grund erkennen will, Menschen nicht ins lebensgefährliche Afghanistan zu deportieren. »Mein Großvater schrieb damals an meinen Vater in England, er wisse nicht, was aus ihm und meiner Großmutter werden solle, wenn man sie nach Deutschland zurückschicken würde.« Susannes Großvater väterlicherseits starb bei einem deutschen Bombardement, seine Frau wurde in Auschwitz ermordet. Beide hatten sich nie als Juden verstanden und mussten doch vor ihrem Tod ihren ganz normalen deutschsprachigen Vornamen Emil und Agnes die jüdischen Namen Israel und Sara hinzufügen.

Dasselbe trifft auf meine Warschauer Großeltern zu. Sie fühlten sich in erster Linie als Pole und Polin. Die Deutschen sahen in ihnen nur Juden und ermordeten sie in Treblinka. Meine Mutter betonte stets, dass erst Hitler sie zur Jüdin gemacht habe.

Susannes Familiengeschichte hat sie sensibel gemacht für das, was heute geschieht. »Heute reden wir nicht mehr von Israel und Sara, sondern von Ali und Mustafa, mokieren uns über Frauen mit Kopftüchern, und allzu viele fühlen sich im Recht, wenn sie ›denen‹, den ›anderen‹, letztlich ihr Lebensrecht absprechen. Nein, ich will weder die Verbrechen der Vergangenheit banalisieren, noch will ich ungültige Vergleiche ziehen. Aber: Meine Mutter starb im Herbst 2015. Sie war bis zuletzt hellwach und sah, was rund um sie geschah. Und als sie vor dem Fernsehapparat saß und sah, was man Flüchtenden so alles vorwarf, sagte sie eines Abends, sie müsse jetzt immer daran denken, wie sie auf dem Weg in die Emigration von deutschen Soldaten aus dem Zug geholt worden sei.« Erst im letzten Moment durfte sie weiterfahren.»Hätten sie sie aufgehalten, stünde ich wahrscheinlich heute nicht hier«, sagte Susanne.

Die Geschichte, so Susanne, neige dazu, nicht zu vergehen, wenn die Menschen sich nicht mit ihr auseinandersetzen wollen.»Genau das aber geschieht heute. Und plötzlich – und im Gleichschritt mit Xenophobie, Rassismus und Ablehnung von allem Unbekannten – hebt auch der immer latent vorhandene Antisemitismus wieder sein Haupt.« Da tauchen Liederbücher auf, in denen von der siebenten Million die Rede ist, die es noch zu ermorden gelte. Da stellen Menschen ihren Müll auf den Gedenksteinen für die Ermordeten ab. Und da werden schwülstige Reden gehalten, deren Sprache an damals erinnert.

»Es beginnt ja immer mit der Sprache. Heute wäre es nicht mehr salonfähig, von ›Saujuden‹ zu sprechen. Aber man darf sich über Frauen mit Kopftuch lustig machen. Man wagt es nicht mehr, über den ›industrialisierten Mord‹ zu reden, aber man lässt keinen Zweifel daran, dass einem die Ertrinkenden im Mittelmeer keinen Gedanken wert sind. Solange ich denken kann, hieß es ›Nie wieder‹ und ›Wehret den Anfängen‹. Wir haben die Anfänge nicht sehen wollen. Aber heute sind wir mittendrin. Und heute gilt es nicht nur, den Wurzeln des Antisemitismus nachzuspüren, es gilt auch dem Hass insgesamt mit unserer gesammelten Kraft entgegenzustehen. Es geht um euer künftiges Leben – es geht um die Demokratie und die Zivilisation, die heute auf dem Spiel stehen. Deshalb bitte ich euch: Seid laut und schaut genau hin.«

Diese Rede fasst Susanne Scholls Hintergrund und Kampfgeist zusammen. Sie sind der Grund, warum sie eine »Oma gegen Rechts« geworden ist. Bei den Donnerstagsdemos gegen die (damalige) österreichische Regierung ist sie immer dabei. Die Lippen knallrot geschminkt, die rote Pussymütze auf dem Kopf, eine Tafel mit »Omas gegen Rechts« in die Höhe gereckt. Bald wird Susanne auch wirklich Oma sein, ihr erstes Enkelkind ist unterwegs.

Auch ich wurde eingeladen, mich in Berlin den »Omas gegen Rechts« anzuschließen. Bis jetzt habe ich es nur dazu gebracht, vom Rand her zuzuschauen, irgendetwas sehr Starkes in mir wehrt sich dagegen, mich »Oma« zu nennen. Ich habe mich bei vollem Bewusstsein gegen Kinder entschieden. Folglich habe ich auch keine Enkelkinder. Die Bezeichnung »Oma« zieht mich hinein in einen familiären Zusammenhang, der mir unangenehm ist. Zudem wird die Bezeichnung »Oma« für eine alte Frau verwendet, die man nicht ernst nimmt und die überwiegend dazu taugt, ihren Kindern die Enkelkinder abzunehmen. Omas sind lieb.

Doch Susanne und die Gründerin der Wiener »Omas gegen Rechts«, Monika Salzer, sind alles andere als lieb.

Susanne Scholl will die (inzwischen abgesetzte) rechtsnationalistische österreichische Regierung nicht kommentarlos hinnehmen wie so viele. Den jungen österreichischen Bundeskanzler Sebastian Kurz hat sie schon früh für einen »Bösen« gehalten. »Das habe ich schon gemeint, als er Außenminister war. Aber nein, haben sie gesagt, das ist ein junger Bub, dem muss man eine Chance geben. Ich habe das nie geglaubt. Und dann kam die Wahl, und dann war klar, welche Regierung es geben würde.« Nicht anders erging es der siebzigjährigen Pastorin im Ruhestand Monika Salzer. In ihrer Frustration und Empörung über den massiven Rechtsruck in Österreich gründete sie eine Facebook-Gruppe, die sie »Omas gegen Rechts« nannte. Als Susanne auf die Facebook-Seite stieß, fand sie die »irrsinnig lustig«. »Gerade der Name hat mir gut gefallen. Und ich hab mir gesagt: Super, da bin ich dabei.«

So ist es gekommen.

Angeregt durch die große Demonstration US-amerikanischer Frauen gegen ihren Präsidenten und seine sexistischen und rassistischen Äußerungen kamen, die roten und rosa Pussymützen dazu und bald auch die großen Buttons mit »Omas gegen Rechts«, welche die Demonstrantinnen an ihrer Kleidung tragen. Wie bei der Frauenbewegung der frühen Siebzigerjahre fanden sich zum ersten Treffen gleich überraschend viele Frauen ein. Und wie damals ging es gleich drunter und drüber. Jede hatte eine eigene Idee einzubringen, jede wollte sich für eine andere diskriminierte Gruppe einsetzen. »Das hätte auf der Stelle zu gruppendynamischen Fehlentwicklungen führen können«, erinnert sich Susanne und beschloss, den »Politkommissar der Bewegung« zu machen und einzuhegen, was auszuufern drohte. »Ich habe immer gesagt: Was ihr wollt, ist alles gut und schön, aber wir sind eine politische Gruppe, die für den Erhalt der Demokratie in Österreich eintritt und gegen das Abräumen des Rechtsstaats und des Sozialstaats. Das ist unser politisches Ziel.«

Schließlich wurde festgelegt, dass nur Monika Salzer und Susanne Scholl als Sprecherinnen der Bewegung die Öffentlichkeitsarbeit erledigen. »Ich habe sofort gesagt: Bei uns gibt es keine Basisdemokratie!« Wer Dynamik und Ideologie von Graswurzelbewegungen kennt, weiß, dass eine solche Aussage eigentlich eine Ungeheuerlichkeit ist. Eine Gruppe, der das nicht gepasst hat, hat sich dann auch bald von den »Omas gegen Rechts« abgespalten und nennt sich fortan »Omanzen«. Ich bewundere Susanne. Ich hätte einen solchen Satz bestimmt nicht auszusprechen gewagt. Man merkt, dass sie sich von der Frauenbewegung der Siebzigerjahre ferngehalten und keine einschlägigen Erfahrungen gemacht hat.

Doch wider Erwarten setzte sie sich durch. Jetzt gibt es einen Vorstand aus sechs Frauen, die die Entscheidungen treffen. Susanne geht es nur um eine klare politische Botschaft, nach Macht zu streben hat sie nicht nötig. »Jede soll machen, was sie will, sie sollen nur keine Sachen erzählen, die nichts mit unserem Anliegen zu tun haben. Am Anfang haben zum Beispiel viele nicht verstanden, dass wir nicht den Wahlkampf der SPÖ unterstützen können. Das Konzept der Überparteilichkeit war nicht leicht durchzusetzen. Aber inzwischen haben es alle begriffen.«

Politische Erfahrung hat Susanne sehr wohl. Ihr letztes Schuljahr fiel in das Jahr 1968, und sie schloss sich den Schulstreiks an. Später, während des Studiums in Rom in der wilden Zeit, konnte ein junger Mensch gar nicht anders, als politisch aktiv zu sein. Susanne studierte Slawistik und war mit dem Anführer einer trotzkistischen Gruppierung liiert. »Deswegen war ich Trotzkistin, wenn ich auch, glaube ich, nicht so genau gewusst habe, was das ist. Ich habe mir halt immer alles von ihm erklären lassen, was in der Zeitung stand und was Marx gesagt hat.« Das Unrecht des Vietnamkriegs jedoch war für sie eine sehr persönliche, einschneidende Erfahrung, ebenso wie der Putsch in Chile. Da war sie ständig auf der Straße und musste nicht von ihrem Freund angeleitet werden.

Als sie aus Rom zurückkehrte, war Susanne vierundzwanzig, jünger als viele Feministinnen, die damals wie ich die Aktion Unabhängiger Frauen gründeten. Ihre Schwester, eine meiner Mitstreiterinnen, war Susanne viel zu dogmatisch. Dogmatisch war wahrscheinlich auch ich, ich kann mich nur nicht mehr erinnern, weil sich meine Kanten im Laufe meines Lebens abgeschliffen haben. Heute verstehen Susanne und ich uns prima. Unser ähnlicher Familienhintergrund erweist sich als prägender als die kurze Zeit des feministischen Dogmatismus, der uns vermutlich entzweit hätte, hätten wir uns damals gekannt. Ich lernte sie erst viel später im Fernsehen als selbstbewusste, kluge Auslandskorrespondentin kennen. Damals gingen Susanne die vielen von ihrer Schwester vertretenen Ver- und Gebote der jungen Frauenbewegung auf die Nerven.

Dass die Bewegung der »Omas gegen Rechts« überwiegend aus Frauen besteht, habe sich eher zufällig ergeben, sagt Susanne, und sei keine feministische Entscheidung gewesen. Am Anfang gab es den von Monika Salzer geprägten Namen. Und die neue österreichische Regierung von ÖVP und FPÖ schickte sich an, das Rad zurückzudrehen, insbesondere in Bezug auf Frauen. Plötzlich sollten die Frauen wieder zurück an den Herd, und die vergleichsweise liberale österreichische Gesetzgebung zum Schwangerschaftsabbruch wird wieder infrage gestellt. »Wir waren halt überwiegend Frauen, auch wenn wir ein paar Männer dabeihaben, aber die müssen schon recht abgebrüht sein«, sagt Susanne. Immer wieder würden Männer zu ihr und zu Monika Salzer kommen und fragen, warum es keine Opas gegen Rechts gebe. »Und ich sage dann: Macht doch, wer hält euch auf? Sie machen es aber nicht und verlangen von uns, für sie die Initiative zu ergreifen. Frauen sind einfach aktiver. Und Frauen in unserem Alter sind oft allein. Die Kinder sind erwachsen, der Beruf ist vorbei, und die politische Situation verursacht ihnen Unbehagen. Die politischen Parteien, die es gibt, sind nicht so beschaffen, dass man sich dort würde engagieren wollen. Die kommen dann zu uns.«

»Bei vielen Frauen spielt auch eine Rolle, dass sie sich ihr Leben lang, ohne zu murren, um andere gekümmert haben. Jetzt wollen sie endlich einmal selbst laut ihre Meinung sagen. Das ist mitunter auch ein Problem, weil es manchmal drunter und drüber geht. Aber in Wirklichkeit ist das natürlich total positiv, weil sich Frauen, die ihr Leben lang ihre Meinung nicht sagen durften, jetzt hinstellen und reden. Etwas Besseres kann ja gar nicht passieren.« Noch trauen sich die wenigsten, selbst eine Rede zu halten, doch Interviews geben mittlerweile schon viele, Susanne und Monika bestehen nicht mehr auf ihrem Alleinvertretungsanspruch. »Wir sind ja die Lieblinge der Medien, nicht nur in Deutschland und Österreich, sondern auch in Frankreich und Spanien.«

Erst kürzlich fand ich einen Bericht über die »Grannies« in der *New York Times*.

Viele »Omas gegen Rechts« kommen aus der Flüchtlingsbetreuung. Sie haben selbst Erinnerungen an Flucht und betreuen nun Pflegesöhne aus Afghanistan, die stets in Gefahr sind, abgeschoben zu werden. Manche geben Deutschunterricht und begleiten Geflüchtete auf Behördenwege.

Natürlich haben viele auch einen feministischen Hintergrund, waren in den Siebziger- und Achtzigerjahren aktiv. »Wir fühlen uns auch verpflichtet, die jungen Frauen zu unterstützen«, sagt Susanne. »Ich sehe meine Tochter, die wirklich sehr durchsetzungsstark ist und schon in ihrem jungen Alter als Unfallchirurgin in einem sogenannten Männerberuf arbeitet. Doch die Kraft, die sie aufbringen muss, steht in keinem Verhältnis zu dem, was Männer leisten müssen. Sie hat eine Kollegin, die dabei ist, Oberärztin zu werden. Was die erlebt, unterscheidet sich nicht von dem, was ich erlebt habe, als ich in ihrem Alter war. Das bringt mich unglaublich auf die Palme.«

Natürlich ist das ein feministischer Impuls! Susanne sieht nicht ein, warum ihre Tochter so hart kämpfen muss, und will schon allein deshalb junge Frauen unterstützen, die ja oft keine Zeit für politische Aktivitäten haben. Nun haben sich die »Omas gegen Rechts« auch der Bewegung gegen den Klimawandel »Fridays for Future« angeschlossen. Ihre Kinder und Enkelkinder sollen eine Zukunft haben. »Wir setzen unsere Mützen auf, und die Kids freuen sich.«

Monika Salzer hebt in Interviews hervor, dass ältere Frauen bisher als politische Kraft nicht in Erscheinung getreten sind und die »Omas gegen Rechts« insofern wirklich eine neue Entwicklung darstellen. »Ältere Frauen werden interessanterweise nicht einmal als Wahlvolk wahrgenommen«, fügt Susanne hinzu. »Man geht davon aus, dass sie eh das wählen, was die Männer wählen. Obwohl viele gar keine Männer haben. Ich sage immer, dass die Leute von Frauen ab einem gewissen Alter erwarten, dass sie nach Hause gehen und auf den Tod warten. Und das tun wir nicht! Wir leben in dieser Gesellschaft, wir sehen rundherum, was passiert, und wir haben gelernt, dass man nicht wegschauen darf.« Gerade alte Frauen müssen sich nicht fürchten, sagt Susanne, weil graue Haare eine gewisse Beißhemmung auslösen. »Das müssen wir ausnutzen.«

Die alten Frauen wüssten besser als die jungen, dass man den Anfängen wehren müsse. »Ich sage: Wir sind die letzte Generation, die noch als Zeitzeuge auftreten kann, denn die echten Zeitzeugen sterben aus. Wir hatten noch unsere Eltern. Ich habe mein Leben lang geträumt, dass man uns abholen kommt, insofern bin ich eine direkte Zeitzeugin. Immer wieder habe ich geträumt, dass die Wände unserer Wohnung, in der ich aufgewachsen bin, aus Glas sind; dass ich also völlig schutzlos bin; dass ich meine Eltern und Tanten in Sicherheit bringen muss. Solche Träume. Deshalb geht es mir bei den Omas darum, zu betonen, dass wir die Geschichte nicht vergessen und nicht zulassen dürfen, dass sie in Vergessenheit gerät.«

In ihrem Buch *Wachtraum* hat Susanne versucht, die zweite Generation von Holocaust-Überlebenden zu beschreiben, das Aufwachsen in Österreich, den Zwiespalt dazwischen, in diesem Land daheim zu sein und sich doch nicht zu Hause zu fühlen. Und dann auf der anderen Seite zu sagen: Es ist meine Sprache. Ich schreibe auf Deutsch. Etwas Ähnliches habe auch ich mit meinem Buch *Himmelstraße* unternommen. Ich wollte zeigen, dass sich die Traumata der Eltern auf die nächste Generation übertragen, dass die Geschichte mit dem Tod der direkten Zeitzeugen noch nicht erledigt, die Vergangenheit nicht bewältigt ist. Bei den »Omas gegen Rechts« ist Susanne nicht die Einzige mit einer schwierigen Familiengeschichte. Es gibt Frauen mit schlimm gescheiterten Ehen und Frauen, die als Kinder aus der Tschechoslowakei, aus Rumänien oder Bulgarien nach Österreich gekommen sind und also wissen, was Flucht bedeutet. »Und dann gibt es auch unglaublich viele Psychotherapeutinnen. Vielleicht ist das ein Problem, vielleicht aber sogar ganz gut.«

Susannes Bemerkung über die Beißhemmung gegenüber alten Frauen, die kämpferisch umgesetzt werden kann, finde ich interessant. Bisher kenne ich nur die Rede von der Unsichtbarkeit alter Frauen. »Von einer bestimmten Seite werden wir regelmäßig beschimpft, und es würde mich auch kränken, wenn es nicht so wäre. Aber wenn ich auf die Straße gehe, ernte ich mit meinem Button ›Omas gegen Rechts‹ keine bösen Blicke, sondern eher ein Lächeln. Vor diesen Omas fürchtet man sich nicht. Und trotzdem bilden wir bei jeder Donnerstagsdemo gegen die Regierung einen gut sichtbaren Block. Wir haben ein Transparent dabei und die Tafeln mit ›Omas gegen Rechts‹. Jede, die will, nimmt sich eine und kann mitdemonstrieren. Auch junge Leute und Männer. Und wir halten immer Reden. Ich habe jetzt bei drei verschiedenen Demonstrationen hintereinander an verschiedenen Orten in Österreich geredet. Wir werden von der Zivilgesellschaft als ernst zu nehmende Gruppe wahrgenommen. Die Leute, die lächeln, lachen mich nicht aus, sondern an. Sie finden diesen Namen ›Omas gegen Rechts‹ lustig, weil man sich üblicherweise eine Oma mit Kopftuch und Strickzeug vorstellt.«

Die Bezeichnung »Oma« wird oft in diskriminierender Weise verwendet, aber die »Omas gegen Rechts« haben sich das Wort angeeignet und positiv umgedeutet, ähnlich wie die Worte »schwul« und »Hexe«, die ursprünglich negativ besetzt waren. »Und diejenigen, die Enkelkinder haben, sind sehr stolz darauf, Omas zu sein. Wir finden es nicht diskriminierend. Es ist ja nur eine Form, sich zu älteren Frauen zu bekennen, die Lebenserfahrung haben, sich vor nichts fürchten müssen und dazu noch Zeit und Energie haben, sich zu engagieren. Und Omas können ja auch oft ziemlich kämpferisch sein. Wir wollen eben auch sagen: Alt sein heißt nicht stumm sein und auf den Tod warten.« Auch zu den Europawahlen haben die Omas an verschiedenen Orten auf Märkten Aktionen gemacht. »Wir sagen: Bitte geht wählen und wählt vernünftig. Wählt für Europa, für ein liberales, demokratisches, tolerantes Europa, und nicht für die Zerstörung Europas. Und die Leute sind immer ganz begeistert, wenn sie uns sehen.«

Im Zusammenhang mit »Beißhemmung« erzählt Susanne eine bezaubernde Begebenheit: Bei einer der Donnerstagsdemos in Wien gab es einmal eine brenzlige Situation, als der schwarze Block sich an die Spitze der Demo stellte. Da wurden alle hysterisch. Das geht doch nicht! Mit dem Ruf »Omas vor!« sind die Omas dann im Gänsemarsch zwischen dem schwarzen Block nach vorn marschiert – und dieser teilte sich, wie Gott das Meer für die Israeliten teilte. »Die jungen Leute haben uns zugewinkt und zugelächelt und gesagt: Ihr seid so cool. Wir sind dann vor denen an der Spitze des Zuges marschiert, und sie waren zahm wie die Lämmchen. Sie haben ein bisschen bengalisches Feuer gemacht, aber sonst waren sie total brav.«

Susanne Scholl ist Sprecherin, gibt Interviews, geht auf Demos, hält Reden. Ansonsten versucht sie, allzu viel ehrenamtliche Arbeit abzuwehren, schließlich hat sie seit mehr als dreizehn Jahren Diabetes, eine Krankheit, die an ihr zehrt. »Man muss mit seinen Kräften haushalten. Das eigene Altwerden ist eine harte Arbeit. Wie Mae West gesagt hat: nichts für Feiglinge.« Gleichzeitig fühlt sie sich wie die meisten von uns nicht wirklich alt. »Ich schaue die anderen an und denke mir, die sind alle älter als ich. Meine Mutter hat sich bis zu ihrem Tod nicht alt gefühlt und manchmal zu mir gesagt: Weißt du, ich schaue in den Spiegel, und dann sehe ich diese hässliche alte Frau und denke mir: Wer ist denn das? Dabei war sie bis ins hohe Alter eine attraktive Person.«

Auch das kennen wir alle.

Generell ist das Alter bei den Omas aber kein Thema. Ihr Thema ist Schutz der Demokratie, des Rechtsstaats und des Sozialstaats sowie die Unterstützung junger Frauen. Doch natürlich bedeutet der Schutz des Sozialstaates auch, die Altersarmut in den Blick zu nehmen. »Wir reagieren ja auch auf Dinge, die politisch Tag für Tag passieren.« Das beinhaltet dann auch Themen wie die skandalöse Entscheidung der österreichischen Bundesregierung, die Mindestsicherung gerade für die sozial Schwächsten auszuhöhlen.

Helfen die »Omas gegen Rechts« Susanne beim Älterwerden? »Ich weiß nicht, manchmal bin ich doch auch sehr angestrengt. Aber auf jeden Fall hilft mir diese Aktivität, nicht zu verzweifeln an der Welt. Je älter man wird, desto mehr Erfahrungen hat man und dann auch diese Déja-vu-Erlebnisse, wo du dir denkst: Nicht schon wieder! Und dann kehren auch die alten Ängste wieder. Aktiv dagegen anzugehen, hilft dann ganz bestimmt und hält mich jung.«

Die Pensionierung war für Susanne, die stets mit Begeisterung gearbeitet hat, nicht einfach, auch wenn sie schon früh begonnen hatte, sich mit diesem neuen Lebensabschnitt zu beschäftigen. An ihrem Vater hat sie gesehen, wie sie es nicht machen wollte. »Er war ein leidenschaftlicher Arzt, und die Pensionierung hat ihn bis zu einem gewissen Grad kaputtgemacht, krank. Ich hatte irrsinnige Angst, dass das bei mir auch so sein könnte, aber natürlich hatte ich einen ganz anderen Beruf. Wenn du Hämatologe bist, brauchst du das Spital, das Labor, um weiterzuarbeiten.«

Susanne hatte es besser. Als ihr im Alter von sechzig Jahren vom ORF gekündigt wurde, obwohl sie gern weitergearbeitet hätte, und sie aus Moskau nach Wien zurückkehrte, erhielt sie sofort das Angebot, Kolumnen für Zeitungen und Zeitschriften zu schreiben. Und doch: »Die ersten sechs Monate war ich völlig desorientiert. Ich bin irgendwie leicht benebelt herumgegangen und hatte glücklicherweise diese Kolumnen. Ich habe vor allem über

Russland geschrieben und bin auch immer wieder hingefahren. Immerhin habe ich insgesamt zwanzig Jahre dort verbracht. Glücklicherweise waren die Kinder bei mir, und um meine Mutter musste ich mich auch kümmern. Doch mein ganzer Lebensrhythmus war im Eimer. Und dann verlierst du ja auch deinen Sozialstatus. Aber ich habe, wie gesagt, früh begonnen, mich mit der Pensionierung auseinanderzusetzen. Immer wenn ich in Wien war, habe ich meinen Psychoanalytiker kontaktiert, der mir geholfen hat, mich auf die Pension vorzubereiten. Drei volle Jahre danach bin ich weiter zu ihm gegangen, bis wir beide beschlossen haben, dass es reicht. Geholfen hat mir, dass ich mir mein Leben genau eingeteilt habe. Am Montag bin ich immer um den Schreibtisch getanzt, so habe ich es genannt. Das war der Tag, an dem ich die Kolumnen geschrieben habe. Den Rest der Woche habe ich dann alte Freundschaften aufgefrischt, war bei der Mama und habe verschiedene Sachen unternommen. Es war irrsinnig schwer, das muss ich zugeben. Zum Auspacken meiner Übersiedlungskartons zum Beispiel habe ich an die sechs Monate gebraucht. Mein Kater war sehr glücklich, denn die Kartons stapelten sich im Vorzimmer und waren das ideale Spielgerät für ihn.«

Herrn Wassja, Susannes Kater, kenne ich von Facebook. Er ist ein wahrer Facebook-Star und Grund, warum Susanne und ich uns in Wien im Café Eiles treffen und nicht bei ihr zu Hause, denn ich habe eine Katzenallergie. Aber das Café Eiles an der Ecke Josefstädterstraße/ Landesgerichtsstraße ist sowieso Susannes zweites Wohnzimmer. Nachdem sie zu mir an den Tisch im hintersten Winkel des brechend vollen Lokals gekommen ist, ist der

Kellner gleich viel freundlicher. Um das Café Eiles und alle anderen Kaffeehäuser in Wien beneide ich sie aus ganzem Herzen.

Ich frage nach den vielen Büchern, die Susanne während ihrer Berufstätigkeit und danach geschrieben hat, da gab es doch gar keinen wirklichen Bruch. »Das Schreiben ist mein ganz persönlicher Rückzugsort und auch das, was mich am Leben hält. Wenn ich nichts zu schreiben habe, werde ich ganz nervös. Die letzten sechs Monate waren furchtbar schwer für mich, weil es mehrere Todesfälle in der Familie gab und noch dazu meine beste Freundin todkrank war. Was mich gerettet hat, war das Schreiben an meinem neuen Roman, an dem ich immer noch arbeite. Merkwürdig ist, dass es das lustigste Buch ist, das ich je geschrieben habe, das humorvollste. Ich hatte diese Idee mit der Wohngemeinschaft, in der mehrere alte Frauen wohnen. Da sind mir lauter komische Dialoge eingefallen. Das macht irrsinnigen Spaß. Gerade habe ich ein Kapitel über Sex geschrieben. Braucht man das im Alter? Die einen sagen ja, die anderen nein. Zwei Stunden am Tag ziehe ich mich in meine Schreibwelt zurück. So war das eigentlich immer bei mir. Schon als Kind.«

Auch als Susanne 2009 nach Wien zurückkehrte, begann sie – Pensionsschock hin oder her – gleich an einem Buch zu arbeiten: *Russland mit und ohne Seele*. »Das war mein Abschiedsbuch von Russland.« Danach wurde sie zu Lesungen und Podien über Russland eingeladen. Seither sind vier weitere Bücher erschienen. Zur Ruhe kommt sie also kaum.

Auch unser Gespräch ufert immer wieder aus. Wir kommen vom Hundertsten ins Tausendste. Ärgern uns gemeinsam über linke Putin-Versteher, wundern uns über die seltsame politische Entwicklung von Monika Maron, unterhalten uns über Susannes Leben in Moskau, über unsere Beziehung zum Judentum, ihre Zeit im romantischen Pionierlager bei Moskau im Alter von fünfzehn Jahren, ihr Studium in Rom und Leningrad, den Austritt ihrer Eltern aus der Kommunistischen Partei Österreichs nach dem Einmarsch der Warschauer-Pakt-Truppen in die Tschechoslowakei 1968, die seltsame Begeisterung Peter Handkes für den Kriegsverbrecher Slobodan Milošević, die Empörung ihrer Leserinnen, als sie plötzlich anfing Liebesgeschichten zu schreiben, anstatt weiterhin politische Analysen zu liefern, wir reden über den Sowjetmenschen Solschenizyn, und ich staune über ihr in meinen Augen abenteuerliches Leben als Berichterstatterin in der Übergangsphase von der Sowjetunion zu Russland im Jahr 1991. Und immer mit dabei ihre beiden Kinder.

Ich frage Susanne, die so gut wie ihr ganzes Leben allein mit ihren Kindern verbracht hat, ob sie eine Idee hat, wie Menschen im Alter leben sollten, um zufrieden zu sein. Es gebe Ansätze, sagt sie, Mehrgenerationen-Häuser zum Beispiel. »Ich selbst wohne in einem ganz normalen Wiener Altbau mit zehn Wohnungen. Wir kennen uns alle und helfen uns gegenseitig. Unlängst war ich krank, da ist meine Nachbarin für mich einkaufen gegangen. Und wenn ich wegfahre, betreut sie meinen Kater. Wenn meine Nachbarn verreisen, gieße ich bei ihnen die Blumen. Es ist ein völlig normales Zusammenleben, wie es früher eigentlich immer war. Früher haben die Alten einfach mitgelebt. Das ist ja ganz neu, dass die Familien sich sofort zerteilen. Es muss ja auch nicht die Familie sein, es können auch Fremde sein. Oft sind ja die Großeltern bei fremden Leuten wesentlich besser aufgehoben als bei der eigenen Familie. Die Stadtplanung und die Architektur müssten sich alle mehr in diese Richtung orientieren. Warum sollen die Alten nicht zum Beispiel auf die Kinder aufpassen, während die mittlere Generation arbeitet?«

Nur nicht allzu basisdemokratisch sollte es zugehen. »Ich habe eine Freundin, die in einem Wohnprojekt ist, wo ich nicht würde wohnen wollen, auch wenn man mir dafür zahlt!« Und niedrigschwellig müsste es sein, damit es sich alle leisten können. Da müssten die Kommunen und der Staat einspringen.

Unübersehbar ist Susanne Scholl eine Individualistin. Nach außen hin wirkt sie mutig und selbstbewusst, »aber in Wirklichkeit bin ich ein unglaublich angstbesetzter Mensch und frage mich jetzt die ganze Zeit, wann ich es endlich schaffe, angstfrei zu werden. Jetzt wäre es ja doch schon an der Zeit. Aber ich habe immer noch Angst vor allem Möglichen.« Natürlich hat das mit der Verfolgungsgeschichte ihrer Familie zu tun. Deshalb ist es ihr so wichtig, ihren Kindern eine positive jüdische Identität mit auf den Weg zu geben, während sie selbst mit einer negativen aufgewachsen ist. »Sie sollen stolz darauf sein, Juden zu sein, sie sollen keine Angst haben, zum Beispiel eine Halskette mit dem Davidstern zu tragen. Und ich glaube, es ist mir gelungen. Die Kinder haben ein ganz anderes jüdisches Selbstbewusstsein als ich. Ihr Vater ist zwar kein Jude, aber das ignorieren sie.«

Unser Gespräch findet im Mai 2019 statt. Im September wird Susanne siebzig, irgendwie ein beklemmendes Datum, das ich schon lange hinter mir gelassen habe. Ein neues Jahrzehnt, ein weiterer Sprung in Richtung Tod. Nach der Definition der Weltgesundheitsorganisation WHO gilt als alt, wer das fünfundsechzigste Lebensjahr vollendet hat. In Deutschland und auch in Amerika wird von einem »geriatrischen Patienten« erst ab siebzig gesprochen. »Unter dem Alter versteht man den Lebensabschnitt zwischen dem mittleren Erwachsenenalter und dem Tod«, definiert Wikipedia das Alter. Ich selbst habe mir angewöhnt, mich als »alte Frau« zu bezeichnen. Wann, wenn nicht jetzt? Üblich ist das Wort »älter«, eine Schönfärberei.

»Alt sein heißt dem Tode nahe sein«, sagt Susanne. »Ab dem Zeitpunkt, an dem du sagst, ich bin alt, hast du kein Recht mehr auf ein normales Leben. Du sitzt zu Hause und wartest auf den Tod. Das ist etwas, was ich für mich jetzt einmal wegschiebe. Sowohl mit dem Altwerden als auch mit dem Sterben habe ich mich schon reichlich auseinandergesetzt, gerade in den letzten sechs Monaten, in denen ich meine Freundin beim Sterben begleitet habe. Das ist eine Erfahrung, die Angst macht, die man nicht haben will, die man von sich fernhalten will. Wenn man sagt, man ist alt, ist man nahe dran. Wenn man sagt, man ist älter, dann ist man noch nicht ganz so nahe. Auf der anderen Seite sehe ich immer noch meine Mutter vor mir, die mit fast neunzig beleidigt war, weil ich sie nicht nach Amerika mitnehmen wollte. Und dann denke ich mir, es kommt ja wirklich darauf an, wie du dein Leben organisierst. Du kannst dir sagen, okay, es ist mir egal, ich fahre trotzdem jedes Jahr ans Meer und unternehme noch alles Mögliche. Auch als sehr junge Person kann man alt sein. Man kann auch jung bleiben und trotzdem alt werden. Alter ist ja immer nur eine Zahl. Das muss man sich einfach sagen. Und man kann es auch benutzen. Ich bin dazu übergegangen zu sagen, das ist auch ein Grund zum Feiern, und so viele Gründe zum Feiern gibt es eh nicht. Also nutzen wir das schamlos aus. Man muss die Zeit nutzen.«

Und die Einsamkeit im Alter? Während ich mit fünfundsechzig noch einen Mann zum Lieben und Leben gesucht und gefunden habe, hat Susanne, die fast immer allein gelebt hat, kein Problem mit der Perspektive des Alleinseins. »Je länger ich allein bin, desto weniger kann ich mir vorstellen, mit irgendwem zusammenzuleben. Eigentlich bin ich ganz froh, allein zu sein. Ja, irgendwann, vor allem wenn man gesundheitlich angeschlagen ist, wird man sich wahrscheinlich eine Möglichkeit suchen, nicht allein zu sein. Die Vorstellung, hilflos und einsam zu sein, ist nicht wahnsinnig angenehm.«

Susanne hat zwei Kinder. Ich habe niemanden, auch deshalb habe ich mich aktiv darum bemüht, der Einsamkeit zu entkommen. Mit sechzig musst du die Dinge selbst in die Hand nehmen, habe ich mir gedacht. Mir tut es gut, nicht allein zu sein.

Susanne ist ein solches Denken fremd. Ihr Leidensdruck ist offensichtlich nicht so groß, wie meiner es war. »Nicht mehr. Früher war er größer. Früher hätte ich es mir noch gewünscht. Da war es schwierig, weil ich in Moskau war. So gab es immer nur kurze Episoden, nie etwas Längeres. Außerdem war ich sehr auf die Kinder konzentriert. Für mich war es unvorstellbar, neben den Kindern und dem Job noch einen Mann unterzubringen, der dann auch Ansprüche stellt.«

Ich selbst habe seit meiner Kindheit an einem Mangel an Liebe gelitten, dem die Männer hätten abhelfen sollen – was diese überfordert und zu vielen unglücklichen Lieben geführt hat.

»Natürlich spielen die Kinder eine große Rolle. Niemand liebt dich so bedingungslos, wie dich deine Kinder lieben. Ich hatte immer eine Familie. Wir sind zu dritt gereist und haben eine Menge miteinander unternommen. Und mit Kindern fühlst du dich auch sicherer. Meine Selbstsicherheit hat sich überhaupt erst durch die Kinder entwickelt. Meine ganze berufliche Karriere fiel in die Zeit, als ich die Kinder schon hatte. Vorher hätte ich mir das gar nicht zugetraut. Du hast da plötzlich hinter dir zwei Menschen stehen, die bedingungslos zu dir halten und für die du auch irgendwie etwas tun willst; für die du eine bestimmte Person sein willst, für die du stark sein willst, für die du etwas leisten willst. So war das für mich. Die Kinder haben mir sehr viel Mut gemacht und viel Kraft gegeben.«

Vielleicht macht Verantwortung erwachsen, denke ich. Ich selbst habe das Gefühl, nie erwachsen geworden zu sein. Susanne widerspricht. »Auch ich bin nicht erwachsen. In Alltagsdingen bin ich absolut unbeholfen. Ich habe von meinen Kindern einen Schlüsselanhänger geschenkt bekommen, auf dem ›Heldin des Alltags‹ steht. Genauso fühle ich mich. Wenn ich irgendetwas erledigt habe, bin ich ganz stolz auf mich. Meine Tochter ist viel praktischer als ich. Die macht alles ganz fix, da bin ich immer baff. Abgesehen davon, dass sie allein in der Weltgeschichte herumreist, etwas, was ich nie im Leben getan hätte. Nach Ende ihres Studiums ist sie drei Monate lang allein durch Asien gereist. Und vor Kurzem war sie in Mexiko auf Urlaub. Sie ist ein Phänomen. Und als Unfallchirurgin arbeitet sie wie eine Blöde. Diese jungen Frauen haben heute viel weniger Angst.«

Susanne hat ein so internationales Leben geführt. Unwillkürlich muss ich mich fragen, wie sie es in Österreich unter den gegenwärtigen politischen Bedingungen aushält. »Schwer«, antwortet sie. »Aber ich habe meine internationalen Freunde. Einmal im Jahr bin ich für einen Monat in Sardinien und davor und danach in Pisa, also insgesamt bin ich schon sechs Wochen im Jahr in Italien. In den letzten Jahren war ich auch immer zwei- oder dreimal jährlich in Moskau. Und dank Internet kannst du die Kontakte gut aufrechterhalten. Ich liebe WhatsApp, weil ich damit nach Amerika und Moskau telefonieren kann. Ich lese ständig auf Englisch oder Italienisch oder Französisch. Und Wien ist, gerade wenn man alt ist, eine sehr lebenswerte Stadt. Ich habe alle meine Leute um mich herum, ich gehe überallhin zu Fuß und genieße eine wirklich hervorragende medizinische Betreuung. Das ist schon sehr viel wert, wenn ich mir anschaue, wie es meinen Freunden in Italien geht, von Moskau will ich gar nicht erst reden.«

Susanne tue sich auch deshalb leicht in Wien, weil sie so lange weg war, sagt sie. »Aber es geht mir schon auch auf die Nerven. Sehr oft.«

Immerhin hat sie noch das Café Eiles. Und die »Omas gegen Rechts«.

Ich habe zwei Nachbarskinder. Die Achtjährige kennt ihre Großeltern nicht. Das eine Paar lebt in Amerika, das andere an der Nordsee. Außer den Leuten, die das Mädchen auf der Straße sieht, hat sie nur mit mir Kontakt zu einer älteren Person. Und sie will ständig mit mir darüber reden. Warum ich nicht mehr so schnell hinter ihr herkomme, warum ich bei der Gartenarbeit länger brauche, bis ich wieder auf den Beinen bin. Das will sie alles genau wissen. Als jemand sie fragte, woran sie denn das Alter bei mir merke, hat sie gesagt: »Brigitte kann nicht mehr so schnell laufen.« Alles andere findet sie völlig in Ordnung. Das Mädchen mag es, dass es bei uns ruhiger ist. Hier erlebt sie einfach eine andere Ebene. Und die Eltern sind begeistert, dass das Kind auch mal ältere Menschen mitkriegt. Während meiner Chemotherapie habe ich eine Perücke getragen. Und eines Tages hat sie mich dabei überrascht, als ich keine aufhatte, und hat gesehen, dass ich darunter weniger Haare hatte und die grau waren. Vorher hatte ich sie gefärbt. Da hat sie gesagt: »Mein Eisbär.« Und als die Haare wieder länger und dichter wurden, hat sie gesagt: »Mein Schäfchen.« Sie war vollkommen fasziniert von meinen grauen Haaren.

Brigitte, 76, Berlin

SEIN LANGER WEG ZU SICH SELBST

KLAUS, GAY & GRAY

Laut ist Klaus nie gewesen. Und ist es auch heute nicht. Er ist eher einer, der sich fügt, es allen recht machen will. Doch mit über siebzig kann er endlich zu sich selbst stehen. Auch öffentlich. Früher war das keineswegs selbstverständlich. Die politischen Veränderungen, die die Zeitläufte mit sich gebracht haben, haben ihm im Alter die beste Zeit seines Lebens beschert.

Gewiss, auch früher war er fallweise glücklich, etwa als seine Tochter geboren wurde oder als er sich verliebte, besonders in Achim, mit dem er nun seit bald dreißig Jahren zusammenlebt. Nach den Turbulenzen, die sein Leben durchzogen haben, war die bürgerliche Ruhe, zu der die beiden in ihrer gemütlichen Wohnung am Neckarstrand gefunden haben, nicht vorauszusehen gewesen. Nun teilen die beiden Rentner die Probleme vieler alter Menschen: Krankheit. Achim leidet an einer feuchten Makuladegeneration beider Augen, was zu Erblindung führt. Das eine Auge ist nicht mehr zu retten, die Sehkraft des anderen wird durch Avastin-Injektionen vorläufig erhalten.

Einen gewissen Hang zur Beständigkeit hat Klaus immer schon gehabt. Im Alter von vierzehn Jahren begann er eine Lehre als technischer Zeichner bei den Ludwigshafener Stadtwerken und blieb dort bis zur Pensionierung. Fünfzig Jahre lang. Eigentlich wäre er lieber Koch geworden, doch das hätte eine auswärtige Lehre erfordert, was die Eltern ihm nicht erlaubten. Denn Klaus wurde zu Hause gebraucht. In der Flüchtlingsfamilie aus Breslau mit neun Kindern kam ihm die Rolle des »Mädchens für alles« zu. Einkaufen, kochen und auf seine jüngeren Geschwister aufpassen war schon in der Kindheit seine Aufgabe. Und wie damals als Kind fügte sich Klaus auch als Vierzehnjähriger und wurde statt Koch technischer Zeichner.

Auch seine spätere Ehe sollte durch ein Kind die Stabilität erhalten, die seine Eltern von ihm erwarteten. Klaus mochte seine Frau, der die undankbare Rolle zukam, ihn von seiner Homosexualität zu »heilen«, doch weder die Ehe noch die nach einigen Jahren geborene Tochter konnten ihn von den Männern abbringen. Seine sexuelle Orientierung ließ sich nicht unterdrücken.

Schon früh erkannte Klaus, dass er schwul war, eine Bezeichnung, die allerdings erst in den 1970ern aufkam. In den Fünfziger- und Sechzigerjahren war »vom anderen Ufer« zu sein ein riesiges Problem, denn Homosexualität war nach dem Paragrafen 175 StGB verboten. »Ein Mann, der mit einem anderen Mann Unzucht treibt oder sich von ihm zur Unzucht missbrauchen lässt, wird mit Gefängnis bestraft.« So stand es von 1935 bis 1969 im Strafgesetzbuch. Ein Teil der Gesellschaft empfinde die Liebe zwischen Männern als Verstoß gegen das Sittengesetz, urteilte

1957 das Bundesverfassungsgericht. Und in der Tat: Die in der Nazizeit verbreiteten Denunziationen hörten auch nach dem Krieg nicht auf. Die größte Verfolgungswelle fand in den 1950er- und 1960er-Jahren statt. Wer *in flagranti* erwischt wurde, hatte keine Chance auf Milde. Erst 1969 wurde der Paragraf reformiert, blieb aber weiter bestehen.

Man nannte sie »175er«, Männer, die sich der »widernatürlichen Unzucht zwischen Personen männlichen Geschlechts« schuldig machten. So stand es 1872 im Strafgesetzbuch des Deutschen Reichs. In der Nazizeit wurde der Paragraf 175 verschärft, was eine Verzehnfachung der Verurteilungen auf jährlich 8000 nach sich zog. Nur etwa 40 Prozent der rund 10 000 Männer, die aufgrund eines Vorbeugungs- oder Schutzhaftbefehls in ein Konzentrationslager eingewiesen und mit dem rosa Winkel gekennzeichnet wurden, überlebten das Lagersystem. Viele von ihnen schwiegen ihr Leben lang über den Grund ihrer Einweisung und verzichteten aus Scham auf ihren Wiedergutmachungsanspruch.

Die junge Bundesrepublik übernahm den Paragrafen 175 von den Nazis. Die Verfolgung schwuler und bisexueller Männer wurde bruchlos weitergeführt, nur die Konzentrationslager gab es nicht mehr. Es sind Fälle bekannt, in denen Männer, die in der Nazizeit wegen Verstoßes gegen den Paragrafen 175 verurteilt wurden, noch nach Kriegsende ihre Reststrafe – ohne Überprüfung der Urteile – absitzen mussten.

In der DDR wurde der Paragraf 151 DDR-StGB 1987 außer Kraft gesetzt und 1989 vollkommen gestrichen. Die gesellschaftliche Diskriminierung von Schwulen und Lesben bestand jedoch weiter. Schwule Männer wurden aus der Armee, dem Schuldienst und der Polizei entfernt. In der Bundesrepublik dauerte es bis 1994, bis der Paragraf 175 aus dem Strafgesetzbuch verschwand. Und erst 2017 hob der Bundestag die Urteile auf. Viele Betroffene erlebten das nicht mehr.

Klaus wurde also in einer Zeit großer Schwulenverfolgung erwachsen. Der Zwang, sein wahres Ich zu verbergen, hat sein ganzes Leben bestimmt. Ein Schock war der Vorfall kurz vor Weihnachten 1964, als er, siebzehnjährig, an der Klappe am Ludwigplatz in Ludwigshafen einen jungen Mann traf, der ihm gefiel. Sie gingen zum Kaufhaus Merkur, wo es im WC des Restaurants wärmer war als in der zugigen Toilette im Keller des alten Bahnhofs. Zum Sex kamen sie jedoch nicht. Kaum hatten sie die Tür hinter sich geschlossen, hörten sie vor der Kabine Lärm. »Aufmachen! Polizei!« In aller Eile dachten sich die beiden eine Geschichte aus: Klaus sei schlecht geworden, und der junge Mann habe ihn aufs Klo begleitet, weil er sich erbrechen musste.

Man nahm es ihnen nicht ab. Mit der grünen Minna wurden sie ins Polizeipräsidium gebracht und getrennt. Erst vor dem Amtsgericht Ludwigshafen sahen sie sich wieder. Klaus wiederholte seine Geschichte. Doch als ihm ein Beamter freundlich zu verstehen gab, sein »Kumpel« habe bereits gestanden, brach er zusammen und konnte nur noch schluchzen und alles zugeben. Mit dem Polizeiauto wurde er nach Hause gebracht, man wollte überprüfen, ob die von ihm angegebene Adresse auch stimmte. Nur weil er minderjährig war, ließ man ihn laufen. Der andere kam in Untersuchungshaft und wurde zu einem Jahr Gefängnis verurteilt.

Klaus' Eltern waren entsetzt. Und dann kam der schreckliche Ausspruch: »Du bist nicht mehr unser Sohn!« Klaus wurde von Amts wegen dazu verpflichtet, sich einer Therapie zu unterziehen. Der Therapeut war davon überzeugt, dass nur die richtige Frau kommen musste, um ihn von seinen abwegigen Gelüsten zu befreien. Auch Klaus glaubte daran. Wenn alle es sagten, müsse es wohl stimmen. In der evangelischen Jugendgruppe traf er auch bald eine junge Frau, mit der er sich gut verstand und die geeignet schien, ihn von seiner »Krankheit« zu heilen.

Kurz vor Weihnachten 2019 (!) hat nun die Bundesregierung ein Gesetz auf den Weg gebracht, das sogenannte Konversionstherapien mit dem Ziel, Homo-, Bi- oder Transsexuelle »umzupolen« oder zu »heilen«, künftig verboten sein sollen.

Im Alter von zwanzig Jahren heiratete Klaus. Seine Frau wusste Bescheid und versprach, ihm beizustehen. Wenn man sich liebt, müsste eine Heilung doch möglich sein, dachten sie. Aber es war vergeblich. Immer wieder dürstete es Klaus nach einem Mann. Als er seinen ersten festen Freund hatte, wurde dieser sogar für eine Weile Teil seiner Familie, doch er konnte die ständigen Spannungen nicht ertragen und trennte sich. Klaus' schwule Freunde überredeten ihn zu einem Kind. Damit wäre die Frau beschäftigt, und er hätte seine Freiheit. Verständlich, dass die Frau das auf die Dauer nicht mitmachte. Als Klaus Achim kennenlernte und nächtelang nicht nach Hause kam, reichte sie die Scheidung ein. Ein lang anhaltender Rosenkrieg war die Folge, im Zuge dessen die Tochter jeden Kontakt zum Vater abbrach.

Sein Leben lang litt Klaus unter Kopfschmerzen und Fieberschüben, die sich stets einstellten, wenn er eine Krise in seinem Leben zu bewältigen hatte. Die Ärzte waren ratlos. Das langjährige Schweigen hatte seinen Preis. Auch seine acht Geschwister schwiegen, obwohl ihnen die Homosexualität ihres Bruders nicht entgangen war, wie sie ihm viel später eingestanden.

Als Klaus nach der Scheidung mit Achim zusammenzog, mussten seine Eltern zum zweiten Mal zur Kenntnis nehmen, dass ihr Sohn schwul war. Die streng religiöse Mutter schwieg wie immer, der verzweifelte Vater legte sich mit Fieber ins Bett.

2010 ging Klaus offiziell eine Lebenspartnerschaft mit Achim ein. Es war sein erstes freiwilliges Coming-out. Seit 1994 war der Paragraf 175 abgeschafft. Direkte Auswirkungen hatte das vorerst nicht, denn Klaus' Leben mit Achim blieb im Geheimen wie bisher. Doch ganz allmählich fasste er Mut. In der Hoffnung, vielleicht jemanden von früher zu treffen, trat er als ersten Schritt *Gay & Gray* bei, einer Gruppe älterer Schwuler in Ludwigshafen. Von früher traf er zwar niemanden, doch freundete er sich mit einigen Schicksalsgenossen an und wurde sogar Koordinator der Gruppe.

Anfang 2015 – Klaus war nun schon in Rente – wurde die Gruppe eingeladen, an der Vorbereitung der Ausstellung »Vom anderen Ufer« mitzuwirken. Das Stadtmuseum Ludwigshafen wollte das schwule Leben der Stadt dokumentieren. Fotos von ehemaligen Gaststätten und Bars konnte zwar niemand beisteuern, doch Klaus arbeitete mit an der Erstellung eines Stadtplans mit den Standorten der Bars, von denen es damals überraschend viele gab.

Klaus war stolz, dass er sich traute, in der Ausstellung sein Foto aus der Schulzeit zu zeigen. Mit dieser Ausstellung kam der Stein ins Rollen. Für das »Archiv der anderen Erinnerung« der Magnus-Hirschfeld-Stiftung wurden Zeitzeugen gesucht, und Klaus ließ sich überreden, sich in Berlin zu melden. Zu Beginn war es ihm nicht geheuer, sein Innenleben vor Fremden bloßzustellen, doch seine neuen Freunde vom Stadtmuseum redeten ihm zu, es sowohl für sich selbst als auch für die schwul-lesbische Gemeinschaft zu tun. Also fuhr Klaus mit Achim nach Berlin und sprach einen Tag lang über sich und sein Leben als schwuler Mann in Zeiten der Illegalität. So entstand am 21. April 2017 seine erste Video-Aufzeichnung. Anschließend war er zwar erschöpft, hatte aber das beglückende Gefühl: Ja, jetzt kann ich das alles endlich sagen!

Am 22. Juli 2017 trat das Gesetz zur strafrechtlichen Rehabilitierung der »175er« in Kraft. Die Mitarbeiter der Magnus-Hirschfeld-Stiftung ermunterten Klaus, einen Antrag auf Wiedergutmachung zu stellen. Das war schwierig, denn Klaus konnte keine Unterlagen vorlegen. Zum Zeitpunkt seiner Festnahme durch die Polizei war er minderjährig gewesen, und als er heiratete, vernichteten seine Eltern die Dokumente. Niemand sollte von der Schande ihres Sohnes erfahren. Nach mehreren Absagen kam dann endlich im April 2018 die Zusage und bald darauf der Zahlungseingang von 3000 Euro. Alle, die ihm bei dem langwierigen Verfahren geholfen hatten, freuten sich riesig. Das Geld verwendete Klaus für einen Luxus-Urlaub mit Achim in einem Hotel auf Sylt.

Viele, die ein ähnlich verstecktes Leben geführt haben,

wollen keinen Antrag auf Rehabilitierung stellen. Manche haben das Gesetz nicht mehr erlebt, andere hat die Erinnerung so sehr aufgewühlt, dass sie nichts mehr mit der ganzen Angelegenheit zu tun haben wollen. Auch Achim fragt Klaus: »Was hast du davon?« Aber Klaus ist selbstbewusst geworden. Im Auftrag der Bundesinteressenvertretung schwuler Senioren (BISS) reist er nun durchs Land, um als Zeitzeuge Homosexuelle, die in ihrer Jugend Opfer des Paragrafen 175 wurden, zu ermuntern, einen Antrag auf Wiedergutmachung stellen. »Stellt einen Antrag, zeigt, dass es euch gibt!«, ruft er ihnen zu.

Was hat Klaus davon? Vor allem: Er muss sich nicht mehr schämen und nicht mehr verstecken. Die Erfahrung, sich nun öffentlich als Schwuler zeigen zu können, ist für ihn von unschätzbarer Bedeutung. Mit Elan holt er nach, was er sein ganzes Erwachsenenleben lang unterdrücken musste.

Die Magnus-Hirschfeld-Stiftung hat seine Lebensgeschichte auf Video aufgezeichnet. Sie bleibt der Öffentlichkeit im Archiv zugänglich, auch wenn Klaus nicht mehr ist. Beim Christopher Street Day in Mannheim hielt er das Regenbogenband, das zu Beginn der Parade durchschnitten wird. Klaus hat seine Lebenserinnerungen aufgeschrieben und bei öffentlichen Veranstaltungen daraus vorgelesen. Er hat an einem Podiumsgespräch mit der Bundesministerin für Familie, Senioren, Frauen und Jugend teilgenommen und beim Westdeutschen Fernsehen in einer Doku über den Schwulenparagrafen mitgewirkt. Zwei Schülerinnen haben für einen Wettbewerb eine Broschüre über Homosexualität verfasst und Klaus befragt. Sogar für das Amt für Justiz in Bonn wurde ein

Interview aufgenommen, um die Arbeit des Ministeriums zu zeigen und Betroffene anzuregen, sich zu melden. Und schließlich hat der sechzehnjährige Sohn der Leiterin des Stadtmuseums Ludwigshafen für einen Kurzfilmwettbewerb eine Doku über Klaus und Achim gedreht.

Jeden ersten Mittwoch im Monat trifft sich Klaus mit der Gruppe *Gay & Gray*. Einige dieser älteren Herren leben wie Klaus in einer Partnerschaft, andere sind allein. Manche haben mit der Einsamkeit schwer zu kämpfen. Einer ist über achtzig und sucht immer noch einen Freund. Aber die Schwulenbewegung ist jung und hip. Die Musik, die am Christopher Street Day aus dem Lautsprecherwagen donnert, ist für Junge gedacht. Klaus nimmt sich jedes Jahr vor, Ohrstöpsel mitzunehmen, vergisst sie aber dann doch. Lange hält er die laute Musik nicht aus.

Manche Ältere seien schwierig, sagt Klaus. Die einen verstecken sich, und die anderen glauben, mit der Jugend mithalten zu können, aber die Jugend lache sie meist aus. Dass sich die Bundesvereinigung schwuler Senioren um die Alten kümmert, macht Klaus froh. Erst kürzlich wurde eine Studie über die Verbesserung der Altenpflege für Schwule in Auftrag gegeben. In Mannheim gab es vor einigen Jahren eine Initiative für ein Altenheim für Schwule, die von der Nachbarschaft abgeschmettert wurde. Man fürchtete eine Gefährdung der Kinder. Das alte Vorurteil, dass Homosexualität etwas mit Pädophilie zu tun habe, ist nicht so leicht aus der Welt zu schaffen.

Manchmal erschrickt Klaus darüber, wie aktiv er geworden ist. Achim warnt ihn, sich nicht verheizen zu lassen. Doch vorläufig genießt er noch die Sichtbarkeit nach all den Jahrzehnten des Sich-Duckens. Es ist wie ein gelungener Ausbruch aus einem Gefängnis.

BISS hat Schwierigkeiten, ältere Männer zu finden, die den Mut haben, in der Öffentlichkeit aufzutreten. Junge gibt es reichlich, aber sie haben nicht dieselben Erfahrungen gemacht. »Viele können sich gar nicht vorstellen, wie es früher war. Die leben heute so anders«, sagt Klaus. Er will bezeugen, wie das Leben von Schwulen damals aussah. Auch um vorzubeugen, dass eines Tages die Uhr zurückgedreht wird.

Ich bin Schauspielerin. Ich habe eine Premiere. An dem Stück habe ich ein Jahr gearbeitet. Meistens ist es auch ein Erfolg. Und dann kommen die Frauen zu mir und sagen: »Du hast jünger ausgesehen!« Und ich: »Hoffentlich hat dir auch das Programm gefallen.«

Sie betrachten mich so, wie man Frauen immer anschaut, auch in meinem hohen Alter: als Körper. Unser Geist kommt an zweiter Stelle. Aber ich bin stolz auf meine Arbeit! Wenn sie Respekt hätten, müssten sie sich mit dem Stück auseinandersetzen. Sie haben mich nur als Körper gesehen. Das macht mich wütend.

Marie-Thérèse, 93, Wien

EINE PORTION MENSCHENLIEBE

STEPHANIE KLEE, SEXUALASSISTENTIN

Stephanie Klee ist Sexualassistentin. Ihr Flyer informiert darüber, dass sie neben ihren erlernten Berufen Verwaltungswirtin, Sozialarbeiterin und Mediatorin über langjährige Erfahrung als Prostituierte verfügt, sich auf die speziellen körperlichen Gegebenheiten ihres Gegenübers einstellen und auch mit Einschränkungen umgehen kann. »Der Ansatz meiner Arbeit basiert auf den Menschen- und Grundrechten meiner Klientel«, schreibt sie. Vor allem darum geht es ihr. Je älter sie wird, desto weniger spielt ihr Körper noch eine Rolle. »Heute muss ich mich nicht mehr aufbrezeln«, erzählt sie. »Meine Kunden müssen mich nehmen, wie ich bin.«

Warm und herzlich ist Stephanies Ausstrahlung, und schon nach den ersten Minuten, die sie bei einer Tasse Pfefferminztee auf der Couch meines kleinen Arbeitszimmers sitzt, entsteht zwischen uns eine freundliche Offenheit. Eigentlich kenne ich sie schon lange. Vor vielen Jahren wurde sie in den Journalistinnenbund eingeladen, in dem ich Mitglied bin, um über das neue, 2002 in Kraft getretene Prostitutionsgesetz und ihre Arbeit als Sexarbeiterin zu sprechen. Sie verteilte damals Trinkbecher mit dem Schriftzug »CONDOMI« und der Abbildung mehrerer Kondome mit den Bezeichnungen »extra groß«, »extra dünn«, »extra stark«, »ohne Reservoir« und »noprino«. (Letzteres heißt »mit Noppen und Rippen«, wie ich dem Internet entnehme.)

Den Becher halte ich seither in Ehren und bewahre meine Stifte darin auf. Ein zweites Mal sind wir einander im brüllend heißen Juli 2019 vor dem Berliner Hauptbahnhof begegnet, als ich zusammen mit Marleen, einer jungen Sexarbeiterin, die ich für mein Buch *Feminismus Revisited* interviewt habe, bei dem Schwarmkunstprojekt *Strich/Code/Move* auftreten sollte. Daraus ist dann leider mangels Publikum nichts geworden. Die Veranstaltung war Teil der Kampagne »Sexarbeit ist Arbeit. Respekt!«. Auf dem bunten Flyer mit der Abbildung eines Strichcodes ist zu lesen: »Prostitution ist Teil unserer Kultur! Sie existiert in allen Ländern der Erde, legal oder verboten, missachtet oder wertgeschätzt. Nicht die Tatsache der Prostitution unterscheidet die Kulturen, sondern die Art, wie wir damit umgehen.«

Meine Interviewpartnerin ist nicht nur Sexualassistentin, sondern – und das vor allem – Aktivistin, eine Kämpferin für Hurenrechte. »Ich will Politik machen. Dafür brenne ich«, sagt sie. Mit der Kampagne »Sexarbeit ist Arbeit. Respekt!« wird sie wegen des unsäglichen Prostituiertenschutzgesetzes noch lange zu tun haben. Ihr Ziel ist es, ausreichend Bewusstsein zu schaffen, um wenigstens Teile dieses Gesetzes, das alle Selbstvertretungsorganisationen der Sexarbeiterinnen als diskriminierend ablehnen, zu Fall zu bringen. Im Rahmen von Podiumsdiskussionen will Klee einzelne Aspekte des Gesetzes aufgreifen, etwa den staatlichen Zwang zur Registrierung, also zur Ausstellung eines »Hurenpasses«, und damit von Stadt zu Stadt ziehen, um der immer häufiger vorgebrachten Forderung nach einem Sexkauf-Verbot entgegenzuwirken.

Das geht nur über den mühsamen Weg der Aufklärung, in einer Atmosphäre, in der allzu viele besser Bescheid zu wissen vorgeben als die Betroffenen selbst; in der allzu viele zu wissen meinen, Sexarbeiterinnen seien allesamt Opfer und alle Freier Täter. Das von Aktivistinnen und Medien geförderte prostitutionsfeindliche Klima hat bereits dazu geführt, dass sich Sexarbeiterinnen über zu wenig Kundschaft beklagen, weil Männer befürchten, an eine Zwangsprostituierte zu geraten und sich somit strafbar zu machen. Viele Sexarbeiterinnen sind abgewandert, weil sie eine Registrierung ablehnen, oder sie inserieren im Internet und arbeiten, von ihren Kolleginnen isoliert, von ihren Wohnungen aus, wo es an Erfahrungsaustausch mangelt und sie ihren Kunden schutzlos ausgeliefert sind.

»Ein Sexkauf-Verbot ändert nichts an der Situation von Zwangsprostituierten, beschneidet aber in verfassungswidriger Weise Menschenrechte. Außerdem wird, wie schon bei der Einführung des Prostituiertenschutzgesetzes, die Diskussion weitestgehend über die Köpfe der Betroffenen hinweg geführt«, kritisierte der Rechtsanwalt Dr. Martin Theben bei einer interfraktionellen Veranstaltung im Oktober 2019 zum Thema »Prostitution wohin?«. Laut Theben diente diese lediglich dazu, dem Sexkauf-Verbot nach dem nordischen Vorbild den Weg zu ebnen.»Wer diesem Modell zustimmt, muss wissen, dass er dadurch nicht nur das sexuelle Selbstbestimmungsrecht von in der Prostitution tätigen Menschen beseitigt. Auch würden sämtliche Ansätze von Sexualassistenz und Sexualbegleitung gefährdet werden«, so Martin Thoben.

Das nun betrifft Klees Arbeit als Sexualassistentin. Ihre Kunden sind pflegebedürftige Senioren, die in speziellen Einrichtungen untergebracht sind und schon lange keine Sexualpartnerin hatten. Sie sind sexuell unterversorgt, ausgehungert, voller Gier. Früher hat man solchen Patienten ein Sedativum gegeben, heute gilt das als Körperverletzung. Was sie brauchen, ist Körperkontakt, liebevolle Berührung, das Streicheln eines nackten Körpers, als sexuelle Wesen wahrgenommen zu werden, wieder das Kribbeln im Bauch zu spüren, einen steifen Penis zu bekommen, durch »Handentspannung« oder anderswie einen Orgasmus zu erleben. Es ist erwiesen, dass die Glückshormone, die durch sexuelle Betätigung ausgeschüttet werden, das Fortschreiten der Demenz verlangsamen. In der Folge nehmen die Betroffenen wieder häufiger am Gemeinschaftsleben im Seniorenheim teil, pflegen ihren Körper und achten auf die Sauberkeit ihres Zimmers.

Die Wünsche ihrer Kunden nimmt Stephanie Klee sehr ernst. Aber auch nur bis zu einem gewissen Grad. Es gibt Dinge, die sie ablehnt. Mit Schmerzen will sie nichts zu tun haben, weder mit solchen, die sich ihre Kunden wünschen, noch mit solchen, die diese ihr zufügen wollen. Auch stark Alkoholisierte und Personen, die Drogen genommen haben, lehnt sie ab. Auch Viagra. Männer, die Viagra nehmen, lassen sich oft nicht ausreichend beraten und wissen nicht, welche Dosis sie brauchen. »Die Sexualität ist so vielfältig«, sagt Stephanie. »Meine Kunden müssen nichts leisten, ich will ihnen einfach dazu verhelfen, zu genießen.«

Oft brauchen die Kunden zur Inanspruchnahme ihrer Dienste Mittelspersonen – Pflegerinnen, die Heimleitung oder Angehörige, die den Kontakt herstellen. Wenn der Kunde nicht über das nötige Geld verfügt, muss er entweder lange sparen, oder das Honorar wird von den Angehörigen übernommen. Der Kontakt zu Kindern und Enkeln erfordert oft Aufklärungsarbeit, denn die Sexualität alter und pflegebedürftiger Menschen ist immer noch ein großes gesellschaftliches Tabu. »Wer will schon wissen, ob die eigenen Eltern noch Sex haben.« Da muss in vielen Fällen erst die Sprachlosigkeit durchbrochen werden. »Manchmal sind die Angehörigen erstaunt, dass ich dafür Geld nehme.« Stephanie lacht. »Das geht ja dann von ihrem Erbe ab.« Einfacher ist es mit einem amtlichen Betreuer, dessen eigenes Geld es ja nicht ist.

Die Problematik ist den Mitarbeitenden in den Einrichtungen bekannt, insbesondere wenn die Patienten gegenüber dem weiblichen Personal übergriffig werden. Manche Mitarbeiterinnen besprechen das Thema im Team. Für junge Pflegerinnen ist eine solche Erfahrung oft ein Schock, durch #MeToo sind sie sensibilisiert, wissen aber nicht, damit umzugehen. Stephanie Klee führt mit künftigen Pflegerinnen Schulungen durch und erklärt ihnen, was für ein starkes Bedürfnis Sexualität sein kann, das mitunter bis ins hohe Alter nicht vergeht. Sie erklärt, dass ein Übergriff sexueller Art nichts mit ihnen persönlich zu tun hat, sie aber selbstverständlich lernen müssen, die Annäherung klar und bestimmt zurückzuweisen. In den Schulen werden sie zwar medizinisch aufgeklärt, erhalten aber keine Handlungsanweisungen, wie sie sich in einem solchen Fall zu verhalten haben. Sie lernen auch nicht, dass der Fahrdienst des Heims den Betreffenden auch mal ins Bordell fahren könnte und es nicht schlimm sei, einen Dildo zu waschen, auf keinen Fall schlimmer als die anderen Tätigkeiten, die Pflegende im Seniorenheim durchführen müssen.

Oft sind Klees Kunden alte Bekannte. »Ich bin mit meinen Kunden alt geworden«, sagt sie. »Zuerst kam einer zu mir ins Bordell, dann zu mir nach Hause, und als er ins Altenheim musste, bat er mich, ihn dort zu besuchen.« Manche Kunden begleitet sie über deren zunehmenden körperlichen Verfall bis in den Tod und nimmt hinterher am Begräbnis teil. Viele Bewohner von Seniorenheimen haben niemanden mehr, der sie besucht, und liegen nur noch in ihrem Bett. Manchmal wird morgens das RTL-Fernsehen eingeschaltet und abends wieder ausgemacht. Der Besuch einer Sexualassistentin ist ein Highlight in ihrem Leben. Ohne Wissen des Heims laufen Stephanies Besuche selten ab. Befindet sich der Kunde in einem Doppelzimmer? Gibt es eine Nasszelle? Bekommt die Sexualassistentin einen Schlüssel, um das Zimmer von innen abschließen zu können? Wird der Kunde am Morgen gewaschen und das Bett frisch bezogen? Diese Dinge müssen im Vorfeld geklärt werden.

In Deutschland gibt es 15 bis 20 Sexualassistentinnen, darunter zwei Männer, die tantrisch tätig sind und Verkehr und Orgasmus ausschließen. Weder sie noch ihre Kolleginnen können davon leben, alle haben ein zweites

Standbein. »Wir sind missionarisch unterwegs«, sagt Klee. Die Tätigkeit der Sexualassistenz wurde von der in Berlin lebenden Niederländerin Nina de Vries nach Deutschland gebracht. Sie hat den Schwerpunkt ihrer Tätigkeit im Lauf der Jahre auf die Arbeit mit erheblich beeinträchtigten Menschen und die Aus- und Fortbildung von Sexual-assistentinnen verlagert. Daneben betreut sie Einrichtungen der Altenpflege. »Wenn ich meine Klienten treffe, will ich sie kennenlernen. Ich will sie nicht als Betroffene wahrnehmen und bemitleiden, sondern ihnen auf Augenhöhe begegnen«, sagt sie in einem Interview für die *Berliner Zeitung*. Als sie mit ihrer Arbeit als Sexualassistentin begann, war sie über die Resonanz in Deutschland überrascht, »denn in den Niederlanden geht man offener damit um. ›Sex Helpers‹ sind dort schon seit den Siebzigerjahren aktiv. Hier ist es bis heute tabuisiert.«

Als die Pflegepolitische Sprecherin der Bundestagsfraktion Bündnis 90/Die Grünen Elisabeth Scharfenberg gegenüber der *Welt am Sonntag* sagte, sie könne sich eine Finanzierung der Sexualassistenz nach dem niederländischen Vorbild vorstellen, ging ein Aufschrei durch die mediale Republik. »Grüne fordern für Pflegeheime Prostituierte auf Rezept«, titelte die *Welt* im Januar 2017 empört. »Sexualassistenz ist derzeit ein Trend in der deutschen Pflege: Es gibt immer mehr Prostituierte, die sich diese Zusatzbezeichnung geben und etwa in Pflegeheimen ihre Dienste anbieten«, erfährt man in dem Artikel. »Das Spektrum reicht von zärtlichen Berührungen bis Geschlechtsverkehr. Da die Berufsbezeichnung nicht geschützt ist, existieren jedoch große Qualitätsunterschiede, was den Umgang der Sexarbeiterinnen etwa mit

Demenzkranken angeht.« Das Konzept der Sexualassistenz sei in der Pflegebranche umstritten, weiß die Zeitung und zitiert den Pflegeforscher Wilhelm Frieling-Sonnenberg, der sie als »menschenverachtend« bezeichnet. »Da geht es allenfalls darum, Menschen durch sexuellen Druckabbau wieder funktionstüchtig machen zu wollen: Lasst die Alten Druck ablassen, dann sind sie pflegeleichter.«

Was tun Sexarbeiterinnen, die weniger bekannt sind als Stephanie Klee, im Alter? Sie selbst möchte weiterarbeiten, weil ihr die Arbeit Freude macht, aber auch sie will in Zukunft leisertreten und beginnt nun, auf Werbung zu verzichten. Junge Kolleginnen finden es manchmal eklig, mit alten Kunden zu tun zu haben. Solche Ekelgefühle kennt Stephanie nicht. »Ich arbeite seit meinem sechsundzwanzigsten Lebensjahr. Ich habe alles kennengelernt, vom George Clooney bis zum Glöckner von Notre Dame. Ich arbeite gern, ich verdiene gern Geld, und zu meiner Arbeit gehört eine Portion Menschenliebe.« Nicht alle Sexarbeiterinnen verfügen über diese Menschenliebe. Viele steigen aus, wenn sie älter werden, weil man heute generell weniger verdient als früher und die Arbeitsbedingungen härter geworden sind. Die Aussteigerinnen landen im Jobcenter oder halten Ausschau nach einem Ehemann, nicht selten ist es ein ehemaliger Kunde. Manche haben sich schon früher Gedanken über ihr Alter gemacht und sich bei Hydra umgehört. Zur Empathie, die sie in der Sexarbeit gelernt haben, passt ein Umstieg in den pflegerischen Bereich.

In einem gelb getünchten Kolonialgebäude im Zentrum von Mexico City gibt es seit 2006 das weltweit erste

Altenheim für Prostituierte, lese ich in der Zeitschrift *Stern*. »Casa Xochiquetzal« heißt das Haus, benannt nach der aztekischen Göttin der Schönheit und Sexualität. »Refugium für Sexarbeiterinnen des dritten Lebensabschnitts« steht auf dem Schild am Eingang. Etwa zwanzig Frauen erhalten hier gratis Zimmer, Essen und medizinische und psychologische Betreuung. Manche sind noch aktiv und haben sich ein paar Stammkunden ins Alter hinübergerettet. Finanziert wird das Haus aus Spenden von Feministinnen und Intellektuellen. Die Stadt hält sich raus. Die Hausregeln sind eisern: keine Drogen, kein Alkohol, keine Männer. Jede Bewohnerin muss ihr Zimmer sauber halten und an Workshops teilnehmen, in denen sie etwa Lesen und Schreiben lernt. Zum ersten Mal in ihrem Leben haben viele dieser Frauen einen festen Stundenplan, der am schwarzen Brett aushängt: Treppe putzen, Brot backen, Wäsche waschen. Und zum ersten Mal in ihrem Leben genießen sie so etwas wie Frieden.

Ich bin beeindruckt und frage Stephanie, ob eine solche Einrichtung auch in Deutschland möglich wäre. Und tatsächlich hatte Hydra bereits mit der Idee einer Bordell GmbH gespielt, einem Haus, in dem Frauen eine Ausbildung durchlaufen, einen Lohn erhalten und in die Rentenversicherung einzahlen, einem Haus mit einer Kindertagesstätte und einem Altenheim. Dieser Sonderweg für Prostituierte wurde schließlich verworfen, die Kinder von Sexarbeiterinnen sollten Teil der Gesellschaft sein und ihre Zeit nicht ausschließlich mit Kindern von Sexarbeiterinnen verbringen. Aber die Idee eines Altenheims taucht immer wieder auf.

Stephanie Klee selbst lebt seit mehreren Jahren in einer Gemeinschaft mit Wohnungen für 23 Personen – Erwachsene, Jugendliche, Kinder. Stephanie, die Älteste, bewohnt eine kleine Einzimmerwohnung und teilt sich die Küche und das große Wohnzimmer mit den anderen. Alle Türen zum Flur stehen offen, und die Gruppe veranstaltet Partys, Diskussionsabende, Filmvorführungen.

»Dieses Wohnmodell entspricht meiner politischen Haltung«, sagt sie, »dem Kapitalmarkt Grund und Boden entziehen!«

(Das Interview wurde vor der Corona-Krise geführt, in der sich die Lebens- und Arbeitsbedingungen von Sexarbeiterinnen erheblich verschlechtert haben.)

Einmal habe ich mich für einen Tag lang verliebt. Ich bin auf einer Party, und neben mir sitzt ein Mann, vielleicht siebzig, ein bisschen bucklig, ein Jude. Ich liebe die Juden, mit ihnen fühle ich mich so leicht, so war es immer. Wir haben die ganze Zeit miteinander gesprochen. Vielleicht drei Stunden. Er hatte eine so schöne Stimme. Er war sehr gepflegt, das hab ich gern. Und dann bin ich weg. Das war so schön. Ich habe die ganze Zeit mit Freude an ihn gedacht. Es war auch erotisch. Und ich dachte: Wie schön, dass du dich noch verlieben kannst.

Edith, 90, Berlin

ALTWEIBERSOMMER

Nike: Wir sind beide sechsundsiebzig. Hast du das Gefühl, dass es jetzt mit dem Sex zu Ende ist?

Aspasia: Was soll ich sagen? Ich hatte ja vor meinem Umzug nach Köln in Frankreich eine Beziehung, die rein sexuell war. Jetzt fange ich aber ein neues Leben an. Und ja, ein bisschen habe ich jetzt das Gefühl.

Nike: Eine rein sexuelle Beziehung?

Aspasia: Ja. Wir haben zwar auch von Liebe gesprochen, aber grundsätzlich war es körperlich, sehr erfüllend körperlich.

Nike: Und fehlt er dir jetzt?

Aspasia: Nein. Es war gut, und jetzt ist es vorbei. Er hatte auch wenig Zeit. Er war der Briefträger. So ähnlich wie in dem Film »Wenn der Postmann zweimal klingelt«. Im Film bringt das Liebespaar den Ehemann um. Das war bei mir nicht nötig, weil ich keinen Ehemann habe. Aber er kommt, er bringt die Post, bleibt zum Essen und dann … Wir haben aber auch viel gesprochen. Doch auch das Sprechen war sehr erotisch.

Nike: Wie oft habt ihr euch getroffen?

Aspasia: Es war nicht so oft. Hin und wieder, und sehr selten ist er auch in der Nacht gekommen. Er ist ja verheiratet und hat Kinder. Er hat im Nebendorf gewohnt. Von dort konnte man zu Fuß zu mir. Das Problem war ja nicht nur seine Ehefrau, sondern meine Nachbarn und Nachbarinnen. Die durften das nicht mitbekommen, denn er war bekannt im Dorf. Es gab aber einen Pfad hinter meinem Haus über die Felder, und von dort einen Feldweg zu seinem Haus. Er ist mit dem Auto bis zu dem Weg gefahren, der zu mir führt, dann haben wir telefoniert, und von dort ist er zu Fuß zu mir gelaufen. Das musste in der Dunkelheit erfolgen, und er konnte es nur selten einrichten. Sonst kam er tagsüber, da konnte er offiziell an meine Tür klopfen. Und ich habe ihn immer zum Essen eingeladen. Das gehörte zum Ritual dazu. Miteinander essen und reden.

Nike: Aber wie oft? Einmal in der Woche?

Aspasia: Gekommen ist er ja täglich. Als Briefträger. Und ich war die, die im Dorf die meiste Post bekam. Und wenn es einmal keine Post gab, hat er trotzdem angeklopft und so getan, als ob. Wenn er freihatte oder Urlaub, dann haben wir uns nicht gesehen. Oder eben in der Nacht, aber sehr selten.

Nike: Wie alt ist er?

Aspasia: Er ist fünfzehn Jahre jünger als ich.

Nike: Und wie hat sich das ergeben?

Aspasia: Er behauptet, er habe sich gleich in mich verliebt, als ich in das Haus eingezogen bin. Dort habe ich siebzehn Jahre gelebt. Und seither kenne ich ihn auch. Wie gesagt, er ist der Briefträger. Aber dass er sich in mich verliebt hat, wäre mir nie in den Sinn gekommen. Das eigentliche Liebesverhältnis fand erst in den letzten zwei oder drei Jahren statt. Mir hat es vor allem gefallen, dass er um mich geworben hat. Er hat mir richtig den Hof gemacht, und ich habe das zunächst überhaupt nicht kapiert.

Es war so: Eingezogen bin ich in das Haus mit meinem Freund. Und der Briefträger kam, um uns die Post zu bringen. Ich habe ihn gefragt, wann er normalerweise kommen würde, und er hat geantwortet: »Um die Mittagszeit.« Daraus habe ich geschlossen, dass er erwartet, zu einem Apéro eingeladen zu werden. Das habe ich auch ein paarmal getan. Aber als ich mich – ziemlich bald – von meinem Freund getrennt und dort allein gelebt habe, erschien es mir unangebracht.

Die Nachbarin hatte ein gutes Verhältnis zu ihm und hat ihn und andere Bekannte und Verwandte von Zeit zu Zeit zum Mittagessen eingeladen. Und P. bringt ja nicht nur die Post, sondern hilft auch. Es gibt alte alleinstehende Frauen, denen er den Rasen mäht oder Holz bringt. Er ist ein lustiger Kerl mit einer Menge Humor und hat mich ständig zum Lachen gebracht. Und so sind wir einander nähergekommen, und dann habe ich ihn zum ersten Mal richtig eingeladen. Er solle doch bleiben, habe ich gesagt, ich hätte gerade etwas gekocht. Und er hat angenommen. Danach kam er immer öfter, und wir haben uns so gut unterhalten. Er hat mir über seine Jugend erzählt, und ich habe ihm von meinen Geschichten erzählt, auch von meinen Liebschaften mit Frauen. Das wurde immer intimer, aber ohne jede Berührung.

Irgendwann war das Gespräch besonders intensiv, und als er aufstand, um zu gehen, habe ich gesagt: »Ich würde Sie jetzt gern umarmen.« (Wir waren bis zum Schluss per

Sie. Nur in den erotisch-sexuellen Momenten schlüpfte das Du heraus, weil es nicht anders ging, aber danach sind wir sofort wieder zum Sie zurückgekehrt. Das war eine Art Spiel.) Also habe ich ihn umarmt, habe ihn an mich gedrückt, kein Kuss, nur die körperliche Nähe. Er ist auch klein, also genau richtig für mich. Ziemlich schwankend hat er sich von mir verabschiedet. Am nächsten Tag kam er wieder, und wieder haben wir geredet, geredet, geredet, und als ich meine Gefühle für ihn zur Sprache brachte, ist er aufgesprungen, hat mich an sich gerissen und geküsst. So hat es begonnen.

Ich hatte großen Spaß an allem: ihn zu berühren, ihn zu küssen, überall. Ich war befreiter, als ich es jemals vorher war. Mein letzter Freund war ja so gehemmt, mit dem konnte man viele Sachen nicht machen. P. aber nicht, dabei hatte er ein paar Jahre zuvor eine ziemlich schwere Krankheit, Probleme mit der Bauchspeicheldrüse und in der Folge auch große sexuelle Probleme, also Erektionsschwierigkeiten. Ein normaler Geschlechtsverkehr war nicht möglich, aber das ist ja für mich überhaupt nicht wichtig. Alles andere schon.

Nike: Dann kannst du mir ja vielleicht eine Frage beantworten: Hat ein Mann, der keine Erektion zustande bringt, trotzdem Lust, Begehren? Durch deine Erzählung hat sich die Frage allerdings eigentlich beantwortet.

Aspasia: Also, begehren kann er auf jeden Fall. Begehren kommt ja aus dem Kopf. P. hatte schon eine Erektion und auch große Lust, in mich einzudringen, aber es reichte nie. Aber es war immer gut.

Nike: Hatte er Probleme damit, dass er nicht in dich eindringen konnte?

Aspasia: Ja, natürlich. Aber ich habe ihn immer dazu gebracht, dass er eine Erektion hatte und auch ejakuliert hat.

Nike: Du hast in Frankreich viele Aventuren gehabt. Hat das etwas mit Frankreich zu tun?

Aspasia: Ja, es war wohl meine Situation in Frankreich, dass ich dort allein war. Das hat mich befreit. Abgesehen von P. habe ich die Liebhaber alle über das Internet gefunden. Und es war immer hauptsächlich sexuell. In Köln hatte ich keine Aventuren. Da hatte ich feste Freunde.

Nike: Gut, da warst du jung. Da hatten wir natürlich viele Liebhaber und Freunde. Interessant ist, dass du als nicht mehr junge Frau relativ leicht Liebhaber finden konntest. Zum Internet habe ich dich inspiriert, du erinnerst dich? Ich hatte diverse Begegnungen, die über das Internet zustande gekommen sind, manche Männer konnte man vergessen, und mit manchen habe ich mich ein paar Wochen getroffen, bis es wieder vorbei war. Und dann war da dieser Verheiratete. Mit ihm war es einfach fantastisch. So war es nie davor und nie danach. Ich war Ende fünfzig und er um einiges jünger. Es hat auch nicht so lange gedauert, vielleicht ein Dreivierteljahr. Ich kann gar nicht erklären, warum es so besonders war. Wahrscheinlich war es diese Fremdheit. Er kam vom Büro, in einem Anzug aus billigem Material, und wir hatten einander wenig zu sagen. Er kam aus einer vollkommen anderen Welt. Für ihn war es wahrscheinlich ähnlich. Es war in erster Linie sexuell. Das war ja auch der Anlass für unsere Begegnung, wir suchten beide sexuelle Erfüllung, und die haben wir gefunden. Ich war befreit wie nie zuvor. Und jetzt bin ich wieder genauso verklemmt wie vorher. Mit ihm war es unfassbar. Ich bin richtig dankbar, dass ich das erleben durfte, und ich weiß, dass so etwas nie wiederkommen wird. Das ist traurig, aber es ist schön, dass ich es hatte.

Es war einfach entfesselte Sexualität, am Nachmittag, wir hatten immer nur begrenzte Zeit, maximal drei Stunden. Ich kann mich erinnern, dass ich nach unserer Begegnung auf die Straße ging und spürte, wie mich plötzlich die Männer anschauten. Von mir ging offensichtlich ein Leuchten aus. Und jetzt verwende ich die Erinnerung daran zum Masturbieren. Er ist meine Vorlage. Er hat sich irgendwann aus dem Staub gemacht, weil er es mit der Angst zu tun bekam, es wurde zu intensiv, er hatte Angst, seine Frau könnte davon erfahren, denn ich begann, Forderungen zu stellen, wollte mit ihm verreisen, eine Nacht mit ihm verbringen, ihn häufiger sehen, ich konnte mich nicht zufriedengeben mit dem, was er mir geben konnte oder wollte. Er hat dann seine E-Mail-Adresse geändert und verschwand spurlos aus meinem Leben. Ich habe ihn nie wiedergesehen. Zurück bleibt die Erinnerung.

Aspasia: Für mich war es auch befreiend, dass es eine heimliche Liebesaffäre war, dass da nichts draus werden konnte, ich es mir auch nicht gewünscht habe, und er auch nicht. Das war klar, von Anfang an. Es war nur schön, es gab nichts Negatives. Einmal war ich böse auf ihn, da ist er richtig erschrocken. Nachdem wir das erste Mal eine leidenschaftliche Sexualität hatten, ist er am nächsten Tag gekommen und hat so getan, als wäre nichts gewesen. Da war ich sauer und habe es ihm auch gezeigt. Am folgenden Tag habe ich mit ihm darüber gesprochen, und er hat es verstanden. Aber seine Lage war ja schwieriger als meine, es gab die anderen Leute um uns herum, und er musste darauf achten, dass man nicht merkt, was zwischen uns läuft. Wir sind ja später auch oft in Gesellschaft anderer zusammengekommen, bei Festen und Essenseinladungen, da musste er so tun, als würde er mich nicht kennen. Was auch wieder übertrieben war. Aber das war auch aufregend!

Nike: Und all die Jahre haben die Nachbarn nichts mitbekommen?

Aspasia: Ich glaube nicht. Vor P. hatte ich auch einen anderen Liebhaber, einen Lehrer. Den musste ich den Nachbarn vorstellen, das ging nicht anders. Ich stand ja ständig unter Beobachtung. Der kam immer wieder, um mir im Haus zu helfen. Da habe ich auch die Nachbarn eingeladen, wenn er bei mir war. Er war ganz offiziell mein Liebhaber – obwohl er verheiratet war. Alle wussten es. Es hat zwei Jahre gedauert. Den mochte ich sehr, und er mich sicher auch, aber er war nicht fähig, unsere Beziehung zu genießen. Er war auf eine sehr ehrliche Art gläubig und fühlte sich ständig sündig. Deswegen ist es dann auch auseinandergegangen.

Nike: Du hast in der Frankreichzeit also immer Liebhaber gehabt.

Aspasia: Obwohl ich immer älter wurde.

Nike: Warst du eigentlich immer schon sexuell so frei?

Aspasia: Ich denke schon. Das ist vielleicht der Grund, warum bei mir die Beziehungen nie so richtig gelingen konnten.

Nike: Allzu viel Nähe erträgst du nicht, das weiß ich. Und diese Art von Beziehung schließt Nähe aus.

Aspasia: Ja, so ist es. Was ich aber auch sagen muss:

Wenn ein Mann sich mir nähert und er halbwegs passabel ist, also zwei Augen und einen Mund und eine Nase hat, dann kann ich nicht Nein sagen. Und über das Internet ist es leicht. Ich würde sagen, dass eine Frau bis fünfundsechzig im Internet Männer finden kann. Jetzt ist es, glaube ich, völlig sinnlos.

Nike: Dein Alter war dir auch mit den französischen Liebhabern kein Problem?

Aspasia: Nein. Als ich meinen siebzigsten Geburtstag gefeiert habe, war ich noch mit dem Lehrer zusammen. Der konnte übrigens auch nicht. Ihn hat es, glaube ich, schon gestört, aber mich nicht. Ich habe begriffen, was ich ja vorher schon wusste, dass Sexualität nicht nur aus Geschlechtsverkehr besteht, sondern dass es viele Varianten gibt, einander gutzutun.

Nike: Diese Erfahrung habe ich nicht. Meine Liebhaber waren alle jünger und sehr potent. Und auch bei A. lief bis zur Operation alles problemlos. Danach war Schluss, und wir schaffen es nicht, darüber zu reden. Immer mal wieder versuche ich es anzusprechen, aber es entwickelt sich kein richtiges Gespräch. Er hat mich nie gefragt, wie der Verzicht für mich ist, der ganze Bereich ist ein einziges Tabu. Ich hätte schon noch gern Sex, aber ich weiß nicht, ob er es überhaupt noch genießen könnte.

Aspasia: Ich denke, du musst ihm Zeit lassen.

Nike: Wir haben seit etwa vier Jahren keinen Sex mehr. Ich weiß, dass das bei älteren Ehepaaren oft der Fall ist. Ich habe eine Freundin, die ab dem siebten Ehejahr keinen Sex mehr mit ihrem Mann hatte, sie schliefen in getrennten Zimmern, aber sie haben sich sehr geliebt, dreißig Jahre lang. Mit A. bin ich jetzt fünfzehn Jahre zusammen, und das Interesse ist nicht einfach abgeflaut, wie es so oft passiert, sondern hat sich aus der Krankheit ergeben. Er spürt, wie sich sein Körper verändert, und sagt, er habe mit der Sexualität abgeschlossen.

Aspasia: Das sind die Worte, die man dann findet. Aber es ist ja nicht aus Desinteresse zu Ende gegangen.

Nike: Wenn ich jünger wäre, würde ich mir einen Liebhaber oder eine Geliebte suchen. Aber ich wüsste nicht, wie ich es heute anstellen sollte, in meinem Alter.

Aspasia: Ich habe im Moment überhaupt kein Bedürfnis nach Sex. Und suche auch nicht. Aber ich habe immer schon lange Phasen gehabt, in denen nichts gelaufen ist. Das ging schon.

Nike: Ich ja auch. Aber so ab Mitte fünfzig, nachdem ich den Schock der Trennung von meinem Ehemann hinter mich gebracht hatte, hatte ich das Gefühl, das kann nicht alles gewesen sein. Ich muss noch etwas erleben. Es war mir auch schlicht langweilig. Ich habe meine Arbeit getan, ich hatte nette Freundinnen, aber es gab kein Prickeln mehr in meinem Leben. Dieses Prickeln habe ich mir dann über das Internet geholt. Und es hat mich aufgeweckt. Dann kam eben dieser tolle verheiratete Liebhaber, der Sex mit ihm war einfach der Wahnsinn. Nachher war es eh zu Ende. Ich habe zwar weitergesucht, aber niemanden gefunden. Und nach einiger Zeit ist dann völlig überraschend A. aufgetaucht, zu einem Zeitpunkt, als ich schon das Interesse verloren hatte. Ach, zusammenzuleben ohne Sex ist ja auch kein Drama. In meinem Alter kommt man damit schon zurecht. Wir haben uns gern, das ist das Wichtigste.

Aspasia: Meine Lebenssituation hat sich so radikal verändert, dieser Übergang vom französischen Dorf in die deutsche Stadt, das muss ich überhaupt erst verarbeiten. Da bleibt keine Kraft für etwas anderes. Aber ich habe einen Freund aus der Schulzeit. Im Laufe der Jahre haben wir uns immer wieder getroffen, wir hatten sogar einmal eine kurze Affäre. Jetzt sehen wir uns einmal wöchentlich und gehen wandern. Es ist völlig platonisch, und mir ist das sehr recht. Er ist ein Jahr älter als ich, und manchmal deutet er an, dass er unter dem Alleinsein und der Sehnsucht nach Nähe und Berührung leidet. Als ich noch in Frankreich war, habe ich ihn immer wieder eingeladen, aber er ist nie gekommen. Und einmal hat er gesagt: »Das ist mir zu gefährlich.« Natürlich habe ich sofort verstanden, was er meinte. Aber momentan bin ich nicht interessiert. Ich kann nicht, und ich will nicht. Ich freue mich, ihn zu treffen, und wir sprechen viel miteinander. Wir werden sehen, wie es sich entwickelt.

Nike: Klar, Sehnsucht nach Berührung hat man bis zur letzten Stunde. Und das habe ich ja auch mit A. Wir umarmen uns und halten uns an den Händen und kuscheln. Aber es ist mir zu wenig. Und vermutlich ist es auch ihm zu wenig. Ich könnte durchaus offensiver sein, aber ich will ihn nicht in eine Situation bringen, die ihm peinlich ist. Es ist absurd: Wir leben schon so lange zusammen und sind trotzdem so gehemmt. Aber wir haben es gut miteinander, wir mögen uns, wir vertrauen einander, wir haben eine schöne Wohnung, er schränkt meine Freiheit nicht ein. Was kann ich mir mehr wünschen? Ich habe endlich die Ruhe und Sicherheit, die ich mir ein Leben lang ersehnt habe.

Aspasia: Ich glaube das »in unserem Alter« irgendwie nicht. Gut, wir gehen auf die achtzig zu, aber vom Gefühl her sind wir jung. Und das Äußere ist ja noch attraktiv.

Nike: Okay, wenn ich dich so anschaue, finde ich auch, dass du attraktiv bist.

Aspasia: Ganz meinerseits.

Nike: Du bist ja nicht so eitel wie ich. Ich habe große Schwierigkeiten mit meinem Gewicht, mit den Wülsten um die Leibesmitte.

Aspasia: Die habe ich auch! Ich war mit meinen Cousinen an der Mecklenburger Seenplatte. Da sind wir an einem See vorbeigekommen, und zwei von ihnen haben sich nackt ausgezogen und sind in den See gesprungen. Ich wäre auch gern mit ihnen geschwommen, aber ich wollte mich nicht zeigen – weil ich zu dick bin. Die haben alle kleine Brüste, und ich! Andererseits finde ich meine Brüste nicht hässlich, und ich weiß, dass sie den Männern gefallen.

Nike: Früher, als ich um die sechzig war, wollte ich immer jüngere Männer haben, das würde ich mich jetzt nicht mehr trauen und vielleicht auch gar nicht wollen.

Aspasia: Es gibt Männer, die gerade eine Ältere suchen. P.'s Frau ist vierzehn Jahre jünger als er, und er hat sie sich ausgesucht, weil er Kinder wollte. Mir hat er wiederholt versichert, dass ihn ältere Frauen immer schon mehr interessiert haben. Und er hat mir gezeigt, dass ich ihm gefalle, vor allem auch meine großen Brüste.

Nike: Ja, die Männer, die ich übers Internet kennengelernt habe, haben sich auch Sex mit einer älteren Frau gewünscht, also mit einer, die älter war als sie. Auch A. wollte eine Gleichaltrige, keine Jüngere.

Aspasia: Der Vorteil von älteren Frauen ist ja, dass sie mehr Erfahrung haben und weniger anstrengend sind. Da kann der Sex gleichwertig sein.

Nike: Ich habe mir angewöhnt, nach dem Schwimmen im Sportstudio in die Sonnenbank zu gehen. Die haben dort eine Kabine, in der man steht. Es dauert genau drei Minuten. Diese Hitze in der Sonnenbank finde ich irrsinnig geil. Und in diesen drei Minuten masturbiere ich und habe einen Orgasmus. Ein Quickie. Es klappt fast immer. Da freue ich mich schon vorher während des Schwimmens drauf, stelle mich darauf ein und sage mir, heute gönne ich mir dieses Vergnügen, für zwei Euro. Damit ich es nicht vergesse.

Aspasia: Ich denke, du solltest, wenn es irgendwie geht, A. dazu bringen, mit dir darüber zu reden. Du musst es immer wieder versuchen.

Nike: Ich weiß einfach nicht, ob er überhaupt noch Lust darauf hat. Wenn ihn das gar nicht mehr interessiert, will ich ihn nicht damit belästigen, ich will ihn nicht benutzen.

Aspasia: Das ist eine falsche Argumentation. Diese Rücksichtnahme passt gar nicht zu deiner Persönlichkeit! Da geht es doch um etwas. Wenn er sagt, er hat abgeschlossen, dann sagt er das, um seinen Frust und seine Wut über seinen Zustand zu verdrängen. Ich glaube ihm das nicht.

Nike: Ich habe ihm schon signalisiert, dass mir etwas fehlt, aber darauf reagiert er nicht. Ich will ihn nicht überfordern. Ich bin auch nicht locker genug. Als Feministin habe ich zwar die Theorie drauf, aber ich bin geprägt von einer sexualfeindlichen Erziehung, wie die meisten unserer Generation. Ich bin gehemmt und erwarte eigentlich immer noch, dass der Mann die Initiative ergreift. Und wenn er es nicht tut, weil er es nicht kann oder eben auch nicht will, dann ziehe ich mich zurück. Ja, ich bin nicht offensiv genug.

Aspasia: Das wäre vielleicht auch gar nicht so gut. Du müsstest nur mehr darüber reden. Immer wieder. Nicht aufgeben.

Nike: Wir Frauen haben nicht das Problem, dass wir ab sechzig nicht mehr können. Einmal hat mich A. gefragt, ob es bei Frauen immer weiter geht. Da habe ich gelacht und gesagt: Ja, bis zum Tod. Klar, es gibt die Trockenheit, aber dem ist ja leicht abzuhelfen. Stell dir vor, als ich nach dreizehn Jahren Abstinenz das erste Mal wieder mit einem Mann zusammen war, wusste ich nicht, dass ich einfach Gel nehmen kann! – Aber mal ehrlich: Der Gedanke, dass es vorbei sein könnte, deprimiert dich nicht?

Aspasia: Nein. Es beschäftigt mich derzeit überhaupt nicht, aber ich denke, es gibt nach wie vor alle Möglichkeiten. Ich glaube nicht, dass es vorbei ist.

Nike: Das ist eine großartige Zuversicht.

Aspasia: Man weiß nie.

Nike: »Siebzig hat einen gewissen Chic, achtzig Eleganz«, hat die Dichterin Dorothy Parker einmal gesagt.

Ich kann mich nicht mehr erinnern, wann ich das letzte Mal einen Liebhaber hatte. Früher waren das meistens Abenteuer. Heute kann ich mir nur jemanden vorstellen, mit dem ich mich sehr gut verstehe, mit dem ich gern ausgehen mag. Natürlich wäre das schön. Aber irgendwie genieße ich auch das Alleinsein. Manchmal onaniere ich. Dieses Gefühl, noch geil sein zu können, finde ich toll. Ich versuche, lebendig zu bleiben. Ich bin zwar bisexuell, aber ich habe mich nie in eine Frau verliebt, es hat sich nicht ergeben. Aber sinnlich bin ich Frauen sehr verbunden. Ich betrachte sie gern, fasse sie gern an. Sie sind so schön. Frauen sind attraktiver als Männer. Ich habe eine Freundin. Wir knutschen und umarmen uns. Das mache ich auch mit anderen Frauen. Es ist nicht sexuell, aber es ist erotisch. Es freut mich, dass die jungen Menschen in ihren Liebesbeziehungen heute so locker sind. Es hat sich viel verändert seit meiner Jugend in den Vierzigern und Fünfzigern. Es freut mich, weil ich denke, dass auch ich daran Anteil habe. Ich war beteiligt an dieser Entwicklung.

Edith, 90, Berlin

KREBS (N.N.)

12. Februar 2016: Heute kann ich endlich das Krankenhaus verlassen. Noch habe ich Blut im Urin. Am vergangenen Montag wurde ich wegen einer gutartigen Vergrößerung der Prostata operiert. Während der Operation haben sie mir eine Gewebeprobe entnommen und an der linken Seite einen Krebs entdeckt. Der Chefarzt betrachtet mich mitleidig, überreicht mir den histologischen Befund und eine (seiner Meinung nach sehr gut gemachte) Broschüre mit dem Titel »Prostatakrebs«. Er sagt, dass sie, die Ärzte, empfehlen, mir die Prostata entfernen zu lassen oder mich einer Strahlentherapie zu unterziehen (ich habe jedoch den Eindruck, dass er diese Variante nicht bevorzugt). Er spricht vom Risiko der Inkontinenz und/oder Impotenz als Folge der Operation, doch die sehr erfahrenen Chirurgen haben schon viele Operationen durchgeführt, und nur bei wenigen ihrer Patienten hätten sich diese unerwünschten Folgen gezeigt.

Ich sammle meine Sachen zusammen, zahle die Gebühr für den Krankenhausaufenthalt und begebe mich nach Hause. Jede Menge Gedanken rasen mir durch den

Kopf. Vor allem: Jetzt werde ich es meinen Kindern sagen müssen. Ich hatte ihnen die Prostata-OP verschwiegen, weil sie im Augenblick genug andere Probleme haben. Ihre Mutter ist an Krebs erkrankt, und sie arbeiten in anderen Städten und können nicht bei ihr sein. Ich wollte sie nicht zusätzlich belasten, nahm mir aber vor, es ihnen zu sagen, wenn ich die Operation überstanden habe und auf dem Weg der Besserung bin. Aber mit dieser neuen Diagnose hat sich die Lage verändert, sie haben ein Recht darauf, es zu erfahren.

Und ich, wie geht es mir?, frage ich mich und finde keine klare Antwort. Ich habe keine Angst, ich bin nicht in Panik, so viel ist klar. Einerseits denke ich an die schreckliche Erzählung von Dino Buzzati, *Das Haus mit den sieben Stockwerken*, in der ein Mann wegen eines leichten Unwohlseins in das letzte Stockwerk eines Krankenhauses eingewiesen wird, wo sich die Personen mit Krankheiten befinden, die so unerheblich sind, dass man sie gar nicht ernst nehmen muss, der aber dann jedes Mal mit einer anderen Erklärung immer weiter nach unten verlegt wird, wo die immer schwereren Fälle untergebracht sind, bis er den gefürchteten ersten Stock erreicht, aus dem keiner lebend herauskommt. Ja, auch ich bin mit einer ganz normalen Störung in der Prostata eingewiesen worden und werde mit einer Krebsdiagnose entlassen.

Ich habe kein gutes Verhältnis zu Ärzten, im Allgemeinen vertraue ich ihnen wenig. Zweimal habe ich den Chefarzt gefragt, ob der histologische Befund wirklich sicher ist, und zweimal hat er mir geantwortet, er sei absolut sicher, und doch denke ich immer noch, dass die Ärzte grundsätzlich nichts verstehen und ihre extreme Rationalität vergleichbar ist mit der Rationalität von Paranoikern. Der Paranoiker ist eine durchaus vernünftige Person, doch leider gründet seine Rationalität auf einer verrückten Prämisse. So hat etwa die Prämisse »Alle hassen mich« (ich spreche aus eigener Erfahrung) absolut rationale Folgen: Hinz und Kunz haben sich verbündet, um mich zu quälen, sie glauben, dass ich es nicht mitkriege, aber die Art, wie Hinz mich beim Abendessen angeschaut, und diese paar Worte, die er mit Kunz gewechselt hat, habe ich sehr wohl verstanden ... Und so weiter und so fort.

Ja, ich weiß, dass es ein einigermaßen abwegiger Vergleich ist; aber der Arzt, der »Krebs« hört, denkt automatisch »Operation«, »Chemo«, »Strahlen«, ein klar umrissener, fest gefügter Verlauf, von dem es kein Abweichen gibt. Ein paranoider Verlauf. Ein absolut rationaler Weg auf der Grundlage der Prämisse, die wie folgt lautet: Bei Krebs gibt es nur einen einzigen Weg – den der Schulmedizin, alle anderen Wege sind falsch, ziehen Desaster und den sicheren Tod nach sich und werden von Scharlatanen und Betrügern propagiert.

Ich stelle auch etwas Seltsames fest: Ich bin stolz auf meinen Krebs. Es ist seltsam, ich kann es mir nicht erklären, aber es ist so. Es ist »mein Krebs«, in gewisser Weise ist er eine Sache, die mich definiert. Worauf kann man da stolz sein, frage ich mich. Wie ist das möglich? Vielleicht bin ich stolz darauf, wie es mir gelingen wird, ihn ohne den Tunnel Operation-Chemo-Strahlen zu überwinden? Vielleicht gibt es da auch, wenigstens teilweise, die Vorstellung: »Ich werde euch zeigen, wie man mit einem Krebs umgeht.« Aber es ist nicht nur das. Ich habe tatsächlich das Gefühl, dass dieser Krebs eine Art Medaille

ist, ein Preis. Aber ... eine Medaille wofür? Eine Tapfer-
keitsmedaille?! Ein Rätsel. Wer weiß, vielleicht wird es
sich später klären. Denn neben den vielen verwirrenden
Gefühlen, die diese Diagnose auslöst, bin ich auch neugierig zu erfahren, wie sich mein Leben angesichts dieser
Neuheit verändern wird.

18. April 2016: Seit gestern denke ich über eine interes-
sante Frage nach. Die Untersuchungen im St.-Hedwig-
Krankenhaus haben ergeben, dass sich mein Krebs an
der linken Seite der Prostata befindet. Warum ausgerechnet links? Im Gehirn ist die linke Seite überwiegend für
die Rationalität zuständig, die rechte für Intuition und
Gefühle. Ich habe einen Test gemacht, den ich im Internet gefunden habe, um festzustellen, welche Seite meines
Gehirns die dominante ist. Es ist größtenteils die rechte.
Und in der Prostata? Gibt es eine Seite in der Prostata, die
für Rationalität und eine, die für Gefühle verantwortlich
ist? Und wenn ja, sind die beiden Seiten genauso organisiert wie im Gehirn?

Angenommen, es gäbe in der Prostata eine Vernunft-
und eine Gefühlsseite, wäre es vorstellbar, dass sich eine
Seite, die rechte, mit dem »Schwanz, der keine Gedanken mag«, befasst, und die andere mit den Gedanken des
Schwanzes – die dazu neigen, die Tätigkeit des Schwanzes
zu behindern. Mein Krebs ist links. Was tut ein Krebs,
behindert oder fördert er die Tätigkeit der betroffenen
Seite? Er behindert sie, würde ich meinen.

19. Oktober 2016: Ich habe ein interessantes Buch von
Richard J. Ablin und Ronald Piana gelesen: *The Great
Prostate Hoax: How Big Medicine Hijacked the PSA-Test
And Caused a Public Health Disaster.* Die Schlussfolge-

rung der Autoren lautet: Der PSA-Test ist kein Indikator für Prostatakrebs. Im Alter von siebzig Jahren beträgt die Wahrscheinlichkeit, an Prostatakrebs zu erkranken, 80 Prozent. In der Regel entwickelt sich die Krankheit langsam und bereitet keine Beschwerden. Statistisch gesehen gibt es keinen Unterschied in der Lebenserwartung zwischen denen, die sich die Prostata entfernen lassen, und denen, die es nicht tun. Doch die Folgen der Operation sind Inkontinenz und Impotenz – lebenslang. Rund um den PSA-Test rankt sich eine gigantische Industrie, die an Millionen von Männern verdient. Meine Schlussfolgerung: Gut, dass ich mich nicht habe operieren lassen! Ich habe diesmal die richtige Entscheidung getroffen. Mir haben sie die Prostata nicht entfernt, sondern nur eine Vergrößerung beseitigt. Und schon nach dieser Operation fühle ich mich physisch und psychisch angegriffen. Wie würde ich mich erst fühlen, wenn ich impotent und inkontinent wäre? Ich möchte gar nicht daran denken.

15. Dezember 2017: Mein PSA-Wert steigt. Ich weiß zwar, dass das nicht unbedingt etwas aussagen muss, aber ich bin beunruhigt. Der Arzt, der meine Entscheidung, mich nicht operieren zu lassen, ursprünglich unterstützt hat, überweist mich an die Charité in Steglitz. Die dortige Ärztin kritisiert meinen Urologen: Es war fahrlässig, nicht jährlich eine Biopsie durchzuführen. Ich muss mich diversen Untersuchungen unterziehen.

28. März 2018: Sie haben mich operiert.

19. Juni 2018: Es sieht schlecht aus. Der Tumor wächst mit enormer Geschwindigkeit. Die Ärztin rät zu einer Hormontherapie. Alle drei Monate eine Spritze, die das Testosteron unterdrückt. Die Folge: Impotenz, Osteoporose-Risiko, Hitzewellen und Stimmungsschwankungen wie bei Frauen in der Menopause. Nach dem Urlaub im September beginnt die Chemo, in Verbindung mit einer mediterranen Diät, allerdings ohne Fisch, Bananen, Trauben, Alkohol und Milch sowie mit sehr wenig Zucker.

28. Juni 2018: Ab heute befinde ich mich im Kriegszustand. In meinem Tagebuch habe ich vor einiger Zeit geschrieben, dass meine Einstellung zu meinem Krebs eine Suche ist, so kam es mir vor. Seit einiger Zeit hat sich das geändert: Ich bin im Krieg. Ich akzeptiere die Hormontherapie, weil sie mir in diesem Krieg hilft, und ich werde versuchen, alle meine Energien zu bündeln und alles zu unternehmen, um diesen Krebs zu bekämpfen und zu besiegen.

Die Akzeptanz der Hormontherapie hat mit einem Traum begonnen, mit einem einfachen Bild meines Gesichts, mit zwei kleinen weißen Punkten auf der Stirn. Ich weiß nicht, was das bedeutet, ich weiß nicht, welchen Bezug es zu meinem Krebs hat, aber ich weiß, dass es etwas mit der Hormontherapie zu tun hat. Eine andere wichtige Änderung hat sich gestern beim Urologen ergeben, als er mir sagte, dass ich Viagra benutzen könne. Ich habe ihn gefragt, ob es die Behandlung beeinträchtigen würde, und er hat verneint. Eigentlich habe ich nicht vor, es zu verwenden, mein Leben lang habe ich mir geschworen, niemals zu Medikamenten dieser Art zu greifen, man müsse das Alter und die Veränderungen des Körpers akzeptieren. Aber jetzt hat es sich verändert. Die Hormontherapie macht mich impotent, und Viagra eröffnet mir die Möglichkeit, auf eine sexuelle Beziehung nicht verzichten zu müssen. Es ist eine Potenzialität, eine potenzielle Möglichkeit. Potenziell. Eine große, sehr große Veränderung. Schließlich ist es immer noch mein Körper.

16. Juli 2018: Heute hatte ich meine dritte Traumatherapie. Es geht dabei vor allem darum, zu akzeptieren, was die Hormontherapie mit meinem Körper anrichtet. Die Therapeutin hilft mir sehr. Schon nach der letzten Sitzung habe ich mich gelassener gefühlt. Die Technik besteht darin, mich auf den Körper zu konzentrieren, zu spüren, wo, in welchen Teilen des Körpers ich mich besser fühle, kräftiger bin, und in welchen Teilen sich die Wut sammelt, der Schmerz und die anderen negativen Gefühle. Und wenn die Wut, der Schmerz und die Angst ausbrechen, muss ich lernen, mich auf jene Teile meines Körpers zu stützen, die stark und stabil geblieben sind. Bei mir sind es immer die Füße und die Beine.

So habe ich entdeckt, dass die Wut über diese Therapie mir dazu verhilft, eine tiefe Trauer zu überdecken. Die Trauer, mich von meinem früheren Körper zu verabschieden, von meinem jüngeren, potenteren Körper.

Und heute habe ich eine wunderschöne Entdeckung gemacht. Angesichts des Widerstands gegen die Hormontherapie, die mit dem Verlust der Virilität verbunden ist, hat mich die Therapeutin gefragt, wann und in welchen Situationen ich mich am männlichsten fühle. Ich dachte eine Zeit lang nach und antwortete dann: Wenn ich singe. In meiner Jugend hatte ich immer Schwierigkeiten, meine Tenorstimme zu akzeptieren, ich wollte ein Bass sein. Wenn ich heute singe, bin ich ein Mann, ein männlicher Tenor, der mit seinem ganzen Körper singt. Das ist ein großartiges Gefühl, auf das ich, wenn nötig, zurückgreifen werde.

6. Oktober 2018: Ich bin von einem totalen Misstrauen gegen die Schulmedizin dazu übergegangen, mich ihr vollkommen anzuvertrauen. Hatte ich unrecht? Nun, es bestand die Möglichkeit, mich nicht operieren zu lassen und mein Leben in aller Ruhe mit meinem Krebslein zu verbringen. Aber heute muss ich anerkennen, dass sie recht hatten, die Ärzte, meine Kinder, der Urologe und alle anderen. Wenn ich mich zwei Jahre früher hätte operieren lassen, wären wahrscheinlich diese anderen Therapien nicht nötig.

5. April 2019: Die Chemo ist beendet. Ich habe keine Metastasen in den Knochen, und die anderen in den Lymphknoten haben sich verkleinert. Der PSA-Wert ist praktisch bei null, was bedeutet, dass die Krebszellen inaktiv sind. Ich muss alle vier bis sechs Wochen den PSA-Wert kontrollieren lassen und vor allem beginnen, wieder zu Kräften zu kommen.

21. Juli 2019: In den letzten Tagen war ich bedrückt, erheblich. Erst dachte ich, es sei der bevorstehende Verkauf meiner Wohnung, in der ich Jahrzehnte gewohnt habe, doch diese Erklärung überzeugt mich nicht wirklich. Heute habe ich endlich eine andere gefunden: Ich muss das innere Bild meines Körpers verändern. Eigentlich ist das nichts Neues, ich habe schon einige Therapiesitzungen hinter mir. Warum also gerade jetzt? Nun, bis jetzt war ich immer noch rekonvaleszent, in einem Übergangsstadium; nun muss ich mich als »geheilt« betrachten, meine Situation ist stabil und ermöglicht mir, allmählich wieder zu Kräften zu kommen. Und doch … Ich betrachte meinen unbehaarten Körper, den Bart, der immer schütterer wird, ich zähle die Hitzewallungen, die mich mehr als zehnmal täglich schlagartig mit Schweiß überfluten ... Die Genitalien schaue ich mir lieber gar nicht an ... Und die Schwäche. All das muss ich also akzeptieren; und das ist nicht leicht. Ob gut oder schlecht, immer noch trage ich das Bild meines Körpers aus der Vergangenheit in mir, einer Vergangenheit, die nie mehr wiederkehren wird. Ich muss dieses Bild mit meiner jetzigen Lage in Übereinstimmung bringen. Das ist überhaupt nicht leicht, aber schon die Einsicht, das Begreifen, woher meine Depression kommt, ist ein wichtiger Schritt. Und tatsächlich bin ich schon weniger deprimiert.

Es war für mich keine leichte Entscheidung, mir die Haare nicht mehr zu färben. Ich dachte, ich würde dann richtig alt aussehen. Und dann war ich total überrascht, was für ein schöner Grauton das wurde. Ich mache jetzt die Erfahrung, dass ich mich so viel wohler fühle und dadurch auch jünger wirke. Nicht nur, weil dieser Farbton dem Gesicht schmeichelt, sondern auch, weil ich mich damit voll identifizieren kann. Jedes graue Haar ist hart erarbeitet. Und kommt von alleine. Ich bekomme auch nur positive Reaktionen. Es gibt Frauen, die mich auf der Straße anhalten und mich nach meinem Friseur fragen. Manchmal passieren mir auch verrückte Sachen: Ich laufe in Kreuzberg eine Straße hinunter, und von unten kommt mir ein älterer Mann entgegen. Er öffnet die Arme ganz weit und sagt: »Mein Gott, was für eine schöne Haarfarbe!« Er nimmt mich so halb in den Arm und sagt dann: »Entschuldigen Sie, ich will Sie nicht belästigen, aber ich komme aus Griechenland, da macht man Komplimente.« Er wünscht mir einen schönen Tag und geht weiter. Ich habe ihm nachgeschaut und gedacht: Was für ein Tag!

Brigitte, 76, Berlin

ARMUTSRISIKO GESCHLECHT

»Der ›Gentleman‹ setzte biografisch beim Eintritt ins Rentenalter ein, das die meisten von uns bei guter Gesundheit und viele mit auskömmlichen Einkünften in Angriff nehmen durften.«[47] – So schreibt der Fernsehjournalist und Moderator Sven Kuntze in seinem Buch *Alt sein wie ein Gentleman*. Er preist die Leichtigkeit des guten Lebens im Alter, seit Leistungsdruck, Versagensängste, Konkurrenz, Zukunftsangst, Furcht und Stress von ihm abgefallen sind. Seit er weiß, dass da nicht mehr viel kommt und die Leute nicht mehr viel von ihm wollen, lebt er plötzlich wahnsinnig gern. Auf den Einwand des *taz*-Journalisten, für diese Leichtigkeit sei wohl auch eine gute Rente förderlich, gibt er zu, dass es einfacher sei, ein leichtes Leben zu führen, wenn es einem finanziell gut geht. »Da bin ich sicher privilegiert.«

Die meisten Bücher werden von Privilegierten für Privilegierte geschrieben. Die meisten Autorinnen schreiben über eine Welt, die sie kennen. Auch ich. Aber immerhin frage ich nach. Was interessieren Kuntze schon die Nöte einer alleinerziehenden Mutter, wenn er, wie

2014 in der Talkshow »Hart aber fair«, hinausposaunt:
»Jeder, der kein Kind in die Welt gesetzt hat, hat damit
den Generationenvertrag aufgelöst und sein Recht auf
die Rente verwirkt.« Und was tangiert ihn der stei-
nige Weg, den Frauen beschreiten, die sich gegen den
geballten Widerstand der Männerwelt »befreien« wollen, wenn er sagt: »Sie gingen im Kern nicht für die
Unterdrückten auf die Straße, sondern für die eigene
Befreiung.«

In der Tat: Ich ging für meine eigene Befreiung auf die
Straße, was jedoch gleichbedeutend war mit der Befreiung
vieler Frauen meiner Generation. Wären ich und Aber-
tausende meinesgleichen in den 1970er-Jahren und die
Suffragetten im Jahrhundert davor nicht auf die Straße
gegangen, hätten wir heute vielleicht noch nicht einmal
das Wahlrecht und das Recht auf ein eigenes Bankkonto,
ganz zu schweigen von Gesetzen gegen Vergewaltigung
in der Ehe und sexuelle Belästigung, wie unzureichend
auch immer diese umgesetzt werden. Ich ging auf die
Straße, ließ mich beschimpfen, schrieb unbezahlt Artikel,
verbrachte meine Abende in Versammlungen und beim
Abziehen von Flugblättern und versäumte es, eine einträgliche Karriere wie Sven Kuntze zu machen – die mir als
Frau und Feministin in Österreich ohnehin verschlossen
gewesen wäre. Und auch für das Windelnwechseln hatte
ich keine Zeit, weshalb ich darauf verzichtete, den Generationenvertrag zu erfüllen. Nicht so sehr wegen meiner
eigenen Befreiung, sondern weil mir die Gesellschaft keinen Rahmen bot, der es mir ermöglicht hätte, neben Brot-
erwerb und politischer Tätigkeit auch noch ein Kind zu
versorgen. Und meine Rente, da kann ich Herrn Kuntze

trösten, ist gering genug, sodass ich der nachwachsenden Generation nicht allzu sehr auf der Tasche liege.

Die Rente. Einerseits ein Horrorwort, das das endgültige Eintreffen des Alters besiegelt, den Beginn sozialer Bedeutungslosigkeit, die aber andererseits von vielen, deren Gelderwerb sie nicht wirklich erfüllt, also von der Mehrheit der Erwerbsbevölkerung, sehnlichst erwartet wird, in der Hoffnung, endlich das tun zu können, was man sich jahrzehntelang versagen musste – wenn man es sich denn leisten kann. Ein befreundetes Lehrerehepaar aus Wien ist in Pension gegangen, als beide noch nicht einmal sechzig und noch voller Saft und Kraft waren. Seit über einem Jahrzehnt bereisen sie nun die Welt.

Ich habe nicht mehr die Kraft, nach Indien zu reisen. Das hätte ich früher tun müssen, aber ich wollte – und musste – ja immer weiter arbeiten. Die Rente als tiefen Einschnitt in mein Leben kenne ich als Freiberuflerin nicht. Besonders für Männer kann sie wohl ein Schreckgespenst sein, verbunden mit einem ungeheuren Statusverlust. Die meisten Frauen hatten nie diesen Status, wissen sich im Alter ihre Zeit mit kulturellen, geselligen oder auch künstlerischen Tätigkeiten besser zu vertreiben und haben meistens auch genug zu tun, sei es mit Enkelkindern oder der Versorgung von Ehemännern und anderen Angehörigen.

Ein zufriedenes Leben im Alter erfordert nicht nur Gesundheit, sondern auch finanzielle Mittel, zumindest genug, um sich neben dem Allernotwendigsten auch noch etwas Kultur und den fallweisen Luxus eines Kneipenbesuchs, einer Reise oder einer Hilfe im Haushalt leisten zu können. Geld, das gerade Frauen häufig fehlt. Die

Daten des Statistischen Bundesamtes zeigen, dass Frauen in Deutschland besonders stark von Altersarmut bedroht sind.

»Das soziale Sicherungssystem der Bundesrepublik Deutschland ist ein Netz mit großen Maschen«, schreibt die Sozialwissenschaftlerin Gisela Notz in der 2017 erschienenen Publikation der Nationalen Armutskonferenz zu Armut von Frauen in Deutschland mit dem Titel »Armutsrisiko Geschlecht«.[48] »Besonders viele Frauen stehen genau da, wo das Netz ein Loch hat.« Immer noch ist die Arbeitsmarkt-, Familien- und Sozialpolitik an einem Familienmodell orientiert, das Männer als Haupternährer und Frauen als Zuverdienerinnen sieht.

»Die Schere zwischen Arm und Reich geht in Deutschland immer weiter auseinander. In keinem anderen Land Europas ist der Reichtum so ungleich verteilt wie in Deutschland«, schreibt Notz.[49] Für Frauen habe sich hierzulande das Recht auf eigenständige Existenzsicherung noch nicht wirklich durchgesetzt. Das Ehegattensplitting oder die durch Hartz IV eingeführten Bedarfsgemeinschaften unterstreichen die Abhängigkeit vom Familienernährer.

Während männliche Kinder selbstverständlich auf ein eigenständiges Erwerbsleben vorbereitet werden, steht für Mädchen bei der Berufswahl immer noch in vielen Fällen die Vereinbarkeit von Familie und Beruf im Vordergrund. Nicht existenzsichernde Teilzeitarbeit und Minijobs sind deshalb Frauendomänen. Zwei Drittel der ausschließlich geringfügig Beschäftigten sind Frauen. Das bedeutet Abhängigkeit vom Haupternährer oder vom Staat – und Altersarmut. Arm werden Frauen vor allem, weil sie mehr unbezahlte Arbeit leisten. Kindererziehungszeiten sind Armutsfallen. Dasselbe gilt für die Pflege von Angehörigen, die sich nicht, nicht mehr oder vorübergehend nicht selbst versorgen können. Pflegende Familienangehörige sparen dem Staat Geld: 90 Prozent von ihnen sind Frauen.

Die Zahlen des Statistischen Bundesamts belegen, dass die Lohnlücke, der Gender-Pay-Gap, in Deutschland, gemessen am Durchschnittsbruttostundenlohn im Jahr 2019, immer noch 19 Prozent betrug. Dort, wo Frauen einer Lohnarbeit nachgehen, verdienen sie selbst auf gut bezahlten Arbeitsplätzen weniger als Männer, die in vergleichbaren Positionen beschäftigt sind. Selbst viele in Vollzeit arbeitende Frauen können von ihrem Lohn nicht leben und sind im Alter arm. Das Ziel der Bundesregierung, den Verdienstabstand bis zum Jahr 2010 auf 15 Prozent zu senken, wurde deutlich verfehlt.

Der Gender-Pay-Gap erklärt sich auch damit, dass Frauen im Durchschnitt vor allem deshalb weniger verdienen als Männer, weil sie öfter in Teilzeit arbeiten, zum Teil geringer qualifiziert und häufiger in Branchen tätig sind, die ein niedrigeres Lohnniveau aufweisen. Damit ist aber noch keineswegs erklärt, warum das Gehalt etwa in Erziehungs-, Pflege- und Gesundheitsberufen niedriger ist als in technischen Berufen. Diese strukturellen Faktoren schlagen sich auch in anderen Zahlen nieder. In einer repräsentativen Studie des Bundesfamilienministeriums von 2016 hatten Frauen zwischen dreißig und fünfzig etwa die gleichen Schulabschlüsse wie Männer und 82 Prozent eine berufliche Qualifikation. Dennoch waren nur 39 Prozent der Frauen in Vollzeit beschäftigt, hingegen 88 Prozent der Männer. Über ein eigenes Nettoeinkommen von über 2000 Euro verfügten nur etwas mehr als 10 Prozent der Frauen, aber 41,5 Prozent der Männer.

Damit sind die Risiken der Existenz- und Alterssicherung für viele Frauen noch immer an das Einkommen des Mannes gekoppelt. Von den verheirateten Frauen hatten 19 Prozent gar kein eigenes Einkommen, und 63 Prozent verdienten unter 1000 Euro. Ein eigenes Einkommen von über 2000 Euro hatten nur sechs Prozent der verheirateten Frauen. Für viele der Frauen können sich Scheidung, Berufsunfähigkeit oder Arbeitslosigkeit des Ehemannes existenzbedrohend auswirken.

Sabine, eine Freundin aus Köln, hatte einen gut verdienenden Mann geheiratet, einen Manager aus der Werbebranche. Sie hatte Germanistik studiert und viele Jahre Deutsch für Ausländerinnen unterrichtet, wenn auch nie in fester Stellung. Heiraten wollte sie, die Feministin, ursprünglich nicht, aber als sie schwanger wurde, folgte sie dem Wunsch ihres späteren Mannes. Anfangs ging alles gut, Sabine unterrichtete, und das Kind besuchte einen städtischen Kindergarten. Dann wurde Sabine wieder schwanger. Da man ihr die Schwangerschaft schon ansah, wurde ihr Einjahresvertrag nicht verlängert. Also blieb sie zu Hause, ihr Mann verdiente ja genug, und mit zwei Kindern hatte sie auch reichlich zu tun. Und sie ging mit ihm mit, als er in Düsseldorf einen Job mit besserer Bezahlung fand. Nun wollte sie wieder arbeiten, das zweite Kind war schon drei, doch in der neuen Stadt fand sie keinen Job und fiel in eine tiefe Depression. Sie sah das Leben ihrer Mutter vor sich und sich selbst als eine Frau, die nur noch auf den Tod wartete. Schließlich fand sie eine

Anstellung in einem Forschungsprojekt an der Universität Siegen. Doch das Pendeln war kräftezehrend, und nach einem Jahr schaffte sie es nicht mehr. Außerdem begann ihre Ehe zu bröckeln. Kurzerhand schnappte sie ihre Kinder und zog zurück nach Köln. Dort fand sie rasch einen Vollzeitjob an einer Volkshochschule, wenn auch mit Kettenverträgen, und blühte auf. Alle 14 Tage besuchte ihr Mann die Familie und gab den Wochenendvater. Als die Gewerkschaft sie überredete, auf Festanstellung zu klagen, willigte sie ein, doch die Gewerkschaft ließ sie in Stich. Nun stand sie auf einer schwarzen Liste und fand kaum noch Jobs. Obendrein reichte ihr Mann die Scheidung ein. Sabine hatte kein eigenes Bankkonto, und als sie Geld abheben wollte, erfuhr sie, dass ihr Mann ihr sämtliche Konten gesperrt hatte. Zwei Monate später stand auch der Vermieter vor der Tür und drohte mit Kündigung. Sabines Mann hatte die Mietzahlungen eingestellt. Nun war sie richtig arm, und der Weg zum Sozialamt blieb ihr nicht erspart. Eine zweijährige ABM-Ausbildung gab ihr eine Atempause. Danach fand sie auch wieder Arbeit, aber in die Rentenkasse konnte sie nur wenig einzahlen.

Heute erhält Sabine eine Mindestrente und von ihrem Ex-Mann nicht ganz 500 Euro. Reichlich wenig, findet sie, schließlich hat sie ihm die Familie vom Leib gehalten und ihm so seine Karriere ermöglicht. Ihre eigene jedoch blieb auf der Strecke. Er ist inzwischen gestorben, seine zweite Frau bezieht von ihm die Witwenrente und hat viel geerbt. Sabine lebt bescheiden in einer kleinen Wohnung, erwirbt ihre Kleidung in Secondhand-Läden und hat Konzerte und Theater aus ihrem Kalender gestrichen. In der Kulturstadt Köln findet sie genügend Veranstaltungen,

die kostenlos sind. Ihre Haare schneidet sie sich selbst.
Mit ehrenamtlichen Tätigkeiten füllt sie die Zeit, die ihr
manchmal zu lang wird. Rad fahren mag sie gern, ein
kostenloses Vergnügen, doch in ihrem alternden Umfeld
traut sich niemand mehr aufs Rad. Manche ihrer in einer
Beziehung lebenden Freundinnen machen sich Gedanken,
was sein wird, wenn ihr Partner eines Tages nicht mehr ist.
Diese Angst bleibt Sabine erspart.

Frauen werden also arm, wenn sie nicht in einer »Normalfamilie« leben. Obwohl Menschen heute angeblich aus
einer Vielzahl von Lebensformen wählen können, führt
ein Abweichen von der »Normalbiografie«, zu der Ehe
und festgelegte Geschlechterrollen gehören, oft zu Armut.
Geschiedene, Rentnerinnen, alleinerziehende Frauen und
Frauen mit Migrationsgeschichte sind armutsgefährdet.
Das hat seine Gründe. Erst 1962 durften Ehefrauen in
Deutschland ein eignes Konto eröffnen, erst 1977 ohne
Erlaubnis des Ehemanns erwerbstätig sein. Bei der unbezahlten Arbeit tragen die Frauen die Hauptlast. Selbst
Vollzeitbeschäftigte arbeiten anderthalb Stunden länger
unbezahlt als Männer. Das Mann-Frau-Verhältnis von
Alleinerziehenden beträgt 1 zu 7.

Frauen werden arm, weil das Rentensystem an ihrer
Lebensrealität vorbeizieht. Die Benachteiligung im
Erwerbsleben wird im sozialen Sicherungssystem fortgeschrieben: Eine ausreichende Absicherung im Alter, bei
Krankheit und Erwerbslosigkeit ist nur bei durchgehender Vollzeiterwerbstätigkeit und bei einem durchschnittlichen Einkommen gewährleistet. Die bereits jetzt eklatante Altersarmut von Frauen wird in den nächsten Jahren
durch die Ausbreitung von prekären Arbeitsverhältnissen

noch zunehmen. Der Gender-Pay-Gap mündet nahtlos in den Gender-Pension-Gap. Verheiratete Frauen erhalten über 36 Prozent weniger Rente als Männer.

In manchen europäischen Ländern gibt es Mindestrenten, in Deutschland sieht das Rentensystem vorläufig keine vor. Hierzulande richtet sich die Höhe der Rentenzahlung nach dem individuellen Versicherungsverlauf. Dieses System benachteiligt Geringverdienende und Versicherte mit einem ungünstigen Versicherungsverlauf, also überwiegend Frauen, die sich um Kinder und kranke Angehörige gekümmert haben. Idealerweise sollte der Rentenanspruch bei einer Mindestrente von den geleisteten Einzahlungen in die Rentenkasse entkoppelt sein. Die Rente würde, wie etwa in Schweden, allen Rentnerinnen und Rentnern in gleicher Höhe zustehen, unabhängig davon, ob und wie viel sie zuvor in die Rentenkasse eingezahlt haben. In einer auf Leistung fixierten Gesellschaft können sich die wenigsten Politiker eine solche Variante vorstellen.

Ab Januar 2021 sollen etwa 1,3 Millionen Seniorinnen und Senioren in Deutschland eine Grundrente oberhalb der Grundsicherung beziehen. Voraussetzung sind mindestens 33 Rentenbeitragsjahre aus Beschäftigung, Kindererziehung oder Pflegetätigkeit. Der Zuschlag soll zunächst gestaffelt werden und bei 35 Beitragsjahren die volle Höhe erreichen. Grundrente bekommen sollen nur jene mit einem Einkommen unter einer bestimmten Grenze. Zusätzlich soll ein Budget für Freibeträge beim Wohngeld bereitgestellt werden, um zu verhindern, dass die erhöhte Rente den Bedarf an Wohngeld auffrisst.

85 Prozent der Bezugsberechtigten werden Frauen

sein. Mit der Grundrente ist allerdings das Problem der Altersarmut nicht gelöst. Der Anteil der Rentnerinnen und Rentner, die von Armut bedroht sind, lag 2018 bei 18,7 Prozent, im Jahr 2010 waren es noch 13,5 Prozent. Die Grundrente wird jenen nicht helfen, die nicht auf die 33 Beitragsjahre kommen. In Westdeutschland sind das zum Teil ältere Frauen, in Ost und West außerdem Langzeitarbeitslose mit stark gebrochenen Erwerbsbiografien. Die meisten der von Altersarmut Betroffenen haben weniger als 33 Versicherungsjahre aufzuweisen. Zu den Risikogruppen zählen außerdem Erwerbsunfähige und ehemalige Solo-Selbstständige, die nicht ausreichend für ihr Alter vorsorgen konnten. Diese Menschen werden sich also weiterhin ans Sozialamt wenden müssen.

Wer in Österreich eine sehr niedrige Pension (nach dem Stand von 2019 weniger als 933,06 Euro für Alleinstehende und 1398,97 Euro für Ehepaare) bezieht, kann eine sogenannte Ausgleichszulage beantragen, die oft »Mindestpension« genannt wird. Bei mindestens 30 Beitragsjahren beträgt der Richtsatz für eine Einzelperson 1048,57 Euro. Zudem werden die Pensionen in Österreich 14 Mal ausbezahlt.

Was in Österreich Ausgleichszulage heißt, ist in Deutschland die Grundsicherung. Sie wird bewilligt, wenn Rente plus Wohngeld nicht zum Überleben reichen. Je nach Wohnkosten gibt es Unterschiede. In Regionen wie Brandenburg oder Sachsen-Anhalt liegt die Grundsicherung bei unter 700 Euro monatlich, in teuren Großstädten wie München oder Düsseldorf bei mehr als 900 Euro. 90 Prozent mehr Menschen sind heute Grundsicherungsempfänger als 2003, ein eindeutiger Indikator für die zunehmende Verarmung breiter Bevölkerungsschichten. Darunter waren 2017 16,8 Prozent Migranten. Tatsächlich sind es gewiss viel mehr Menschen, denn etwa 40 Prozent derjenigen, denen diese staatliche Hilfe zustünde, nehmen sie nicht in Anspruch. Viele fürchten, man würde ihre Kinder in Regress nehmen, oder sie haben Angst, sich beim Sozialamt nicht durchsetzen zu können. Daran wird die geplante Grundrente nichts ändern. In fünfzehn Jahren dürften bereits sieben Prozent der Neurentnerinnen und -rentner auf die Grundsicherung angewiesen sein, denn viele Menschen, deren Leben von Brüchen im Arbeitsleben durchzogen ist, kommen auf nicht mehr als fünfzehn Jahre Erwerbsarbeit. Von Armutsvermeidung kann also keine Rede sein.

Mehr als fünfzehn Jahre hat auch Marlis, eine geschiedene Facherzieherin für Kinder mit Beeinträchtigungen, nicht vorzuweisen. Doch untätig war sie nie. Sie hat vier Kinder großgezogen und war immer sozial engagiert. Sie wohnt in Berlin in einer Einzimmerwohnung und bezieht eine Rente, die gerade noch reicht. Sie engagiert sich bei den »Omas gegen Rechts« und in anderen Gruppen gegen Gentrifizierung, Nazis und die Verheerungen, die der Kapitalismus anrichtet. »Man kann nicht zusehen, wie alles den Bach runtergeht«, sagt sie. Diese Aktivitäten geben ihrem Leben Sinn.

Marlis wäre ein typischer Fall für ein bedingungsloses Grundeinkommen. Denn was sie – unbezahlt – leistet, ist unverzichtbar für die Demokratie. Die Idee eines Grundeinkommens ist nicht neu. Philip Kovce und Birger P. Priddat haben für ihr Buch *Bedingungsloses Grundeinkommen* (2019) Texte gesammelt, von denen viele aus längst vergangenen Zeiten stammen. Das Buch endet mit einer Studie von Claus Offe, dem Gründungsmitglied des Basic Income European Network, die bereits im Titel alles Nötige sagt: »Das bedingungslose Grundeinkommen als Antwort auf die Krise von Arbeitsmarkt und Sozialstaat«. Der Autor Franz Schuh stellt am Ende seiner Rezension in der *Zeit* allerdings eine ernüchternde Frage: »Werden die Bedürftigen jemals irgendetwas Bedingungsloses haben? Unwahrscheinlich, dass die Staaten- und die Wirtschaftslenker (deren Arbeit ihnen Freude macht) auf den eingebürgerten Sadismus verzichten, mit dem man die Massen der Erwerbsarbeiter – durch die Angst vor der Arbeitslosigkeit – so gut in Schach halten kann.«[50]

Die Utopie einer umfassenden Transformation unserer Gesellschaft, wie sie Patrizia Nanz und Lukas Kübler in *Grundein/auskommen* formulieren, ist dennoch schön:

Vom Arbeitszwang zur Freiheit
von der Beschleunigung zur selbstbestimmten Muße und
zum frei gewählten sozialen Engagement
von der Existenzangst zur Nachhaltigkeit.[51]

In dem von Irene Götz herausgegebenen Buch *Kein Ruhestand* (2019) hat ein Team von Sozialwissenschaftlerinnen allein lebende ältere Frauen in München befragt. Dazu eine aussagekräftige Statistik: 2012 lebten nahezu 90 Prozent der Bezieherinnen von Grundsicherung im Alter in Einpersonenhaushalten, und laut dem Münchner Armutsbericht von 2017 sind Personen im Rentenalter zunehmend gezwungen, ihre Rente durch Minijobs aufzubessern. In München mit seinen hohen Lebenshaltungskosten haben Renten eine geringere Kaufkraft als anderswo. Die Autorinnen wollten wissen, wie Frauen mit Erwerbsrenten zwischen 400 und 1500 Euro in dieser besonders teuren Stadt in einem Singlehaushalt überleben können. Die meisten vom Team um Götz interviewten Frauen hatten eine Rente von etwa 1000 Euro. Manche mussten Wohngeld beantragen, andere stockten ihre Rente mit einem Minijob auf.

Verantwortlich für die besondere Gefährdung von Frauen im Alter ist, wie beschrieben, das an lebenslanger Vollzeitarbeit orientierte Rentensystem. Außerdem setzte sich in den 1950er-Jahren die Ein-Ernährer-Familie als Leitbild durch. Viele Frauen der Kriegs- und Nachkriegsgeneration blieben nur bis zur Familiengründung berufstätig und konnten, wenn der Mann vor ihnen starb, mit einer Witwenrente rechnen, die sie vor Altersarmut schützte.

Dann kam 1968, und vieles änderte sich. Nun konnten sich Frauen scheiden lassen, und es gab im Zuge der Frauenbewegung geschaffene Netzwerke wie Frauenhäuser, Kinderläden und Anwältinnen, die Frauen in Rechtsstreitigkeiten engagiert vertraten. Frauen konnten es sich nun erlauben, von der althergebrachten Mutterrolle abzuweichen.

Und dann kam der Neoliberalismus, und wieder änderte sich vieles. Mit der Rentenreform 2001 wurde das Rentenniveau abgesenkt und das Rentenalter heraufgesetzt. Die ohnehin schon niedrige Rente wird durch Krankenversicherungs- und Pflegeversicherungsbeiträge und die Einkommensssteuer nur noch weiter gesenkt. Längere Arbeitslosigkeit führt zu geringeren Einzahlungen in die Rentenkasse. In den letzten Jahren gab es auch einen deutlichen Anstieg an Geringverdienenden und Teilzeitbeschäftigten, und auch immer mehr Selbstständige und Freiberufler erzielen niedrige Monatseinkommen. Zudem bedroht die demografische Entwicklung zunehmend das in Deutschland übliche System der Rentenfinanzierung.

Als ich vor etwa fünfzehn Jahren in New York war, fiel mir auf, dass viele ältere Frauen erwerbstätig und gesellschaftlich akzeptierter waren als hierzulande. Die Frauen schienen ihre Arbeit zu mögen, aber es wurde mir bald klar, dass ihre Erwerbstätigkeit nicht immer freiwillig erfolgte: Sie mussten arbeiten, weil ihre Rente zum Leben nicht reichte. Das kannte ich aus Österreich nicht. Mittlerweile ist es auch in Deutschland nicht anders. In München hat sich die Gruppe von Erwerbstätigen im Alter von fünfundsechzig bis neunundsechzig Jahren in den letzten zehn Jahren mehr als verdoppelt. Doch werden den Rentnerinnen und Rentnern überwiegend unattraktive und belastende Jobs angeboten, wie etwa die Arbeit in einem Callcenter. Qualifizierte Tätigkeiten sind schwer zu finden. Nach der Verrentung im eigenen Beruf weiterzuarbeiten ist selten möglich, ein Problem des rigiden Renteneintrittsalters. Wir befinden uns in der absurden Situation, dass Fachkräftemangel herrscht und es gleichzeitig in vielen Branchen einen verpflichtenden Ruhestand gibt, der in den USA als Altersdiskriminierung abgeschafft wurde. Andererseits gibt es viele Berufe, die körperlich und psychisch so aufreibend sind, dass die dort beschäftigten Personen gar nicht in der Lage sind, bis fünfundsechzig oder siebenundsechzig zu arbeiten. Und dann sind da noch die Privilegierten, die weniger aus Notwendigkeit denn aus Freude an ihrem Beruf freiberuflich weiterarbeiten. In solchen Fällen ist ihre Erfahrung oft ein geschätztes Gut.

Besonders schockiert hat mich ein im Januar 2020 veröffentlichter Artikel in der *tageszeitung*. Die Journalistin Dinah Riese recherchierte über die Lage der jüdischen Kontingentflüchtlinge aus der ehemaligen Sowjetunion, die vor über zwanzig Jahren nach Deutschland gekommen sind und nun das Rentenalter erreichen. Ihre Lage ist katastrophal. Im Gegensatz zu Spätaussiedlern, die von Anbeginn als Deutsche galten, auch wenn sie die deutsche Sprache kaum beherrschten, wurden weder die Abschlüsse noch die Rentenansprüche der jüdischen Migrantinnen und Migranten aus der Sowjetunion anerkannt, sodass sie nicht ihrer Qualifikation entsprechend arbeiten konnten und bei Eintritt des Rentenalters nicht die nötigen Rentenbeitragszahlungen vorweisen können. Die Bundesregierung lehnt eine Übernahme jüdischer Kontingentflüchtlinge in das Fremdrentengesetz kategorisch ab. Auch wenn deren Aufnahme es Deutschland seinerzeit ermöglichte, sich mit dem Wiederaufblühen jüdischen Lebens zu brüsten. Von Leben, ob jüdisch oder nicht, kann für die Betroffenen heute kaum die Rede sein, denn dem von Riese interviewten Emil Feygman etwa steht eine Rente von 71,25 Euro monatlich zu. Es ist, als hätte er vor seiner Auswanderung nach Deutschland nicht gearbeitet. Dass er nun als hoch qualifizierter Mittelloser auf staatliche Unterstützung angewiesen ist, empfindet er als beschämend.

Gisela Notz zieht eine politische Bilanz: Der zunehmenden Ungerechtigkeit muss durch strukturelle Verbesserungen begegnet werden. Wenn die Zahl derjenigen größer wird, die trotz Arbeit arm sind, brauchen wir existenzsichernde Mindestlöhne für alle. Wenn Armut vor allem mit Erwerbslosigkeit und prekärer Arbeit zu tun hat, dann muss die gesellschaftlich notwendige – bezahlte und unbezahlte – Arbeit umverteilt werden. Ebenso umverteilt werden muss der Reichtum. Mit einer gerechtigkeitsfördernden, also progressiven Steuerpolitik müssen Vermögende, Unternehmen und Bezieher hoher Einkommen stärker an der Finanzierung beteiligt werden. Wenn Armut mit dem Abweichen von der sogenannten Normalfamilie zu tun hat, müssen alle Lebensformen gleiches Recht und gleiche Existenzbedingungen genießen.

Ich war wegen meines Kindes lange Zeit halbtags arbeiten, und während der Fortbildung habe ich nur wenig eingezahlt. Später, als Selbstständige, hatte ich nie genügend Geld für eine Rentenversicherung übrig. Jetzt kriege ich eine winzige Rente. Vierundfünfzig Jahre habe ich gearbeitet, aber manchmal eben nur minimalbeschäftigt oder halbtags. Mitunter finde ich mich ganz schön tapfer, dass ich immer noch weitermache. Aber durch meine Krebskrankheit habe ich gelernt, im Hier und Jetzt zu leben. Es bringt nichts, mir jeden Tag den Kopf darüber zu zerbrechen, wie es später einmal sein könnte. Es wird sich schon ergeben. Ich kann es ja doch nicht ändern.

Agnes, 75, Köln

IM SÜNDENPFUHL BERLIN

ICH BIN ZUFRIEDEN

BARBARA, GRUNDSICHERUNGSBEZIEHERIN

Zur Aufstockung ihrer Rente bezieht Barbara Grundsicherung, denn sie hat nur fünfzehn oder sechzehn Jahre
Erwerbsarbeit vorzuweisen. Auch die derzeit zur Diskussion stehende Grundrente würde ihr deshalb nichts bringen. Zu Monatsbeginn hebt sie von der Bank 300 Euro
ab – ihr Kostgeld – und lässt sich ihre Bankauszüge geben.
Mit dem, was übrig bleibt – 20 bis 30 Euro –, werden
die Ausgaben für das Telefon und Allfälliges bestritten.
Von der Rundfunkgebühr ist sie befreit. Mobiltelefon und
Internet hat sie nicht. Kino und Theater sind gestrichen,
der Berlin-Pass für die öffentlichen Verkehrsmittel sichert
ihr die Mobilität. Von Reisen ist schon längst keine Rede
mehr. Kleider kauft sie grundsätzlich nur in Secondhand-Läden, die Unterwäsche in einem Warenhaus, wo
sie besonders günstig ist. Im Lauf der Jahre hat sie viele
nützliche Adressen gesammelt, um günstig an Dinge
heranzukommen. Manchmal gelingen ihr überraschende
Funde. Ihre Mutter war Schneiderin, sodass sie einen
sicheren Blick hat für Qualität. Eine Tafel für Lebens-
mittelspenden hat sie einmal ausprobiert, aber nachdem

sie nach gezogener Nummer zwei Stunden in der Kirche auf ihre Zuteilung warten musste, verzichtet sie darauf.

Ob sie zum nächsten Frauenkreis geht, der sich mittags in einer griechischen Kneipe am Klausener Platz trifft, muss sie noch überlegen. Die Entscheidung hängt auch davon ab, wie sie sich fühlt. Das ist auch für ihre Freundinnen belastend, die sich nicht immer auf sie verlassen können. Denn die Dreiundsiebzigjährige leidet an Fibromyalgie, einer Muskelfasererkrankung mit Schmerzen in verschiedenen Körperregionen, Schlafstörungen und Erschöpfung sowie Begleitsymptomen wie Morgensteifigkeit und Konzentrationsschwäche. Die Krankheit ist eine Störung der Schmerzwahrnehmung und -verarbeitung. Die meisten Betroffenen sind Frauen. Die Ursachen sind noch nicht hinreichend erforscht. Zur Linderung nimmt Barbara Ibuprofen. Bei starken Schmerzen fühlt sie sich bisweilen nicht in der Lage, das Bett zu verlassen. Der Schmerz ist schwer zu beschreiben, etwa wie ein kleiner Bach, der den Körper hinunterrieselt.

Ohne Selbstmitleid bezeichnet sich die sprühend lebendige Frau mit dem halblangen weißen Haar und den sorgfältig gezupften Augenbrauen als arm. Die prachtvolle 1906 erbaute Wohnanlage in Berlin-Charlottenburg, in der sie wohnt, lässt nicht vermuten, dass hier auch arme Menschen leben. Ich erfahre, dass das Gebäude einer Genossenschaft mit 22 000 Mitgliedern gehört. Für die schöne Zweizimmerwohnung mit hohen Decken und Stuck und einem altersgerecht renovierten Bad bezahlt Barbara 515 Euro warm. Als sie Mitte der Achtzigerjahre Mitglied der Genossenschaft wurde und zwei Anteile auf Lebenszeit erwarb, hatte sie klug für sich vorgesorgt.

Zu Recht, denn die Lebensgemeinschaft mit dem autoritären Vater ihres 1984 geborenen Sohnes lief schon bald nicht, wie sie es sich vorgestellt hatte. Sie hatte ihn bei einem Werkstattgespräch des deutsch-französischen Grafikers und Kupferstechers Tony Torrilhon kennengelernt, und die Liebe zu schönen Dingen und Kunstwerken versprach eigentlich eine gedeihliche Beziehung. So war es aber nur zu Beginn. Als der Sohn zur Welt kam, glaubte Barbara ihrem Leben einen Sinn geben zu können. Sie hatte eine Aufgabe. Doch nach sieben Jahren trennte sich das Paar, und Barbara hatte Mühe, die ihr für das Kind zustehenden Unterhaltszahlungen von ihm zu bekommen.

Von Torrilhon gibt es drei Kupferstiche, auf denen sie als Modell abgebildet ist. Zwei davon hängen nun an ihrer Wand. Sie freut sich, dass der ursprünglich helle Holzrahmen durch das hereinströmende Sonnenlicht auf die rotbraune Farbe des Kupferstichs nachgedunkelt ist, ganz kostenlos.

Barbaras seelische Belastungen lassen sich auch damit erklären, dass sie 1962, im Alter von fünfzehn Jahren, einen Beruf ergriff, der im Laufe weniger Jahre drastischen Veränderungen unterlag. Da sie in der Schule immer gern gemalt und gezeichnet hatte, rieten ihr die Eltern, sich für die Eignungsprüfung als Schriftsetzerin anzumelden, die sie auf Anhieb bestand. Auf Nachfrage der Eltern, warum man sich für diesen Männerberuf ausgerechnet für das linkshändige Mädchen entschieden hatte, erfuhren sie, dass Barbara als Einzige keine Fehler im Diktat gemacht hatte.

Also durchlief Barbara die dreijährige Ausbildung und arbeitete als Schriftsetzerin in einem Kleinbetrieb. Schriftsetzer konnten nach der Ausbildung sämtliche Schritte ausführen, um aus einem angelieferten Manuskript eine fertige Vorlage für den Druck herzustellen. Dazu musste das Manuskript mit Satzanweisungen versehen, ein Entwurf angefertigt und die spätere Druckform durch das jeweilige technische Satzverfahren hergestellt werden. Als Schriftsetzerin musste Barbara außerdem Korrekturen an dem erzeugten Satz durchführen und die Druckform nach dem Druck wieder ablegen.

Nach der Ausbildung wurde Barbara in einer Druckerei eingestellt, wo sie als »Fräulein Korrektor« arbeitete, was körperlich viel weniger anstrengend war als die Arbeit als Schriftsetzerin. Wegen der Einmauerung Westberlins wurde die Herstellung von Druckaufträgen zunehmend nach Westdeutschland verlegt, und die Druckereien verloren ihre Kunden. Immer wieder musste sich Barbara eine neue Stelle suchen. Neben ihrer gesundheitlich angeschlagenen Verfassung war die Umstellung der Betriebe auf den Computer ein Grund mehr für ihre Entscheidung, nicht weiterzuarbeiten. Sie fühlte sich dem nicht gewachsen. 1981 verlor sie ihre letzte Stelle als Korrektorin in der Druckerei der Polizei-Gewerkschaft und wurde arbeitslos.

Da war ihre große Liebe schon vor einiger Zeit gestorben und sie immer noch in einem tiefen Loch. Dieses »politische Monstrum unter der Oberhoheit der entzweiten Sieger«, wie der *Spiegel* Berlin beschreibt, hatte das Mädchen aus einfachen Verhältnissen an der Seite eines um einiges älteren übergewichtigen Journalisten in die wilde Glitzerwelt des »Coupé 77« gesaugt. »Ich trug Kleider mit Pailletten und dazu passende Schuhe mit Plateausohlen«, erinnert sich Barbara, auch wenn sie keine »tolle Stromfigur« hatte. Und dann der unerwartete Tod des Mannes, an dem sie alle späteren maß. »Das hat mich geschleudert.« Die Einsamkeit senkte sich auf sie herab, ein gefährlicher Krankheitserreger. Doch stets brachte sie genügend Lebensenergie auf, um gegen die sich anbahnende Depression anzukämpfen. Im Frauenkreis und im FKK-Verein traf sie auf Menschen, mit denen sie sprechen konnte, beim Handarbeiten und Kochen hatten die Frauen viel Spaß.

Vielleicht tat sich Barbara im Alter von fünfunddreißig Jahren auch aus Einsamkeit mit dem falschen Mann zusammen. Aber das weiß man immer erst hinterher. Probieren wir es mal aus, dachte sie, heiraten muss ich ihn nicht, das verlangte auch ihr Vater nicht von ihr. Irgendwie war sie sich nicht sicher, ob die Beziehung halten würde, weshalb sie Gegenstände, die ihr gefielen, lieber mit ihrem eigenen Geld bezahlte, »damit ich sie behalten kann, wenn etwas schiefläuft«. Als ihr Sohn 1984 geboren wurde, blieb sie endgültig zu Hause, da sie ohnehin schon seit einiger Zeit arbeitslos war. Für eine gewisse Zeit gab das Kind ihrem Leben einen Sinn.

Doch die Ärzte diagnostizierten eine »vegetative Dystonie«. Wikipedia beschreibt die Krankheit so: »Treten seelische Belastungen, Stress und Hektik auf, greift der gesunde Körper zunächst auf seine Leistungsreserven zurück. Wenn diese verbraucht sind, können leichtere oder schwer fassbare Unregelmäßigkeiten im unwillkürlichen Nervensystem auftreten, die ohne objektivierbaren organischen Befund funktionelle Beschwerden der Organe auslösen.« Für diesen Zustand sei sie, so sieht es Barbara, familiär vorbelastet. Die Mutter hatte eine nervöse Disposition, der Vater war leicht erregbar. Auch der Vater ihres Sohnes war wegen seines Asthmas als »schwerbehindert« eingestuft. Da kam also schon einiges zusammen.

Mit dem Sohn gab es später Probleme. Er begann eine Tischlerlehre, und es gelang ihm auch, die Ausbildung beim Anti-Drogen-Verein zu beenden, doch er blieb instabil. Zwei Jahre »vegetierte« er in ihrem Wohnzimmer, wie Barbara sagt, seine ungeöffneten Zahlungsaufforderungen stapelten sich auf dem Küchentisch seiner Mutter. Nun hat er wegen nicht bezahlter Miete seine Genossenschaftswohnung verloren, eine Katastrophe. Er wohnt bei Freunden, und Barbara bemüht sich, an sich selbst zu denken. Die Krankenkasse bewilligte ihr wegen ihrer Bewegungs- und Sprachstörungen eine Psychotherapie. Zum ersten Mal befasst sie sich mit ihren Ängsten und Depressionen. »Sie dürfen sich nicht verlieren«, riet ihr der Arzt.

Die Störungen traten verstärkt nach der Trennung von ihrem dritten Freund auf, als sie ungefähr sechzig war. Vier »serielle Monogamien« hat Barbara hinter sich gebracht, die jeweils etwa zehn Jahre dauerten. Ihre Bewegungsstörungen müssen für andere beängstigend sein, denn ohne Vorwarnung krümmt sich plötzlich ihr Körper, sie kann ihre zuckenden Bewegungen nicht kontrollieren, manchmal beginnt sie zu stottern, ihr Tonfall wird kindlich und ihre Aussprache undeutlich. Die Ärzte sind ratlos, denn ebenso wenig wie während unseres Gesprächs traten die Erscheinungen auf, wenn sie gerade beim Arzt war. Barbara hat auch versucht, Menschen kennenzulernen, die Ähnliches erleben, hat aber bisher niemanden gefunden.

Bewundernswert ist, wie sie damit umgeht. Als ein junger Mann sie einmal dabei beobachtete, wie sie mit dem rechten Arm seltsam tänzerische Bewegungen in der Luft vollführte, und er sie fragte, ob es sich dabei um irgendeine neue japanische Übung handele, erklärte sie ihm rundheraus, dass sie eine traumatische Trennung erlebt habe und nun unter diesen Erscheinungen leide. Er war peinlich berührt, aber sie bekräftigte, dass sie froh sei, mit ihm darüber gesprochen zu haben. »Irgendwie kriege ich es durch mein Naturell ganz gut hin«, sagt sie.

Trotz ihrer gesundheitlichen, psychischen und finanziellen Einschränkungen ist Barbara zufrieden und voller Begeisterung für ihr Hobby, mit dem sie auch etwas dazuverdient – wobei es ihr aber weniger um das Geld geht als darum, unter Leute »mit Niveau« zu kommen. Sie sammelt antiken Schmuck, Nippes und Bilder, mit denen sich die weiß getünchten Wände ihrer Wohnung allmählich füllen. Auch Kleider, Schuhe, Taschen und Hüte kauft und verkauft sie in der wärmeren Jahreszeit mit einer Freundin auf Trödelmärkten. Auch ich liebe Schmuck, und wenn wir uns gemeinsam ihre Lieblingsstücke ansehen, strahlen ihre Augen. Meine Mutter war Goldschmiedin, und in den 1970ern habe auch ich Schmuckstücke aus Silber gefertigt, Broschen, Ringe, Armreifen, Anhänger. Einen besonders schön geschmiedeten Ring mit einem kleinen Bernstein würde ich Barbara gern abkaufen, aber sie winkt ab. Lieber behält sie ihn für sich.

Neben ihrem »Sammeltrieb«, wie sie sagt, engagiert sich Barbara in einem Verein, dem es darum geht, Dinge an noch Ärmere abzugeben: Oxfam. Sein Motto: »Für eine gerechte Welt. Ohne Armut.« Zweimal wöchentlich arbeitet Barbara am Nachmittag ehrenamtlich drei Stunden in der Spendenabteilung. Diese Arbeit macht ihr Spaß, und sie erntet dort »dufte Resonanz«. Sie ist Fördermitglied des Keramikmuseums Berlin und trifft sich mit Freundinnen zu kulturellen Unternehmungen. Gemeinsam besuchen sie Ausstellungen und schauen dann, wo sie für unter 10 Euro irgendwo essen gehen können. Sind die Portionen groß, lässt sich Barbara ein »Doggybag« geben und hat dann gleich für den nächsten Tag etwas Leckeres im Kühlschrank.

Als ich mit der S-Bahn nach Hause fahre, bin ich nachdenklich. Mit wie wenig ein Mensch auskommen kann, wenn er noch anderes im Leben hat, für das er sich begeistert, und wie überflüssig so manche meiner Konsumbedürfnisse sind ... Wie dankbar bin ich aber auch für die Gewissheit, zu Hause erwartet zu werden. In zwei Tagen wollen wir unseren Hochzeitstag mit einem Abendessen in einem italienischen Restaurant begehen. Und demnächst wollen wir eine Reise nach St. Petersburg unternehmen. Was für ein Glück! Dass es bei mir so gekommen ist, ist überwiegend Glück. Es war mir nicht, wie es so schön heißt, in die Wiege gelegt. Meine Eltern waren Vertriebene, ich bin keine Erbin und habe keine einträgliche Karriere gemacht. Ich wollte nicht anders leben, als ich es getan habe. Auch Barbara hat nichts falsch gemacht. Eine wie sie sollte im Alter sorglos leben und an den Kulturangeboten der Stadt teilnehmen können.

Wir leben beide in einer ungerechten Gesellschaft. Sie hatte einfach Pech. Aber wie sie mit ihrem Pech umgeht, ist ihre eigene bewundernswerte Leistung.

Die Zukunft kann doch nicht darin bestehen, mit allen Mitteln zu versuchen, jung und fit zu bleiben. Natürlich ist es wichtig, auf die Gesundheit zu achten, sich gesund zu ernähren, in Bewegung zu bleiben. Aber diese sportverrückten, alle identisch gekleideten älteren drahtigen Typen, die überall ihre Fahrradtouren machen, finde ich furchtbar. Das ist für mich keine Alternative. Irgendwann in einem Heim untergebracht, in den Stuhl gesetzt zu werden und zu warten, bis das Essen und die Pflegerin kommt, kann es auch nicht sein. Aber manche wollen vielleicht auch gar nichts anderes mehr. Ich finde es legitim, wenn die Neugierde irgendwann nachlässt und man denkt: Alles Wichtige habe ich schon gesehen. Also nach innen fallen und nichts mehr denken. Es geht irgendwann dem Ende zu. Kein Mensch stirbt gesund. Irgendetwas wird weniger.

Ulrike, 79, Köln

DIE MÜHE WAR NICHT UMSONST

GÜLTEN, REINIGUNGSKRAFT IN RENTE

Gülten, die Mutter meiner Freundin Türkan, ist meine Heldin. Was sie geschafft hat in ihrem Leben, übersteigt meine Vorstellungskraft. Auch ich stamme aus einfachen Verhältnissen, und meine Eltern waren Flüchtlinge. Aber was für ein Unterschied! Ich glaube jedoch nicht, dass Gülten mit mir würde tauschen wollen.

Gülten hat die Verhältnisse hingenommen, die sie bei ihrer Geburt vorfand, sie konnte nicht dagegen rebellieren und hat innerhalb ihrer Möglichkeiten das Beste daraus gemacht. Der Weg, den sie und ihre Familie zurückgelegt haben, ist erstaunlich und bewundernswert. Nun sitzt sie in Berlin in der leicht überheizten Neubauwohnung ihrer Tochter, einer Anwältin, auf dem Sofa und ist zufrieden. Natürlich wäre sie gern länger als nur drei Jahre zur Schule gegangen, hätte es vorgezogen, nicht schon als junges Mädchen verheiratet zu werden, und hätte gern mehr von der Welt gesehen. Dass sie mehrsprachig ist, mühelos zwischen Kurdisch und Türkisch hin- und herwechselt und gar nicht so schlecht Deutsch spricht, scheint für sie eine Selbstverständlichkeit zu sein. Eigentlich ist sie Künstlerin. Mit selbst gefärbter Wolle von den Schafen ihrer Familie hat sie wunderschön gemusterte Teppiche gewebt, die ich auf dem Fußboden der Wohnung ihrer Tochter bewundern kann – ganz abgesehen von ihrer Fähigkeit, neben den Kindern und ihrer Erwerbsarbeit für acht Personen zu kochen. Doch, Gülten weiß schon, was sie geleistet hat, und ist vor allem auf ihre Kinder stolz. Alle haben eine solide Berufsausbildung genossen und müssen sich um ihre Zukunft keine Sorgen machen. »Die Mühe war nicht umsonst«, sagt sie.

Einen Unterschied zwischen Jungs und Mädchen haben Vater und Mutter nicht gemacht. Nie wurden ihre Töchter angehalten, Hausarbeit zu verrichten, wie es in traditionellen Gesellschaften üblich ist. Wichtiger war es Gülten, dass sie ihre Hausaufgaben machten. Hatten sie das Zeug dazu, sollten auch die Mädchen studieren – und vor allem nicht früh heiraten. Alle ihre Kinder sollten eine bessere Zukunft haben, dafür sind sie und ihr Mann aus der Türkei nach Deutschland gekommen. Jene, die studierten, darunter zwei der vier Mädchen, mussten auch nicht nebenbei arbeiten, wie viele deutsche Studierende es heute müssen. Nur in den Ferien konnten sie sich etwas dazuverdienen. Doch als Türkan, die Arzthelferin, Ausbildungsgeld bezog, wurde von ihr erwartet, es zu Hause abzugeben. Davon erhielt sie dann ein Taschengeld.

Schon bald nach Gültens Ankunft in Deutschland und bis Ende der 1980er-Jahre war die Familie aktiv am Leben eines linken Vereins beteiligt. Das beschränkte sich nicht nur auf die Teilnahme an den Theater- und Volkstanzgruppen oder an Veranstaltungen und Demonstrationen, der Verein bildete auch ein soziales Netzwerk, in das die ganze Familie eingebunden war. In diesem Verein gab es regen Austausch mit unterschiedlichen Menschen aus verschiedenen Regionen der Türkei. Frauenrechte und das Verhältnis der Geschlechter waren nicht nur am 8. März Themen und sorgten immer wieder für Diskussion in der Familie. So entwickelte sich eine demokratische und solidarische Umgangsweise. Probleme und Konflikte wurden miteinander diskutiert. Gülten blieb davon nicht unberührt, auch wenn sie ihre traditionelle Frauenrolle schließlich nicht überwinden konnte.

Wie ihre Mutter, Türkans Großmutter, hat Gülten sechs Kinder zur Welt gebracht, fünf davon in ihrem anatolischen Heimatdorf etwa 150 Kilometer von der kurdischen Stadt Malatya entfernt – zu Hause mithilfe einer Hebamme: 1961, 1963, 1964, 1967, 1969. Nur Hasan wurde 1974 in Deutschland geboren. Als sie mit ihm schwanger war, überlegte Gülten, auch ihn in der Türkei zur Welt zu bringen, denn der Gedanke an eine Geburt in der Fremde und im Krankenhaus, in dem alle nur Deutsch sprachen, erfüllte sie mit Unbehagen. Am Ende hat sie es nicht getan, und alles ging gut.

Zwei Töchter sind Arzthelferinnen geworden, zwei Söhne Lehrer, zwei Töchter Juristinnen. Sie wissen, was ihre Eltern und vor allem ihre Mutter für sie geleistet haben, und umhüllen Gülten und ihren Mann Mahmut mit Liebe. Die beiden haben sich in ihrem Heimatdorf ein Haus gebaut, das alle Annehmlichkeiten des modernen Lebens bietet: Heizung, Fernsehen, Waschmaschine. Nur noch eine entfernte Erinnerung ist ihre erste Wohnung in der Türkei, in der sieben Personen lebten, ein einziges Zimmer ohne fließendes Wasser mit einem langen Flur.

Doch als sie nach Berlin kamen, in der Hoffnung, ihr Leben zu verbessern – Mahmut 1969 der Familie voraus, Gülten mit den Kindern im November 1971 –, wurden ihre Wohnverhältnisse nicht besser, sondern schlechter. Zwar brauchte man ihre billige Arbeitskraft, aber wo und wie sie unterkommen sollten, scherte niemanden. Vier Jahre lang lebte die Familie in einer Erdgeschosswohnung in einem Weddinger Hinterhof und teilte sich ein einziges Zimmer mit Küche und Toilette im Treppenhaus. Von Mahmuts Lohn, erst bei Siemens, dann auf dem Friedhof, konnte die Familie nicht leben. Gülten musste also arbeiten, auch wenn die beiden zuletzt geborenen Mädchen noch klein waren. Sie fand eine Stelle in einer Wäscherei, in der sie 500 D-Mark verdiente, und musste die Kinder sich selbst überlassen. »Viel Angst, aber was machen?«, sagt sie heute. »Ich musste Geld verdienen.« Also drehte sie die Sicherungen heraus und stellte das Essen auf den Tisch. Die Schule, die die größeren Kinder besuchten, lag nebenan. Vom Pausenhof winkten sie den beiden Kleinen zu, die am Fenster standen.

Später fand die Familie eine Wohnung in Neukölln, ein eiskaltes Ladenlokal mit Ofenheizung, das mit zwei Zimmern, Innentoilette und Warmwasser geringfügig größer und komfortabler war und für das der Vermieter 1000 D-Mark Abstand verlangte. Zum Baden wurde eine Alu-Badewanne, die die Eltern im Keller gefunden hatten, auf der einen Seite auf einen Stuhl und auf der anderen auf die Toilette gestellt.

In dieser Wohnung wäre fast ein Unglück passiert. Aus der nahe gelegenen Glaserei schleppten die Kinder Paletten herbei, die von den Eltern im Keller zu Heizmaterial zersägt wurden. Das Holz wurde in dem Zimmer, in dem die Kinder schliefen, gestapelt, hinter dem komplizierten Rohrsystem, das vom Ofen in den Abzug führte. Vor der schimmeligen Stelle an der Wand hing einer von Gültens Teppichen. Eines Nachts entzündete sich das Holz am Ofenrohr. Die Älteste wachte auf und schlug Alarm. Die Flucht nach draußen war nicht möglich, weil das Fenster vergittert war. Die Eltern eilten herbei, löschten den Brand, rissen das Fenster auf, hüllten die Kinder in Decken und trauten sich nicht, das Licht anzumachen, aus Angst, die Aufmerksamkeit der Polizei zu erregen. Heute lachen sie darüber, aber damals war es bitterernst.

Besser wurde die Lage erst, als Gülten nach ihrer Kündigung in der Wäscherei eine Stelle im Krankenhaus in Spandau fand, wo einige Jahre später auch Mahmut eingestellt wurde. Von nun an arbeiteten beide in der Reinigung. Je nachdem, ob sie Früh- oder Spätschicht hatte, bereitete Gülten das Essen vor der Arbeit vor oder danach. Im Krankenhaus erhielt die Familie eine Wohnung zu günstiger Miete im ehemaligen Schwesternhaus, zwei Einheiten zu je zwei kleinen Zimmern. Dort gab es eine Heizung, aber Küche und Badezimmer mussten sie sich mit den Nachbarn teilen. Auf dem Flur stand für alle Bewohner ein Telefon für Gespräche innerhalb Deutschlands.

1990 zog die Familie dann auf dem Krankenhausgelände in die Wohnung des Chefarztes, nachdem sich eine Krankenschwester für sie verwendet hatte. Zum ersten Mal lebten sie nun in einer vernünftigen Vierzimmerwohnung. Nach und nach zogen die erwachsen gewordenen Kinder aus, bis die Eltern im Jahr 2000 die große

Wohnung aufgaben und in Neukölln eine Zweizimmerwohnung für sich fanden.

Fast zehn Jahre lang war Gülten arbeitslos, ehe sie
schließlich in Frührente ging, die Krampfadern versagten
ihren Beinen den Dienst. Nun steht in wenigen Monaten
auch eine Knieoperation an. Mahmut hat seit einigen Jahren Probleme mit dem Magen.

Gülten und Mahmut sind Kurden. Als ich die beiden
nach ihrer Religion frage, lachen sie und sagen, in ihrem
Pass würde »muslimisch« stehen. Doch Religion spiele
in ihrem Leben keine Rolle; dass sie Kurden sind, hingegen schon. Allerdings betonen sie, dass sie Aleviten sind,
im Gegensatz zu den sunnitischen Kurden, von denen
viele sehr religiös sind. Ich wundere mich, dass sie zweien
ihrer Töchter klar erkennbare türkische Namen gegeben
haben – Türkan und Türkay. Sie seien einer Empfehlung
von Mahmuts älterem Bruder gefolgt, erklären sie, der
meinte, diese Namen würden sie schützen, und wenn ein
älterer Bruder etwas vorschlägt, wäre es respektlos, dem
nicht zu entsprechen. Aber wahrscheinlich hatte er auch
recht, denn als Kurde lebt es sich in der Türkei riskant –
jetzt wieder verstärkt. Bis 1991 waren kurdischsprachige
Medien in der Türkei verboten. Wer kurdisch sprach,
sang oder Texte auf Kurdisch verbreitete, konnte straf-
rechtlich belangt werden. Kurdisch als Unterrichtssprache
an staatlichen Schulen war verboten. Türkan sprach als
Kind in der Familie nur Kurdisch und lernte erst in der
Schule Türkisch – ein Jahr lang in der Türkei und danach
in Deutschland, wo sie eine türkische Klasse besuchte.
Inzwischen hat sie das Kurdische fast vergessen. Mit ihren
Eltern spricht sie Türkisch.

Gülten spricht besser Deutsch als ihr Mann, weshalb sich das Gespräch immer wieder ihr, der Lebendigeren, zuwendet. Sie ist auch zwölf Jahre jünger als er. Geheiratet haben die beiden, als sie fünfzehn war. Mit sechzehn kam das erste Kind. »Ich habe keine richtige Jugend gehabt«, sagt sie. Ob sie Mahmut geliebt hat, will ich wissen, immerhin muss der immer noch schlanke Mann mit dem buschigen Schnurrbart ein fescher Kerl gewesen sein. Gülten zuckt mit den Achseln. »Ich weiß nicht«, sagt sie, »er war alt.« Er war siebenundzwanzig. Dass er bei dieser Äußerung neben ihr sitzt, scheint sie nicht zu beunruhigen.

Da das Ehepaar nun die Hälfte des Jahres in der Türkei verbringt, haben sie ihre Wohnung in Neukölln aufgegeben und wohnen bei einer der alleinstehenden Töchter. Für sechs Monate bekommen sie von der deutschen Krankenkasse einen Urlaubskrankenschein und verbringen den Sommer in ihrem Dorf, wo sie eine Plantage mit 270 Aprikosenbäumen besitzen, um die sich jetzt jüngere Verwandte kümmern. Seit einigen Jahren werden sie dorthin jeweils von einem ihrer Kinder begleitet, die sich abwechseln. Die Kinder lassen ihre alten Eltern nicht länger als drei Wochen allein. Mahmut und Gülten genießen das. Um das Alter ihrer drei kinderlosen Töchter machen sie sich jetzt schon Sorgen. Wer wird sich um sie kümmern? Jeweils im Herbst kehren Mahmut und Gülten nach Deutschland zurück, um die Vorteile des deutschen Gesundheitssystems zu nutzen. Außerdem leben ihre sechs Kinder und einige Enkelkinder in Berlin.

»Wo ist es für Sie besser«, frage ich, »in der Türkei oder in Deutschland?« Die Antwort fällt eindeutig aus:

»In der Türkei!« Dort gibt es eine große Familie, viele Freundinnen und Freunde, man ist nie allein, ständig kommt jemand zu Besuch. Deutsche Freunde haben Mahmut und Gülten in Berlin nicht. Die Nachbarin im Haus ihrer Tochter kennen sie nicht. Wenn sie einander im Flur begegnen, sagt diese nicht einmal Guten Tag. Aber auch mit den Türken sind die Freundschaften verblasst. »Die Türken haben sich an die Deutschen angepasst«, sagt Gülten.

Ein eindeutiger Unterschied zwischen Deutschland und der Türkei ist der größere Respekt, den junge türkische Menschen Alten gegenüber zeigen. In Istanbul ist das auch mir aufgefallen. Immer stand im Bus ein junger Mann für mich auf. Unsereins ist erstaunt und auch ein wenig verwirrt, wenn uns in der U-Bahn jemand seinen Platz anbietet. Meistens ist es dann aber auch ein junger Türke oder Araber. Noch weiß ich gar nicht, ob mir das recht ist. Immer noch wehrt sich etwas in mir dagegen, als alt wahrgenommen zu werden.

Im Dorf von Gülten und Mahmud ist das Leben inzwischen vor allem für Frauen entspannter geworden, es ist weniger traditionell als früher. Viele Junge arbeiten in der Stadt und bringen moderne Sitten mit nach Hause zurück. Früher durfte Gülten zum Beispiel ihre männlichen Verwandten nur aus der Ferne begrüßen, heute gibt sie ihnen auch schon mal die Hand oder umarmt sie gar. Und ihr Mann hat sich allem Respekt zum Trotz nicht an den Wunsch seines Bruders gehalten, seine Frau nicht in den Sündenpfuhl Berlin nachzuholen. Vielleicht denkt dieser heute, dass die Kinderlosigkeit der drei Töchter darauf zurückzuführen ist. Ich jedenfalls bin froh, dass er es nicht getan hat, denn sonst hätte ich Türkan nicht kennengelernt.

Auf meine Frage, wo Gülten begraben werden möchte, erhalte ich eine erstaunlich lässige Antwort. Ja, doch, neben ihrem Vater wäre es schon ganz schön, aber eigentlich könne es ihr, wenn sie tot ist, auch egal sein.

Ich habe mir über das Alter schon immer Gedanken gemacht, weil wir am Dorf anders aufgewachsen sind. Die älteren Leute waren immer unter uns. Wenn die irgendwann schwach wurden und man hat sie draußen nicht mehr gesehen, dann hat meine Mutter gesagt: »Der sitzt jetzt immer oben, sie schieben ihn mit dem Sessel ans Fenster, und er kann euch zuschauen. Mehr will der nicht mehr in seinem Alter.«

Sie waren behütet. Der Alte war im Garten, und dann eben nicht mehr. Sie waren integriert. Die Eltern meines Vaters sind früh gestorben, die habe ich nicht mehr erlebt. Aber meine Oma mütterlicherseits habe ich gekannt. Sie ist richtig alt geworden und wurde dann irgendwann krank. Sie hatte elf Enkel. Wir haben sie nachts versorgt und uns reihum abgelöst. Sie ist zu Hause gestorben, und wir sind an ihrem Bett gesessen.

Agnes, 75, Köln

WIE WIR WOHNEN WOLLEN

DAS ROTE WIEN

Meine Freundin Susi ist im Goethehof aufgewachsen.
Zum Zeitpunkt seiner Eröffnung 1932 war er einer der
größten kommunalen Wohnhausanlagen Wiens. Als ihr
Vater nach seiner freiwilligen Tätigkeit in der Résistance
und seinem erzwungenen Aufenthalt in einem französischen Internierungslager schon im Mai 1945 in Wien
eintraf, wurden ihm umgehend zwei Zweizimmer-
wohnungen mit Kabinett im ersten Stock des Gemeinde-
baus auf der anderen Seite der Donau zugewiesen, eine für
seine Arztpraxis und eine für die Familie zum Wohnen.
Schon Ende des Jahres kamen seine Frau und das zweiein-
halbjährige Töchterchen nach. Als Susis Bruder und ihre
Schwester geboren wurden, wurde es eng in der Wohnung. Die Mutter schlief auf dem Klappbett im Wohnzimmer, der Vater in der Praxis. Eine Zeit lang verbrachte
auch noch eine Haushaltshilfe die Nacht im Warteraum
der Praxis. Das Kabinett, in dem die drei Kinder ihre Betten hatten, wurde später durch einen Einbauschrank in
zwei Teile geteilt, ein halbes Zimmer für den Bruder, ein
halbes für Susi und ihre kleine Schwester. Das Mädchen-

zimmer war ein Durchgangszimmer, durch das der Vater in die Arztpraxis musste.

Der heute unter Denkmalschutz stehende Goethehof gliedert sich in drei Höfe. Die schweren Eisengitter an der Front zur Schüttaustraße verleihen dem Gebäudekomplex einen wehrhaften Charakter und vermitteln den Eindruck einer klaren Trennung von Außenwelt und Innenleben. Im Inneren verbinden geschwungene Promenadenwege die fünfzig Stiegen mit ihren ursprünglich 727 Wohnungen. Jede einzelne Wohnung bot nach zwei Seiten hin Licht. Das war keine Selbstverständlichkeit in den 1920er-Jahren, als man in Wien begann, bezahlbare Wohnungen für die unter katastrophalen Verhältnissen lebenden Arbeiterfamilien zu bauen.

»Luxussteuer statt Massensteuern«, lautete die sozialdemokratische Maxime. Die einzige Massensteuer war die neue, stark progressiv gestaffelte Wohnbausteuer, die 1923 von Finanzstadtrat Hugo Breitner eingeführt wurde. Der Aufgabenschwerpunkt der sozialdemokratischen Kommunalverwaltung lag auf dem Wohnhaus- und Siedlungsbau und auf den Ausgaben für Bildung und Fürsorge. Zwischen 1924 und 1932 wurden rund 60 Prozent der Gesamtausgaben der Stadt für die soziale Infrastruktur ausgegeben. Die Mietbelastung eines Arbeiterhaushalts im kommunalen Wohnbau betrug im Schnitt nur vier Prozent des Einkommens.

Über die drei Höfe des Goethehofs verteilt befanden sich diverse kommunale Einrichtungen: eine städtische Bücherei, ein sogenanntes Tröpferlbad für die Körperreinigung, Kinderspielplätze mit Sandkisten und ein avantgardistischer, von den Bauhaus-Künstlern Friedl

Dicker und Franz Singer entworfener Montessori-Kindergarten. Susi erinnert sich an zwei Arztpraxen, einen Konsum, ein Kaffeehaus und zwei Parteilokale, eines für die Sozialistische und eines für die Kommunistische Partei. Jede Stiege hatte eine eigene Waschküche für die Mieterinnen und Mieter, wo die Kinder prima Verstecken spielen konnten. Im Winter fror die auf dem Dachboden aufgehängte Wäsche zu starren Eisbrettern. Der Goethehof war im Grunde genommen eine Welt für sich, die den Bewohnern alles bot, was sie zum Leben brauchten.

Susis Familie wohnte auf Stiege 43. Am Sonntag musste meine Freundin ins Kaffeehaus, um für den Vater ein Bier zu holen. »A Bier für Herrn Doktor!«, schallte es ihr entgegen, sobald sie eintrat. Obwohl das Wohnen der fünfköpfigen Familie so beengt war, erinnert sich Susi an ihre Kindheit im Goethehof als eine der glücklichsten Zeiten ihres Lebens. Ihr Leben spielte sich draußen ab, im Hof, bei den Arbeiterkindern, von denen sie, das französische Kind, den Wiener Dialekt aufschnappte. Die Eltern sah sie nur zu den Mahlzeiten. Ihre beste Freundin war die Tochter der Hausbesorgerin. Diese musste ihrer Mutter beim Putzen des Stiegenhauses helfen und hatte von dieser Arbeit rot aufgeschürfte Hände. In unmittelbarer Nähe des Goethehofs befand sich auch die Volksschule, die Susi zusammen mit den Kindern des Goethehofs besuchte. Als ihre Eltern sie aufs Akademische Gymnasium in die Innenstadt schickten, gingen diese Freundschaften verloren, und widerwillig tauchte Susi ein in die ihr fremde Welt der Bürgerkinder.

Auch ich bin in einem Gemeindebau aufgewachsen, allerdings in einer nach dem Krieg aus Ziegelschuttbeton errichteten Stadtrandsiedlung. Zum Dank für die der Stadt Wien von Schweden geleistete Hilfe wurde sie nach dem schwedischen Ministerpräsidenten Per Albin Hansson benannt. Alle Straßen und Gassen der Siedlung tragen die Namen von schwedischen Persönlichkeiten und Städten. Sie war der erste große Wohnbau Wiens nach dem Krieg und umfasste mehr als tausend Wohnungen, davon über 660 in Reihenhäusern mit Gärten. Nur zehn Prozent des Areals wurde verbaut, der Rest war Grünfläche.

Nach dem damals gültigen Punktesystem wurde meinen Eltern als Opfer des Nationalsozialismus bald nach ihrer Rückkehr aus dem englischen Exil eine günstige Gemeindewohnung in dieser Per-Albin-Hansson-Siedlung im 10. Bezirk zugewiesen. Für die Erwachsenen und besonders für mich als Halbwüchsige war es dort nicht so angenehm, denn im Gegensatz zum Goethehof, wo die Straßenbahn direkt vor dem Haupttor hielt, gab es abends keine Tramverbindung. Wenn ich in der Oper war, musste ich mit meinen hochhackigen Schuhen in der menschenleeren Gegend zwei Haltestellen die abschüssige Straße hinunterstöckeln. Als wir einzogen, gab es auch noch keine asphaltierten Wege. Wenn es regnete, blieb man im Schlamm stecken.

Als Kind jedoch hatte ich es genauso fein wie Susi. Ich spielte den ganzen Tag draußen im Hof oder turnte auf der Klopfstange bei den Coloniakübeln, wie die Müllbehälter in Wien heißen, oder im Garten meiner Freundin Vroni. Heute ist die Gegend gut in das öffentliche Verkehrsnetz eingebunden und Teil der größer gewordenen Stadt, doch damals bedeutete »Stadtrandsiedlung«, dass unweit unseres Hauses die Kornfelder begannen, mit

Korn- und Mohnblumen, aus denen wir Kinder Kränze flochten. Angst, dass uns etwas passieren könnte, musste meine Mutter nicht haben, denn Autoverkehr gab es keinen. Solange mein Bruder klein war, spielte er vor dem Fenster mit anderen Kindern in der Sandkiste, später raste er mit seinem Tretroller durch die Gegend. Wenn ich heute auf meiner griechischen Lieblingsinsel schmerzverzerrt über den Strand aus grobem Kies humple, erinnere ich mich ungläubig daran, wie ich als Kind den ganzen Sommer hindurch barfuß lief.

Dank der sparsamen Haushaltsführung meiner Mutter war es unserer Familie schon ab Mitte der 1950er-Jahre möglich, jedes Jahr in Italien oder Jugoslawien Urlaub zu machen, obwohl mein Vater als kleiner städtischer Beamter wenig verdiente. Zu verdanken hatten wir das vor allem der niedrigen Miete, die bis zum Tod meiner Mutter 1999 kaum angestiegen war und ihr auch nach dem Tod meines Vaters ermöglichte, an den kulturellen Angeboten Wiens teilzuhaben und regelmäßig in den Süden zu reisen.

Als ich mit meiner Familie im Sommer 1948 aus England nach Wien kam, zogen wir für etwa ein Jahr in eine Einzimmerwohnung im Heimhof, wo meine Eltern vor ihrer Flucht gelebt hatten. Dieser »Einküchenhaus« genannte Genossenschaftsbau aus dem Jahr 1923 umfasste 25 Kleinstwohnungen, eine Zentralküche, einen gemeinsamen Speiseraum und Wäschereien im Souterrain. Um die Hausfrauen von der Hausarbeit zu entlasten, wurden die häuslichen Arbeiten wie Aufräumen, Kochen und Wäschewaschen von Angestellten verrichtet. Außerdem gab es auch moderne Einrichtungen wie Zentralheizung, eine mit allen verfügbaren technischen Hilfsmitteln der Zeit eingerichtete Zentralküche, einen Speiseaufzug zu den Zimmern, eine Zentralwäscherei, eine Badeanlage und einen Müllschacht. Im gemeinsamen Speisesaal fanden auch wissenschaftliche und politische Vorträge oder unterhaltsame Veranstaltungen statt. Eine große Dachterrasse bot Gelegenheit zur Entspannung und zum geselligen Zusammensein.

Familien und Paare wurden im Heimhof nur dann aufgenommen, wenn beide Partner berufstätig waren. Die Miete war etwas höher als in den anderen Sozialbauten und beinhaltete auch die Reinigungs- und Energiekosten. Insgesamt war der Heimhof eher für Angehörige des Mittelstands gedacht. Eine Entwicklung eigener, unkontrollierbarer Sozialisationsformen (kinderloser) Intellektueller stand im Gegensatz zur gewünschten Reproduktion der Arbeiterklasse in Kleinfamilien und unter Aufsicht der Parteiorganisationen. Deshalb hatte sich die Parteispitze ursprünglich geweigert, die Idee des Einküchenhauses zu fördern.

Im Sitzungsprotokoll der Gemeinderatssitzung vom 9. März 1923 heißt es: »Es ist ein Unsinn, wenn eine Familie in einem solchen Einküchenhaus wohnt. Es ist auch aus sittlichen Gründen nicht anzuraten, der Hausfrau alle Sorgen für den Haushalt abzunehmen. Die junge Hausfrau soll sich nur sorgen, sie soll wirtschaften und sparen lernen, das wird ihr für die Zukunft nur von Nutzen sein.« Wie man sich vorstellen kann, waren die Kommentare in der bürgerlichen Presse nicht wohlwollender. So schrieb die *Reichspost* am 5. September 1925: »Gemeinsame Küchen in Mietshäusern sind abzulehnen, alles ist abzulehnen, was die seelischen Kräfte der Familie zerstört.«

Nach finanziellen Schwierigkeiten der Genossenschaft übernahm die Gemeinde Wien 1924 das Einküchenhaus und ließ den Heimhof zu einem geschlossenen Block aus 246 Wohnungen erweitern, in dessen Mitte sich ein städtischer Kindergarten befand. Die zentrale Küchenbewirtschaftung wurde vorerst beibehalten und durch den Zuwachs an Wohnungen auch rentabler. Die neu errichteten Wohnungen waren nun größer, weil ja nun auch Familien mit Kindern angesprochen wurden.

Das Einküchenhaus blieb jedoch ein isoliertes Experiment. Bereits zu Beginn des Austrofaschismus, spätestens aber nach der Machtübernahme durch die Nazis 1938, fand die Idee ein Ende. Speisesaal und Zentralküche wurden bereits 1934 gesperrt. Nach und nach wurden die Wohnungen nun mit kleinen Küchen und Bädern ausgestattet. Jede Frau sollte nun wieder in ihrem eigenen »kleinen Reich« für die Familie sorgen können.

Aufgrund der hohen Anzahl engagierter Sozialdemokraten und Jüdinnen und Juden war nach der Machtübernahme durch die Nazis ein Großteil der Bewohner des Heimhofs verschleppt worden oder ausgewandert. Die kleinen Wohnungen ohne die Infrastruktur der Gemeinschaftseinrichtungen verloren nun jegliche Attraktivität, wurden zu Notunterkünften und verwahrlosten. In den 1990er-Jahren wurde der Heimhof renoviert: Wohnungen wurden zusammengelegt, die Fassade, das Dach und die Fenster in Ordnung gebracht, Aufzüge eingebaut und der bestehende Kindergarten erweitert. Von der einstigen Idee ist heute nur noch der Name geblieben.

Auch meine Eltern gehörten zu den kinderlosen jungen Intellektuellen, die im Heimhof wohnten. Meine Mutter, die niemals die Ambition hatte, in ihrem »kleinen Reich« zu schalten und zu walten, genoss die Annehmlichkeiten, die ihr das Experiment bot. Begeistert erzählte sie, dass damals die Türen der Nachbarn fast immer offen standen und die Bewohnerinnen und Bewohner zwischen den Wohnungen hin- und hergingen. Die meisten waren »Genossinnen«, die an einem freien politischen Austausch interessiert waren. Meine Eltern gehörten auch zu jenen, die 1938 fluchtartig das Land verließen. Während des Krieges wohnte im Heimhof mein Onkel, der die meiste Zeit eingerückte jüngste Bruder meines Vaters. Ich erinnere mich, dass wir dort nach der Rückkehr meiner Eltern aus England 1948 eine Kochnische oder kleine Küche hatten, ich aber als Kind des Öfteren mit einer Schüssel in eine Ausspeisung geschickt wurde, um Essen zu holen.

Unweit von uns wohnte in der Wohnsiedlung Schmelz auch der zweite Bruder meines Vaters mit seiner Familie. In der Mitte eines der großen Innenhöfe, die in Zeiten der Lebensmittelknappheit als Gemüsegärten dienten, befand sich ein Planschbecken, in dem meine Cousine die Sommermonate verbrachte. Es ist heute durch einen Brunnen und eine Gartenlaube ersetzt.

Das sind alles *tempi passati*. Warum halte ich mich damit auf? Nun, ich finde es interessant, zu sehen, was es – kommunal finanziert – schon alles in einer Großstadt einmal gab. In der Ausstellung »Das Rote Wien 1919–1934« sind auf dem Stadtplan die Gemeindebauten, alte und neue, mit roten Fähnchen gekennzeichnet. Bis auf den 1. Bezirk im alten Zentrum ist die ganze Stadt rot übersät.

»Wenn wir danach fragen, was alles erreicht wurde, könnten wir auch fragen, was hätte noch alles erreicht werden können?«, wird die junge Politikwissenschaftlerin Hanna Lichtenberger im Katalog der Ausstellung zitiert. »Wenn man bedenkt, was in diesen zehn Jahren unter so schwierigen Bedingungen möglich war, könnte heute noch viel mehr möglich sein.« In der Tat. Und nicht nur in Wien.

GRAUE WOHNUNGSNOT

Heute wird viel über kollektive Wohnformen diskutiert und überlegt, wie die wachsende Zahl alleinstehender alter Leute menschenwürdig wohnen und das Zusammenleben von Jungen und Alten gefördert werden kann. Wir haben uns an den Rückzug in kleine und größere Wohnungen gewöhnt, in der jede Einheit – von Familie will ich jetzt nicht mehr sprechen – für sich abgeschlossen und nach innen gerichtet lebt: meine Garage, meine Waschmaschine, mein Auto, mein Garten. Die Wohngemeinschaftsbewegung der 1970er-Jahre war nur ein Zwischenspiel, selbst wenn – schon allein aus finanzieller Not – auch heute immer wieder Wohngemeinschaften entstehen, für Studierende, aber auch zunehmend für junge Familien und Rentnerinnen und Rentner, die ihr Alter nicht in Isolation verbringen möchten.

Ab 2035 drohe eine massive »Graue Wohnungsnot«, sagen Wissenschaftler voraus. Dann wird es in Deutschland rund 24 Millionen Menschen über fünfundsechzig geben – mit einer deutlich geringeren Rente als heute. Das

Pestel-Institut in Hannover schlägt Alarm: In den kommenden zwanzig Jahren wird sich der Anteil an Senioren, die für ihren Lebensunterhalt auf staatliche Unterstützung angewiesen sind, gegenüber heute verzehnfachen. Erforderlich sind also mehr sozialer Wohnungsbau und das Ausprobieren gemeinschaftlicher Wohnformen, gefördert durch die öffentliche Hand. Die viel gerühmte Senioren-WG ist nicht für alle die richtige Lösung. Wer wie ich in den 1970ern mehrere Jahre in einer WG verbracht hat, hat im Alter vielleicht keine Lust auf diesen manchmal aufreibenden Wohnstil. Man wird ja im Alter nicht einfacher.

Der zweiundachtzigjährige ehemalige Bürgermeister von Bremen, Henning Scherf, lebt in einer mittlerweile berühmt gewordenen Haus- und Wohngemeinschaft. Zusammen mit Freunden hat er als Fünfzigjähriger ein altes Haus mit Garten gekauft und für die Bedürfnisse einer Hausgemeinschaft umgebaut. Ihm und seinen Freunden war schon in relativ jungen Jahren klar: Wir wollen nicht einsam alt werden. Es klingt ideal: Sie haben einen engen Zusammenhalt, aber jede Person lebt in ihrer eigenen Wohnung. Von den sieben Autos ist nur noch eines geblieben, das man sich teilt. Das Frühstück am Samstag ist der einzige Pflichttermin und dient dazu, Konflikte und gemeinsame Pläne auszudiskutieren. Als eine von ihnen schwer erkrankte, wurde sie von den anderen abwechselnd gesund gepflegt. Von einer reinen Alten-WG rät Scherf dennoch ab. »Ich bin für Mehrgenerationenhäuser. Das Zusammenleben mit jungen Leuten finde ich anregend. Da profitieren beide Seiten von.« Scherf hat von amerikanischen Studien gehört, die besagen, dass Menschen in Heimen zehn Jahre eher sterben als Senioren, die zu Hause oder in anderen Modellen wohnen.

Der Bedarf an neuen Wohnformen jenseits des Altenheims ist auch in Deutschland bekannt. Immer mehr Menschen wollen im Alter in ihrer eigenen Wohnung leben oder wenigstens in ihrer gewohnten Umgebung bleiben. Altenheime, Seniorenresidenzen und vor allem Pflegeheime sind nur zweite oder dritte Wahl.

Dass dem so ist, ist mehr als verständlich. Als der damals siebenundfünfzigjährige Sozialpädagoge Claus Fussek, der für die Humanisierung der Altenpflege kämpft, 2010 von der *Süddeutschen Zeitung* gefragt wurde, ob er Angst habe, alt zu werden, antwortete er: »Ich habe Angst davor, pflegebedürftig zu werden, in einem Zweibettzimmer, mit einer Windel, weil ich dann einfach zu behandeln bin.« Seit Jahrzehnten kritisiert Fussek die Zustände in Pflegeheimen als »kritisch bis katastrophal«, ein Umstand, den gerade die Corona-Krise ins grelle Licht der Öffentlichkeit gerückt hat. Die Ursachen der Misere seien, so Sahra Wagenknecht, seit Langem bekannt: Die Pflegeeinrichtungen beschäftigen zu wenig Personal, der Pflegeberuf ist zu schlecht bezahlt, und die Arbeitsbedingungen sind so hart, dass sich nur ein Viertel der Altenpflegerinnen und Altenpfleger überhaupt vorstellen kann, den Beruf bis zur Rente auszuüben. Es gehe um Menschenrechte, sagt Fussek. Nach dem Willen der Politik solle die Altenpflege marktfähig sein, im Akkord nach Minuten könne man aber nicht pflegen. »Pflege ist eine Aufgabe der Solidargemeinschaft, nicht des Marktes.«[52]

2014 zeigte Günter Wallraff in seiner Reportage für RTL, wo Teile des Geldes bleiben, das in der Pflege fehlt: in mafiösen Strukturen. Im RTL-Bericht ist es ein Pflegedienst, der in Berlin Pflegegeld abzockt. Der heute Achtundsiebzigjährige verdeckt recherchierende Wallraff wurde vom Pflegedienst und den Gutachtern, darunter Ärzte und Medizinischer Dienst, auf dem Papier zu einem schweren Pflegefall gemacht. Auf einmal war er ein Schlaganfall-Patient. Damit der Pflegedienst sich für Wallraffs Betreuung monatlich 1600 Euro erschleichen konnte, wurden sowohl die Angehörigen als auch Ärzte und Gutachter mit einem Teil des Geldes bestochen, so der Bericht. Wallraff gegenüber sagte Stephan von Dassel, damals stellvertretender Bezirksbürgermeister von Berlin-Mitte: »Das ist im Moment das lukrativste Verbrechen, was man sich in Deutschland vorstellen kann. Das ist ein Verbrechensmarkt, der völlig risikofrei ist und dabei gewinnbringender als Drogenhandel.«[53]

Auf dem Dorf gebe es Immobilien, die man kaufen kann, leer stehende Gasthöfe, Pensionen, Bäckereien, empfiehlt Henning Scherf. »Und wenn das klappt, dann hat man nicht mehr das Gefühl, am Rand der Gesellschaft zu sein. Dann ist man mittendrin. Das hält jung.« Nun ja, nicht jeder will auf dem Dorf leben. Ich zum Beispiel brauche die Stadt. Außerdem hatte ich nie genügend Bares, um in ein Immobilienprojekt einzusteigen.

Auch in Städten oder in Stadtnähe gibt es zunehmend Mehrgenerationenprojekte, viele davon allerdings im Eigentum: die Cigarrenmanufaktur in Bremen, den Südviertelhof in Münster, Amaryllis in Bonn, die Nördliche Wallhalbinsel in Lübeck, die Nachbarschaft Samtweberei in Krefeld, den Glockenhof in Bochum, das Wohnprojekt

Freiland in Flensburg oder das Uferwerk in Werder (Havel), das 150 Menschen unterschiedlicher Generationen einen ökologisch ausgerichteten Wohn- und Lebensraum bietet. Insgesamt fördert das Bundesseniorenministerium rund 540 Mehrgenerationenhäuser.

In Berlin ist der Mietwohnbestand wenig auf die Bedürfnisse alter Menschen zugeschnitten. Der Markt ist klein und unübersichtlich. »Koordinierungsstellen rund ums Alter« in allen Bezirken und Wohlfahrtsverbände bieten Beratung. Was vor allem fehlt, ist ausreichende Förderung durch die öffentliche Hand. Oder eben kommunaler Wohnbau, der nach dem Kahlschlag nach der Wende nun wieder anwachsen soll. Beim betreuten Wohnen liegen die Preise etwa 20 Prozent über dem ortsüblichen Niveau eines vergleichbaren Appartements. In Berlin kostet das Wohnen in einer entsprechenden Wohnanlage im Monat zwischen 12 und 40 Euro pro Quadratmeter.

Ein besonders schönes Wohnprojekt für Frauen ist der Beginenhof in Berlin-Kreuzberg, der 43 Parteien Wohnraum bietet. Eine elegant geschwungene Glasfassade über sechs Stockwerke unweit des Landwehrkanals strahlt modernen Komfort aus. Die Wohnungen sind lichtdurchflutet, die oberen Stockwerke bieten einen traumhaften Ausblick auf die Dächer von Kreuzberg und nach innen auf begrünte Innenhöfe. Jeweils vier Frauen teilen sich auf einem Stockwerk einen »Laubengang« und bilden so eine Gemeinschaft. Im Gemeinschaftsraum finden Kurse und Diskussionsveranstaltungen statt. Manchmal sitzen die Frauen bis spätnachts zusammen. Auch Männer können hier wohnen, Voraussetzung ist nur, dass die Wohnung einer Frau gehört. Dieses wunderbare Frauenprojekt hat nur einen Haken: Die Wohnungen sind Eigentumswohnungen, deren ursprünglicher Preis – 2300 Euro pro Quadratmeter – um mehr als das Doppelte gestiegen ist, seit die ersten Bewohnerinnen 2007 einzogen. Nun können sie entsprechend teuer verkauft und vermietet werden. Der Vorschlag einer der ersten Bewohnerinnen, aus dem Projekt eine Genossenschaft zu machen, wurde abgelehnt.

Nirgendwo leben so viele Menschen allein wie in Berlin, es ist die Hauptstadt der Singles und Senioren. Dr. Daniel Dettling, Zukunftsforscher und Leiter des Berliner Büros des Zukunftsinstituts, macht sich Gedanken über Micro-Living und neue Nachbarschaftskonzepte: Die enorme Zunahme von Single-Haushalten sorgt für steigende Immobilien- und Mietpreise. Unter diesem Druck ist eine Bewegung für urbanes Wohnen entstanden. Wohnen wird zur doppelten sozialen Frage: Neben bezahlbaren Mieten geht es um attraktive Quartiere und Nachbarschaften. »Tiny Living«, eine Bewegung, die in den 1990er-Jahren in den USA begann, bedeutet verdichtetes und vernetztes Wohnen. Es geht um Teilen statt Eigentum: Büros, Autos, Gärten, Waschmaschinen.

Am Berliner Südkreuz entsteht derzeit ein Quartier mit 665 Mietwohnungen, darunter auch 116 geförderte für 8,50 Euro pro Quadratmeter. Ein ähnliches Projekt baut Hannover. Es soll Europas größte Siedlung für ökologisches, minimalistisches und inklusives Wohnen werden. Das basisdemokratische Projekt richtet sich vor allem an drei Zielgruppen: an »junge Radikale«, die reduziert leben wollen, an Senioren, die Einsamkeit und Altersarmut vermeiden wollen, und an die mittlere Generation auf der Suche nach einer neuen Balance von Selbstbestimmung und Gemeinschaft. Im »Ecovillage« – einem »Stadtquartier der Genügsamkeit« – sollen rund 500 Einheiten für etwa 800 Bewohnerinnen und Bewohner entstehen. Das Projekt ist als Genossenschaft organisiert und umfasst auch Sozialwohnungen. Und viel Grün: Nur ein Drittel der Fläche darf überbaut werden. Irgendwie erinnert es mich an das »Einküchenhaus«, in dem meine Eltern einst lebten – weniger Raum, mehr Lebensqualität, mehr Nachbarschaft. Auf 15 bis 20 Quadratmetern im Stadtraum zu wohnen, funktioniert allerdings nur, wenn es gut ausgestattete Bibliotheken, Räume der Begegnung und Angebote zum Teilen gibt.

Nachbarschaft verschwindet keineswegs, sie nimmt nur neue Formen an, schreibt Prof. Dr. Walter Siebel von der Universität Oldenburg. »Früher war Nachbarschaft Schicksal, heute ist sie wählbar, früher war Nachbarschaft eine räumliche Tatsache, die sich sozial organisiert, heute ist sie eine soziale Tatsache, die sich räumlich organisiert.«[54]

FÜNF FRAUEN UND DIE DEGEWO

Von einer guten Nachbarschaft in Berlin gemeinsam mit Freundinnen und Freunden träumten einst auch fünf Frauen um die sechzig. Sie waren entschlossen, nicht allein alt zu werden. Und sie haben erreicht, was eigentlich unmöglich schien: Als Mieterinnengruppe zogen sie in einen kommunalen Neubau der degewo (Deutsche Gesellschaft zur Förderung des Wohnungsbaues). Bis es allerdings 2018 so weit war, hatten sie einen langen und steinigen Weg zurückzulegen.

Vier Jahre davor gründeten zwei Frauen einen Verein mit dem Namen »+–60 In Freundschaft Wohnen«. Bärbel K. wohnte in Wilmersdorf, ihre Freundin in Marzahn, beide allein. Zuerst machte sich Bärbel auf die Suche nach einem entsprechenden Grundstück, aber schon bald wurde ihr klar, dass ein solches Unternehmen für sie alle finanziell nicht zu stemmen war. Es gelang, für den Verein eine Ost-West-Gruppe zusammenzustellen, deren Mitglieder alle zur Miete wohnen wollten. Nun klapperte Bärbel die Wohnbaugesellschaften ab und wandte sich an den Senat und die Stattbau Stadtentwicklungsgesellschaft, deren NetzwerkAgentur GenerationenWohnen in Fragen generationenübergreifenden Wohnens berät. Es half, dass es in der Gruppe eine Architektin und eine Stadt- und Regionalplanerin gab, die wussten, an welche Stellen man sich wenden konnte. Eigentlich hätten sie sich mehr Unterstützung erwartet, aber »wir blieben hartnäckig«, sagt Bärbel.

Als die Frauen erfuhren, dass die degewo einen Neubau im Weddinger Brunnenviertel in Planung hatte, meldeten sie den Bedarf von zwölf Wohnungen an. Viele ihrer Ideen blieben auf der Strecke, die kostengünstigen Standards der Wohnbaugesellschaft konnten sie nicht durchbrechen. Sie hatten keinen Einfluss auf den Grundriss, die Bäder sind zwar barrierefrei, aber sie konnten nicht zwischen einer Dusche und einer Badewanne wählen, erhielten keinen Gemeinschaftsraum, und die Wohnungen der Wohngruppe sind im Haus verstreut, sodass sich die Mitglieder nicht unbedingt täglich treffen. Kurz vor

Abschluss der Mietverträge sprang auch noch die Hälfte der Vereinsmitglieder ab. Für manche war die Kaltmiete von über 10 Euro pro Quadratmeter zu teuer, anderen passte die Gegend nicht, und wieder andere konnten sich nicht entschließen, ihre alte Wohnung zu verlassen.

Derzeit umfasst die Wohngruppe fünf Frauen, die sich einmal im Monat treffen und auf der Suche nach neuen Mieterinnen sind. Denn der Verein, der nunmehr 14 Mitglieder umfasst, hat eine Option auf zwölf Wohneinheiten erreicht, im Haus frei werdende Wohnungen werden zuerst ihm angeboten. Nun ist man im Gespräch mit neuen Anwärterinnen. Die befreundeten Mieterinnen sehen einander zwar nicht täglich, aber ihre gemeinsamen Unternehmungen festigen den Gruppenzusammenhalt. So haben sie einen Chor gegründet, einige gehen miteinander walken, andere malen zusammen. Anfang 2020 haben sie sogar eine gemeinsame Reise nach Marokko unternommen.

Ich habe Bärbel in ihrer hellen Dreizimmerwohnung im sechsten Stock im Berliner Wedding besucht. Der Flur riecht noch nach frischer Farbe. Von ihrem geräumigen Balkon aus schaut sie auf das denkmalgeschützte Dach des BVG-Betriebsbahnhofs, und in der Ferne sieht man den Fernsehturm des Alexanderplatzes. Die attraktive und springlebendige siebzigjährige Architektin und Mutter eines Sohnes kennt sich in der Wohnbaupolitik gut aus und hat eine einschlägige Berufslaufbahn hinter sich: Assistentin an der Universität, Verwaltungsangestellte im Senat mit Schwerpunkt ökologische Grundlagen im Wohnbau, Abteilungsleiterin in einer Wohnbaugesellschaft und schließlich, im Alter von siebenundfünfzig Jahren, wieder selbstständige Architektin. Noch heute macht es sie wütend, dass das Land Berlin zwischen 1999 und 2005 sein Tafelsilber von Hunderttausenden kommunalen Wohnungen verkauft hat, was zu einer dramatischen Verknappung von Wohnungen zu günstigen Mieten geführt hat. Erst seit 2014 begann der Senat den Wohnungsbau wieder zu fördern.

Bärbel hat lange in einer WG gewohnt und ist ein Gemeinschaftsmensch, aber sie wusste, dass sie im Alter in ihren eigenen vier Wänden leben wollte. Heute ist sie glücklich, allein in ihrem neuen Reich tun und lassen zu können, was ihr beliebt. Bei ihrer Suche nach einer geeigneten Wohnbaugesellschaft half der Architektin damals, dass im neuen Wohnbauprogramm des Senats ausdrücklich eine Förderung älterer Menschen festgelegt ist, die ihr urbanes Umfeld selbst gestalten wollen. Mit diesem Wissen ging sie zur degewo. Drei Jahre lang kämpfte die Gruppe um eine Herabsetzung der Miete, weil die Einkommensverhältnisse innerhalb der Gruppe sehr unterschiedlich waren, was ihr jedoch nicht gelang.

In dem Komplex mit vier Eingängen, in dem sie nun verteilt leben, gibt es Wohnungen verschiedener Größen, von einem Raum bis zu fünf Zimmern. Bei den kleinen Wohnungen ist die Fluktuation größer, sodass immer mal wieder Wohnungen frei werden, für die die Gruppe Nachmieterinnen suchen kann. Inzwischen sind die Frauen, die der degewo mit ihren Forderungen manchmal lästig waren, bei ihrer Vermieterin sehr beliebt. Sie haben für eine Hausgemeinschaft gesorgt, die sich sehen lassen kann. Sie veranstalten Treppenhauscafés und Sommerfeste, wo zuletzt 80 Parteien teilnahmen, und kümmern sich um die Begrünung des Innenhofs. »Werthaltige Vermietung« heißt das auf Amtsdeutsch. Die Gruppe, die anzuwachsen hofft, ist mittlerweile mit 13 Kiez-Initiativen vernetzt, sodass es für sie kein Problem mehr ist, einen Raum für ein Gemeinschaftstreffen zu finden. Alle zwei Monate gibt es in der sogenannten Kiezwaschküche, dessen Träger die Kirche ist, ein Kiezfrühstück zum Kennenlernen.

Die Gruppe ist stolz auf das, was sie erreicht hat, schließlich ist es das erste Projekt, das erfolgreich in einer kommunalen Wohnbaugesellschaft untergekommen ist. Allen, die ihr nacheifern wollen, rät Bärbel allerdings, möglichst früh damit anzufangen, denn aufreibend waren die vier Planungsjahre schon.

Wenn ich finanziell abgesichert wäre, würde ich noch mal eine Sprache lernen, vielleicht Spanisch. Ich würde versuchen, ein halbes Jahr in Spanien zu leben und ein halbes Jahr hier. Wenn ich nicht arbeiten müsste, hätte ich zumindest die Freiheit, mir zu überlegen, wozu ich noch Lust habe. Oder der alte Traum der Achtundsechziger: eine WG auf dem Land. Jeder mit eigener Wohnung und einer gemeinsam gemieteten Wohnung in Berlin für die, die ab und zu hier übernachten wollen. Das wären so meine Träume.

Brigitte, 76, Berlin

MEHR DAZU IM INTERNET

Im Herbst 1998 erhielt ich ein Aufenthaltsstipendium im Künstlerhaus Schloss Wiepersdorf in Brandenburg. Ich freute mich riesig. Die Umgebung war wunderschön, das Biedermeierschloss, einst Wohnsitz des Dichterpaars Bettina und Achim von Arnim, bezaubernd, und ich begann zum ersten Mal in meinem Leben zu joggen. Wir waren eine sympathische internationale Truppe, ein weißrussischer Komponist, ein bildender Künstler aus Südkorea, ein österreichischer Schriftsteller, ein südafrikanischer Dichter, eine türkische Künstlerin und etliche Deutsche. Mein Stipendium ging über drei Monate, ich genoss den Luxus, mich um meinen Lebensunterhalt nicht kümmern zu müssen, und war zudem im Besitz eines alten BMW, den mir Freunde für die Zeit geliehen hatten. Vom Schloss, von dem es keine öffentliche Verbindung zur Außenwelt gab, fuhr ich mit dem Auto zum Bahnhof Jüterbog und dann weiter mit dem Zug nach Berlin.

In der Mitte von Wiepersdorf gab es ein einziges Gasthaus, in dem Bier und Schmalzbrote angeboten wurden, und abends auf der Straße sah man nichts als den blauen Schein der Fernsehgeräte hinter zugezogenen Vorhängen. Nach einiger Zeit begannen meine Mitstipendiaten an Lagerkoller zu leiden. Der schwarze Südafrikaner konnte es nicht fassen, wie leer es auch sonntags in Wiepersdorf war. Ich freundete mich mit der türkischen Künstlerin Gülsün an. Während ich der Abgeschiedenheit des Dorflebens für eine begrenzte Zeit einiges abgewinnen konnte, litt die Istanbulerin unter dem Mangel an Stadt. Wenn ich hin und wieder nach Berlin fuhr, nahm ich sie im Wagen mit.

Maßgeblich verändert hat sich Brandenburg seither nicht. Nun gibt es zwar in größeren Orten Restaurants und Gaststätten mit einem breiteren Angebot an Speisen und Getränken, aber menschenleer ist es immer noch. Manchmal mache ich Radausflüge in die Umgebung Berlins, die ebene Landschaft ist wunderschön. Aber wie leben die Menschen hier? Mit einer Familie mag es ja noch angehen, aber allein! Wie kommen Alte und Alleinstehende zurecht? Sprechen sie mit ihrem Hund, mit ihrer Katze?

In einer Reportage des Deutschlandfunks erfahre ich über die Lebensbedingungen in Schönwalde im Spreewald: Sparkasse und Post gibt es nicht mehr, auch nicht den Fleischer und den Friseur, es lohnt sich nicht. Immerhin kann man noch im Konsum einkaufen, in vielen Dörfern hat auch dieser soziale Treffpunkt geschlossen. Junge Ärzte wollen nicht aufs Dorf, und schon gar nicht Menschen mit brauner Haut und schwarzen Haaren. Eine Zahnärztin fährt mit einer mobilen Bohrereinheit über Land. Ihre Besuche bilden für ihre Patientinnen und Patienten das Highlight der Woche.

1998 war die Wiepersdorfer Kneipe für uns verwöhnte Städterinnen und Städter ein depressionsfördernder Ort, aber sie war immer gut besucht, und das Bier war billig. Wenn es nicht einmal das mehr gibt oder das Bier für einige zu teuer geworden ist, sind die Menschen unerträglich einsam. Manche haben sich so weit zurückgezogen, dass sie gar nicht mehr aus dem Haus gehen und selbst für ihre Verwandten mental nicht mehr erreichbar sind. Die Kinder leben anderswo, der Bus verkehrt nur noch zweimal wöchentlich, die Läden haben wegen mangelnder Rentabilität dichtgemacht. Der nächste Arzt ist zwanzig Kilometer entfernt. Ursache für die Einsamkeit ist nicht selten Armut. Armut und Einsamkeit gehören zusammen. Armut führt zu sozialer Isolation. Ihren Beitrag dazu leistet die immer eingeschränkter werdende Infrastruktur.

41 Prozent aller Haushalte in Deutschland sind Einpersonenhaushalte. Laut Statistischem Bundesamt lebt fast jede zweite Frau über fünfundsechzig allein, bei den Männern ist es etwa jeder Dritte. Allein Lebende erleiden anderthalb bis zweieinhalb Mal häufiger eine der bekannten psychischen Erkrankungen als Menschen mit Familie. Einer Studie der Ruhr-Universität Bochum zufolge fühlt sich in Deutschland jeder Fünfte über fünfundachtzig Jahre einsam. Auf Dauer ist Einsamkeit auch körperlich mit erhöhten Gesundheitsrisiken verbunden: Herz-Kreislauf-Erkrankungen, Krebs, Demenz. Die soziale Isolation von Bewohnerinnen und Bewohnern von Pflegeheimen in der Corona-Krise führte zu einem massiven Anstieg der Demenz. Einsamkeit wirkt auf den Körper ähnlich wie Bluthochdruck, Rauchen und Stress.

2018 ernannte die britische Regierung unter Theresa May eine »Einsamkeitsministerin«, was für großes Medieninteresse und Belustigung sorgte. Die Zeitschrift *The New Yorker* sprach angesichts der Prioritäten der damaligen und jetzigen britischen Regierung von einer schlauen PR-Maßnahme. Einsamkeit sollte nunmehr im Vereinigten Königreich als Querschnittsthema in die Strategien der Ministerien für Gesundheit, Bildung, Wohnen, Wirtschaft, Digitales und Verkehr einfließen. So weit, so gut. Doch dauerte es nicht lange, bis Ministerin Tracey Crouch frustriert das Handtuch warf. Grund war die Entscheidung der Regierung, die Verabschiedung eines Gesetzes zur Änderung der Regeln für Spielautomaten um ein halbes Jahr zu verschieben. Tag für Tag nehmen sich zwei Menschen wegen Glücksspiel-Problemen das Leben, so Crouch, auch das eine Folge von Einsamkeit. Die nächste Ministerin initiierte im Juni 2019 die #LetsTalkLonelyness-Kampagne. Doch unter dem neuen Premier Boris Johnson wurde sie einem anderen Ministerium zugeordnet. Jetzt wird das Einsamkeitsministerium von einer dritten Frau – Baroness Diana Barran – geleitet. Viel mehr als eine weitere Studie ist bislang nicht herausgekommen.

Das Problem der Alterseinsamkeit in allen Industrieländern ist mittlerweile hinlänglich bekannt. Das britische Einsamkeitsministerium wird es gewiss nicht lösen, denn dazu wäre als erster Schritt die Entscheidung der Regierung erforderlich, den seit Margaret Thatcher andauernden Kahlschlag des britischen Sozial- und Gesundheitswesens zu stoppen und die Versorgung der Bevölkerung neu zu beleben. Davon kann keine Rede sein. Der nächste, erheblich größere Schritt – nicht nur in Großbritannien –

wäre eine Neuausrichtung der Arbeitswelt und des darauf gründenden Zusammenlebens der Menschen. Seit der Brexit-Entscheidung haben Zehntausende Fachkräfte, die aus europäischen Ländern in das Vereinigte Königreich eingewandert waren, um im staatlichen Gesundheitswesen, dem einst mustergültigen National Health Service (NHS), zu arbeiten, gekündigt, und die Bewerbungen europäischer Krankenpflegerinnen und -pfleger sind um fast 90 Prozent zurückgegangen. Die sozialen Bedingungen, die zu erhöhter Einsamkeit führen – immer weniger Engagement der Menschen für das Gemeinwohl und die Lockerung der sozialen Bindungen –, fördern auch Rassismus und Fremdenfeindlichkeit und führen zu Gewalt gegen Fremde und Migranten. Unter solchen Bedingungen gibt es keine Gratisreparatur des sozialen Zusammenhangs, die zu weniger Einsamkeit führen könnte, auch nicht durch ein Ministerium.

In manchen Brandenburger Dörfern kümmern sich Dorfkümmerinnen um einsame alte Leute. Sie begleiten sie zum Arzt und zum Friseur und gehen mit ihnen einkaufen. Das sind Freundschaftsdienste, die früher im ländlichen Raum von Nachbarn übernommen wurden. Einsamkeit ist ein Phänomen unserer Zeit. In der Großstadt Berlin gibt es – einzigartig in Deutschland – seit Herbst 2018 das »Silbernetz«. »Bei mir ist es einfach nur still. In den letzten beiden Wochen habe ich mit keinem einzigen Menschen gesprochen«, wird Herr W. (78) auf der Website von »Silbernetz« zitiert. Für Menschen wie Herrn W. ist das Fernsehen die zentrale und oft einzige Form der Kommunikation mit der Außenwelt. »Silbernetz« springt ein. Täglich von 8 bis 22 Uhr steht älteren, vereinsamten, isolierten Menschen das kostenfreie Silbertelefon zur Verfügung: #einfachmalreden (0800 470 80 90). Vorbild ist die britische »Silver Line«, die 2013 in Manchester gegründet wurde. Für Anrufer aus Berlin soll das »Silbernetz«-Telefon bald 24 Stunden täglich besetzt sein.

»Um hier anzurufen, brauchen Sie keine Krise und kein Problem – Ihr Wunsch zu reden genügt«, ermuntert die Website. Anonymität auf beiden Seiten soll gewährleisten, dass Menschen offen über ihre Probleme sprechen können. Auf Wunsch vermittelt der Verein »Silbernetz«-Freundinnen und -Freunde, die einmal wöchentlich zu einer vereinbarten Zeit für ein Gespräch von ungefähr einer halben Stunde anrufen. Es sind Ehrenamtliche, die für diese Tätigkeit eine zweitägige Schulung durchlaufen und über Angebote im jeweiligen Kiez Bescheid wissen. Bei Fällen von Gewalt und Vernachlässigung stellen sie Kontakt zu professionellen Einrichtungen her. »Silbernetz«-Freunde erteilen keine Ratschläge, lösen keine Probleme und treffen keine Entscheidungen für »ihre« älteren Menschen, sie stellen nur offene Fragen. Die Telefonate führen zu keinen persönlichen Begegnungen.

Initiiert wurde »Silbernetz« von Elke Schilling, die jahrelang bei der Telefonseelsorge gearbeitet hat. Mit fünf Mitarbeiterinnen und Mitarbeitern fing sie an, heute sind es vierzehn. Und es reicht nicht, denn viele Anrufer kommen nicht durch. Elke Schilling hofft auf fünfzehn weitere Mitarbeiterinnen und Mitarbeiter, die durch Spenden finanziert werden müssen.

Einerseits kann es für Alte an Orten mit maroden öffentlichen Verkehrsverbindungen praktisch sein, sich ihre

Lebensmittel liefern zu lassen, andererseits braucht man dazu einen Computer oder mindestens ein Smartphone und die Fähigkeit, damit umzugehen.

Ich arbeite seit Mitte der 1980er-Jahre mit dem Computer und kenne mich für den Alltagsgebrauch hinreichend gut aus. Doch als meine Bank – ein großes, global aufgestelltes Unternehmen – ihr Online-Banking-System umstellte und statt der TAN, die ich mir ausgedruckt hatte, begann, Codes über das Smartphone zuzuschicken, kam ich ordentlich ins Schleudern. Jetzt, nachdem ich es kapiert habe, weiß ich selbst nicht mehr, was los war. Größtenteils lag es aber nicht an mir, sondern an der Bank, deren Website mich nicht verständlich genug über die notwendigen Schritte für den Umstieg auf das neue System informieren konnte. Nachdem ich aus lauter Nervosität mehrmals die falsche PIN eingegeben hatte, musste ich immer wieder auf die postalische Zusendung einer Einmal-PIN warten und es dann nochmals versuchen.

Dieser mir von der Bank zugeschickten PIN wurde eine schriftliche Anleitung beigefügt, die sich auf das frühere TAN-System bezog. Da ich einfach nicht glauben konnte, dass die Bank es unterlassen hatte, ihre schriftlichen Erklärungen auf das neue Verfahren umzustellen, beging ich erneut Fehler. Ich schrieb mehrere E-Mails an die Bank, die nicht beantwortet wurden. Eine volle Stunde lang versuchte ich telefonisch, einen Mitarbeiter zu erreichen – immer besetzt. Schließlich begab ich mich in eine Filiale, deren Angestellte zwar hilfsbereit war, sich aber genauso wenig auskannte wie ich. Sie forderte mich auf, auf die Zusendung der neuen Einmal-PIN zu warten und wiederzukommen. Nachdem ich es schließlich selbst geschafft hatte, kam irgendwann eine Mail mit einer Entschuldigung für die verzögerte Beantwortung meiner Mails und der Mitteilung, das Personal sei mit den vielen Anfragen überfordert gewesen, man habe nicht mit solchen Schwierigkeiten gerechnet. Freundinnen, Kundinnen anderer Banken, hatten mit ähnlichen Problemen zu kämpfen. Auch bei Hinzuziehung ihrer vorgeblich Internet-affineren Ehemänner dauerte es Stunden, bis sie endlich das neue System installiert hatten.

So stieß ich auf das Thema. Wenn schon ich solche Schwierigkeiten mit einer einfachen digitalen Umstellung habe, wie geht es Menschen, die nicht wie ich den ganzen Tag vor dem Bildschirm hocken? Was tun Leute, die kein Handy und keinen Laptop besitzen? Ich habe herumgefragt. Nun denn, sie gehen in die Filiale, das kann man wohl immer noch. Ein Bekannter über achtzig war in seiner aktiven Zeit bei der Bundesbank beschäftigt und hat ein Personalkonto. Das ist praktisch. Er erledigt seine Bankgeschäfte über die Post. Überweisungsaufträge schickt er an die Bank, und diese sendet ihm für jeden Vorgang einen Kontoauszug zu. Ein Luxus, für den er vermutlich auch bezahlen muss. Vor einigen Monaten erhielt er ein Schreiben mit der Information, auch seine Bank werde bald auf Online-Banking umsteigen. Beigefügt war ein Haufen Papiere, die mein Bekannter nicht las. Der starrsinnige Mann hat zwar einen Laptop, den er aber selten einschaltet. Er besitzt kein Handy, weil er meint, es nicht zu brauchen, und weil er damit auch nicht umzugehen weiß. Natürlich hat er auch kein Tablet. Er habe, sagt er, keine Enkelkinder, mit denen er kommunizieren müsse, weshalb es ihn nicht reize, den Umgang mit diesen Gadgets zu lernen.

Auf Druck seiner Freunde, die sich um ihn sorgten, hatte er sich einmal ein Handy zugelegt, das er angeblich überlud, sodass es schon nach einigen Wochen nicht mehr funktionsfähig war. Da verlor er endgültig die Lust auf Modernisierung. Er mag nicht von technischen Geräten abhängig sein, sagt er, und fürchtet sich vor Hackern. Er beklagt, dass es keine Telefonbücher mehr gibt. Das wusste ich gar nicht, weil ich schon seit einer gefühlten Ewigkeit kein Telefonbuch mehr benutze. Für mich ist das Internet praktischer. Aber das ist es eben nicht für jeden. Mein Bekannter mag nicht wegen einer Telefonnummer den Laptop öffnen.

»Mehr dazu im Internet.« Dieser Satz beendet oft eine Radio- oder Fernsehsendung; als ob es selbstverständlich wäre, dass alle Hörerinnen und Hörer wissen, worum es da geht. Das Internet gilt als unverzichtbarer Teil unseres Alltags wie das altmodische Telefon, das schließlich auch alle bedienen können. Kaum vorzustellen, wie sich Menschen fühlen, die nicht wissen, was »Internet« ist. In den 1990ern geriet mein jüngerer Bruder in Panik, als ich ihm meinen ausgedienten Laptop schenken wollte. Mein Versuch, ihn an die digitale Welt heranzuführen, scheiterte. Er wollte mit dem Teufelszeug nichts zu tun haben und benutzte bis zu seinem Tod Ende der Neunzigerjahre seine mechanische Schreibmaschine. Es ist also nicht immer eine Frage des Alters.

Die ganze Republik lachte, als Bundeskanzlerin Angela Merkel bei einem Besuch von US-Präsident Barack Obama sagte: »Das Internet ist für uns alle Neuland.« Das war

2013. Die Häme überschlug sich. Innerhalb weniger Minuten ging #Neuland viral. Dabei nutzten damals 27 Millionen Deutsche das Internet kaum oder gar nicht. Alles Idioten? Deutlicher konnte die digitale Kluft zwischen Jung und Alt (Merkel war damals neunundfünfzig Jahre alt) nicht verdeutlicht werden.

»Nie zu alt fürs Internet«, meint eine vom Bundesministerium für Familie, Senioren, Frauen und Jugend herausgegebene Broschüre. Und in der Tat bietet das Internet gerade für Alte eine große Hilfe. Wenn das Gedächtnis nachlässt, ist Google der beste Freund. Wie oft sitzen wir zusammen, und keiner von uns will der Name einer bestimmten Schriftstellerin oder eines berühmten Filmregisseurs einfallen. Wie beruhigend, dass ein paar Klicks weiter das quälende Wühlen im ermatteten Gehirn ein Ende hat und sich alle wieder entspannen können. So gesehen, ist das Internet für Alte sogar noch nützlicher als für Junge, die ihr Internet noch in ihrem eigenen Kopf herumtragen. Die Ministeriumsbroschüre empfiehlt: Kochrezepte nachschlagen, mit den Enkelkindern Bilder hin- und herschicken, die verpassten Nachrichten nachträglich anschauen. Und man muss nicht mobil sein, kann den »Tatort« auch im Bett anschauen. In der Broschüre werden auch alle Begriffe erklärt, die fast durchweg englischen Ursprungs sind und auf den ersten Blick unverständlich erscheinen: Online, E-Mail, Suchmaschine, Browser, Router, WLAN, Dropbox, Apps, Smartphone, Tablet, WhatsApp, Twitter, Facebook, Website, YouTube, Skype, googeln, Zoom, Cookies, Wikipedia, Tracking, Link, Podcast, TeamViewer, Spam, Captcha und dergleichen mehr.

Oft beginnt der Einstieg, wenn sich ein Enkelkind ein neues Tablet zugelegt hat, das alte aber für die Oma noch brauchbar ist. Oder wenn Kinder und Enkelkinder weit entfernt leben. Ein Tablet kann die Einsamkeit lindern und hilft, den Kontakt nicht abbrechen zu lassen. Ich erinnere mich noch gut an die Zeit, als Telefonieren außerhalb der eigenen Stadt ungeheuer teuer war. Heute gibt es WhatsApp, Zoom und Skype. Ein Video-Telefonat mit den Enkeln in Südafrika – das ist schon was! Verständlich, dass mittlerweile alle Volkshochschulen, viele Seniorenbüros und andere bildungspolitische Einrichtungen Internet-Kurse für Ältere anbieten.

Als meine Kollegin Gislinde einen Artikel über den Sprachcomputer Alexa las, überlegte sie, ob er nicht für ihre stark gehbehinderte siebenundneunzigjährige Mutter eine Chance sein könnte. Ihre Mutter hat die Jungen immer um deren Zugang zum Internet und ihre Möglichkeit der Teilnahme am Weltgeschehen beneidet. Also bestellte Gislinde ein solches Gerät, installierte es, musste dann aber feststellen, dass die Bedienung des intelligenten Lautsprechers für ihre Mutter zu schwierig war. Also besorgte die Tochter eine Alexa-Box. Und das funktionierte. Sie wurde für ihre Mutter zu einer Verbindung zum Leben. Trotz ihrer enormen Einschränkungen kann sie mit dem niedrigschwelligen Gerät interagieren: »Meine Mutter lässt sich von Alexa wecken. Sie wünscht ihr einen guten Morgen, und Alexa antwortet und sagt ihr, was für ein Wetter heute ist und was es sonst noch Wichtiges gibt. Meine Mutter hört über Alexa ihre Hörbücher, sie findet ihre Radiosender, was sie vorher überhaupt nicht mehr konnte. Und jetzt kann sie einfach sagen: »Alexa, schalte Steckdose 1 an, und schon brennt ihre Lampe.«

Meine Kollegin Nadja Bossmann hat sich für *Brigitte wir* das SeniorenNetz angesehen, das 2016 im Märkischen Viertel in Berlin eingerichtet wurde, eine Internetplattform, die das Leben in dem Viertel mit einer Bevölkerung von 40 000 Menschen leichter und kommunikativer gestalten soll. Wer sie nutzen will, muss jedoch googeln können. Lernen kann man das zum Beispiel bei André Henselmann im »Cyber Seniors«-Kurs. Zum ersten Kurs der »Cyber Seniors« luden Aushänge in allen Fluren des Viertels und Anzeigen im Seniorenratgeber ein. Für die zehn Plätze gab es siebzig Anmeldungen. Dass in Henselmanns Kurs größtenteils Frauen sitzen, überrascht ihn nicht. »Frauen haben eine höhere Bereitschaft, sich neuen Lebenssituationen zu stellen«, sagte er meiner Kollegin.

»Senioren brauchen mehr Wiederholungen, um das Gelernte fest im Gedächtnis zu verankern«, informiert Dr. Anika Steinert, Leiterin der AG Alter und Technik an der Berliner Charité. »Sie können auch auf weniger technisches Vorwissen zurückgreifen.« Dafür bringen aber viele eine Menge Motivation mit. Diese entsteht durch den persönlichen Nutzen, den ihnen das Internet zu bringen verspricht, wie der Kontakt zu Verwandten, die Aneignung von Wissen im Bereich Gesundheit und das Streamen von Filmen in der Mediathek, ohne ins Kino zu müssen. Das Lernen in einer Gruppe Gleichaltriger reduziert die Ängste und macht mehr Spaß. Kindern und Enkeln fällt es oft schwer, sich in die Lage älterer Menschen einzufühlen, vor allem wenn es sich um

Verwandte handelt. Sie werden rasch ungeduldig. Doch nicht verwandte Teenager könnten zu »Barfuß-Lehrern« für Senior Surfers ausgebildet werden. Gewiss würde das beiden Teilen Spaß machen.

Dr. Florian Tremmel, Referent für Bürgermedien und Medienkompetenz in Rheinland-Pfalz, weiß, dass es in seinem Land über sechzig ehrenamtliche Internet-Initiativen gibt, von denen mitunter auch Leute ins Haus kommen, um bei der Installierung zu helfen. Florian Tremmel ist Redaktionsmitglied von www.silver-tipps.de. Dort gibt es die Digitalbotschafterin Helga, deren Anliegen es ist, anderen die Vorteile der modernen Technik zu zeigen, sie dafür zu begeistern und ihnen Mut zu machen, den Schritt in die digitale Welt zu wagen. In ihrem Format »Helga hilft« präsentiert sie regelmäßig ihre neuesten Entdeckungen. Helga ist eine ältere Dame, die in Videos für den Umgang mit dem »Neuland« Internet Tipps gibt, wobei sie nur Dinge anspricht, die den Silver-Surfers das Leben erleichtern können. Wichtig ist für sie immer die Frage: Wie bereichert die Technik meinen Alltag?

Der ehrenamtliche Digitalbotschafter Peter Stey ist EDV-Fachmann in Rente. Während der Corona-Pandemie, als seine Schützlinge sich nicht mit Freundinnen und Freunden treffen konnten, stellte er mithilfe der kostenlosen Videokonferenz-Software Zoom einen virtuellen Raum her, in dem er mehrere Personen zu einem Schwätzchen zusammenführen konnte. Auch für seinen eigenen privaten Gebrauch nutzte er dieses System: »Wir haben für das kommende Wochenende ein großes Familientreffen geplant. Ich werde alle Familienmitglieder per

WhatsApp oder E-Mail in einen virtuellen Raum einladen. Dann können wir uns wenigstens sehen und gegenseitig bedauern, dass die schöne Reise ins Wasser fällt.«

*In der Fernsehwerbung werden ältere Leute gezeigt, die
völlig entspannt durchs Leben schweben und keine Sorgen
haben. Da tanzt eine inkontinente Sambatänzerin auf
einem Flughafen. Überall wird eingecheckt, Kunstpalmen
stehen herum, und die läuft in ihrem Sambakostüm mit
Tanzschritten durch den Flughafen. Da frage ich mich:
Was will uns diese Werbung sagen? Was macht die auf dem
Flughafen?*
*Es geht also um Inkontinenz, und eine Frau aus dem Off
sagt: »Früher habe ich das mit einer langen Bluse kaschiert,
heute sind die Windeln so dünn, dass es keiner sieht.« Und
wackelt mit den Hüften. Dahinter steht doch, dass man versucht, das Alter zu negieren. Botox für das eine und irgend-
welche Hilfsmittel für das andere. Ist alles kein Problem.
Warum nicht einfach in Würde alt werden? Warum keine
Falten haben und nicht das Gesicht, das man sich verdient
hat sein ganzes Leben? Ich fühle mich da wirklich verarscht.*

Brigitte, 76, Berlin

ÜBER DAS STERBEN

Massimo Cortini ist mein Mann. Wir sind uns über das Internet begegnet, als ich fünfundsechzig war. Am Anfang war es uns peinlich, darüber zu sprechen, wenn wir gefragt wurden, wie wir uns kennengelernt haben. Heute ist Internet-Dating auch bei jungen Menschen bei der Partnersuche ganz normal. Früher wurden Ehen von der Familie arrangiert, die jungen Leute heirateten, ohne sich genauer zu kennen, und niemand fand das unangemessen. Heute erledigt das die Technik, und wenn man sich nicht mag, geht man einfach auseinander und versucht es erneut. So macht man Erfahrungen und stolpert nicht in die erstbeste Begegnung. Die Jungen haben nicht mehr genügend Zeit, sich mühsam eine Liebschaft zu suchen, die Alten besuchen nicht mehr die passenden Orte.

Ich fand es entlastend, Männer zu treffen, die ebenso wie ich auf der Suche waren. Ich musste mich nicht für meinen Mangel schämen. Denn das Eingeständnis unbefriedigten sexuellen Begehrens gilt nicht nur bei einer älteren Frau immer noch als beschämend. Zum Zeitpunkt des ersten Kontakts mit Massimo hatte ich schon aufgegeben und beschlossen, den Rest meines Lebens Single zu bleiben. Ich hatte meine Arbeit und ein interessantes soziales Umfeld, wozu also noch ein Mann? Doch dann erreichte mich eine Mail, die so ganz anders war als alle anderen.

Bevor wir einander im richtigen Leben trafen, führten wir eine umfangreiche E-Mail-Korrespondenz zwischen Berlin und Neapel. Beim Schreiben lernt man sich sehr gut kennen. Das erste Telefongespräch war irgendwie peinlich. Wahrscheinlich hätten wir beide lieber weiter geschrieben. Massimo ist jemand, der viel über sich nachdenkt und seine Gedanken schreibend festhält. Niemals später hat er mir so viel über sich erzählt wie in diesen beiden Monaten des digitalen Briefverkehrs. Noch ehe wir uns im Kaffee Einstein trafen, hatte ich das Gefühl, an den Richtigen geraten zu sein. Die Begegnung war dann auch ganz undramatisch. Es war, als hätten wir uns schon lange gekannt.

Nachdem Massimo und ich zehn Jahre zusammengelebt haben, beschlossen wir zu heiraten. Das war komplizierter, als man meinen könnte, denn wir sind eine in Deutschland lebende Ausländerin und ein ebensolcher Ausländer mit unterschiedlichen Staatsbürgerschaften. Und Massimos Papiere, die in Deutschland unentbehrlich sind, waren – nun ja. Darüber haben wir so viel gestritten, dass wir uns fast getrennt hätten. Am Ende fanden wir einen russischen Agenten, der uns die Eheschließung auf der Insel Møn in Dänemark organisierte.

Es war Anfang Februar und bitterkalt. In der Hauptstadt Stege, wo sich das Standesamt befindet, gab es ein einziges Hotel, das geöffnet hatte, ein weitläufiges Konferenzzentrum, in dem wir die einzigen Gäste waren. Die Hochzeitsnacht verbrachten wir auf zwei Couchen im Aufenthaltsraum des Komplexes, weil wir uns aus unserem Zimmer ausgesperrt hatten und nachts niemand erreichbar war, der uns hätte öffnen können. Glücklicherweise war das Haus gut beheizt. Ein luxuriöses Hochzeitsessen hatten wir in Stege auch nicht, nur Smørrebrød. Neben der Standesbeamtin stellte das Amt zwei Angestellte als Zeuginnen zur Verfügung. Wir brachten eine Flasche Champagner mit, und eine der Zeuginnen schoss ein paar Fotos. Der Akt war schnell vorüber.

Massimo hat viel über seine Familie nachgedacht, über den Tod seiner Mutter und seines Vaters, zu dem er gar kein so gutes Verhältnis hatte. Doch wenn er über das Sterben seines Vaters spricht, bricht ihm die Stimme, und seine Augen werden feucht. Darüber hat er mir einen Text zur Verfügung gestellt.

Mein Vater ist gestorben

»Fistel« nennen es die Ärzte. Diese grässliche Beule, die sie dir am Arm gemacht haben, ein roter Ballon, der im Rhythmus deines Herzens pulsiert. Es scheint ein außerirdischer Organismus zu sein, es scheint, als könnte von einem Augenblick auf den anderen ein Weltraummonster deinem Arm entsteigen. Ein Alien. Zweimal haben sie es versucht, das erste Mal gelang es nicht, sie haben eine Vene und eine Arterie zusammengenäht, ein Teufelswerk der Chirurgie, den Ärzten zufolge eine normale Operation. Und das alles, um die Dialyse zu ermöglichen. Deine

Nieren sind am Ende. Die Pfleger transportieren dich hin und her wie einen Gegenstand, um dich an die Maschine anzuschließen; als sie dich das letzte Mal zurückbrachten, hattest du das Bewusstsein verloren. Es ist nicht mehr zurückgekehrt.

Ich bin im Krankenhaus an deinem Bett, halte deine Hand, möchte mit dir sprechen. Ich weiß nicht, ob du mich siehst, ich weiß nicht, ob du mich hörst. Aber ja, ich bin mir sicher, dass du mich hörst. In deinem Gesicht ein Leiden wie das von Christus am Kreuz.

Ich betrachte die pulsierende Fistel. Du hast es mir erzählt, Papa, in einem unserer wenigen intimen Augenblicke: Was mit deinem Vater, mit Opa Alfonso, geschehen ist, war eine Ungerechtigkeit. Ein mutiger und intelligenter Mann wie er hat es nicht verdient, dement aus dem Leben zu scheiden; niemals sollte dir dasselbe widerfahren. Armer Papa. Du hast es nicht verdient.

Ich betrachte das Leben, das dich allmählich verlässt. Du hast kaputte Nieren, Papa, und dein Lebenswille ist schon seit einiger Zeit unter die Schuhsohle gerutscht. Du hast die dir von den Ärzten zugefügten Qualen mit einer wahren Engelsgeduld ertragen. Als dich die geistige Klarheit immer mehr verließ und das Leiden am Leben immer größer wurde, hast du die Ärzte und Krankenschwestern, die dich zunehmend wie einen Gegenstand behandelten, mit wachsender Gleichmut erduldet. Und doch, auch wenn das, was dir vom Leben bleibt, nur noch ein Martyrium ist, gelingt es dir immer noch nicht, loszulassen.

Ich muss den Mut finden, zu dir zu sprechen. Es ist nicht leicht, inmitten anderer Leute mit dem sterbenden Vater zu reden. In deinem Zimmer ist ein anderer Patient, der fünfundneunzig Jahre alt ist, aber hellwach, das spürt man gleich. Was soll's. Anna, bitte geh raus, lass uns einige Zeit allein. Anna verlässt das Zimmer.

»Alles wird gut, Papa, hab keine Angst. Ich habe dich immer geliebt, ich habe dir immer unendlich viel Gutes gewünscht. Hör auf zu leiden, Papa, flieg weg. Verlass deinen Körper. Ich habe dir immer unendlich viel Gutes gewünscht.«

Über sein erstarrtes Gesicht rinnt eine Träne. Ich wusste, dass er mich hören würde.

Die Fistel pulsiert zum letzten Mal. Seine Hand wird kalt, so schnell.

Ich schließe ihm die Augen.

Mein Vater ist gestorben.

Simone de Beauvoir schrieb über den Tod ihrer Mutter ein ergreifendes Buch: *Ein sanfter Tod.* »Zu wissen, dass meine Mutter durch ihr Alter einem nahen Ende zubestimmt war, hat die schreckliche Überraschung nicht gemildert«, schrieb sie. »Alle Menschen sind sterblich: Aber für jeden Menschen ist sein Tod ein Unfall und, selbst wenn er sich seiner bewusst ist und sich mit ihm abfindet, ein unverschuldeter Gewaltakt.«[55]

Bei meinen Großeltern war es *expressis verbis* so.

In meiner Familie war der Tod stets eine Abstraktion. Meine Großmutter väterlicherseits starb vor meiner Geburt – woran, weiß ich nicht. Mit ihren wasserblauen Augen, die mein Vater geerbt hatte, muss sie eine sehr schöne Frau gewesen sein. Ihr Mann, mein Großvater, starb, bevor meine Eltern rechtzeitig aus der englischen Emigration nach Wien zurückkehren konnten. Er war ein kräftiger, bulliger Mann, der während des Krieges erschreckend abmagerte, man kann es auf dem Foto erkennen. Vielleicht hatte er Krebs, auch das weiß ich nicht. Zusammen mit seiner Frau ist er auf dem Wiener Zentralfriedhof begraben.

Meine jüdischen Großeltern mütterlicherseits sind über dem Krematorium des Vernichtungslagers Treblinka in Rauch aufgegangen. Sie haben kein Grab. Ihre Vornamen sind in Warschau in die große Tafel am Umschlagplatz-Mahnmal an der Ulica Stawki in Stein gemeißelt: Regina und Grzegorz. Das ist alles, was von ihnen geblieben ist. Und Fotos. Ihr Sterben stelle ich mir oft vor, soweit das überhaupt möglich ist. Ich muss rasch wieder wegdenken, denn es ist zu schrecklich.

Mein Vater erlitt auf einer Schiffsreise in Griechenland nach dem Abendessen einen Herzinfarkt. Er fiel vom Stuhl und war tot. Er ist auf der Insel Ios begraben. Ich habe das Grab nie besucht. Auf dem verwackelten Foto, das meine Mutter mit meinem Bruder im Hintergrund geknipst hat, ist ein Holzkreuz zu sehen. Der Atheist Emmerich Fischer hätte das nicht gewollt.

Als meine Mutter im Krankenhaus starb, war ich zu Hause in Berlin. Sie hat ihren Körper der Wissenschaft zur Verfügung gestellt. Am Wiener Zentralfriedhof gibt es eine Gedenkstätte für Körperspender. Einmal jährlich findet dort eine Gedenkfeier zu Ehren der Verstorbenen statt, die ihren Leichnam den anatomischen Instituten zur Verfügung gestellt haben. Dazu werden Angehörige, Studierende und Universitätslehrende eingeladen. Ich bin noch nie eingeladen worden. Der Gedanke, dass ihr

Leichnam von Studierenden zerstückelt wurde, ist mir unangenehm. Obwohl sie es wahrscheinlich tat, um ihren Kindern Kosten zu ersparen, habe ich es damals als einen Akt der Aggression gegen uns empfunden. Neuerdings kostet die eigene Körperspende 990 Euro.

Mein Bruder hat sich drei Wochen nach dem Tod meiner Mutter das Leben genommen. Es war Januar. Er suchte sich einen entlegenen Platz im Wienerwald, den er wohl vorher ausgekundschaftet hatte, und erfror. Ein sanfter Tod, so sagt man. Im Rucksack hatte er ein Fläschchen Alkohol und Schlafmittel. Er war zweiundfünfzig Jahre alt. Im Internet habe ich Angaben über den physiologischen Prozess des Erfrierens gefunden: Wenn die Körpertemperatur auf 35 bis 32 Grad absinkt, setzt bei klarem Bewusstsein ein starkes Kältezittern ein, begleitet von Angstgefühlen. Sinkt die Körpertemperatur bis auf 28 Grad ab, trübt sich das Bewusstsein, das Kältezittern hört auf. Der Körper wird kraftlos. Zwischen 28 und 24 Grad verliert der Mensch das Bewusstsein, die Frequenz der Atmung und des Herzschlags sinkt, ebenso der Blutdruck. Bei einer Körpertemperatur von bis zu etwa 15 Grad sind Herzschlag und Atmung nur noch schwach. Muskeln und Gelenke erstarren. Bei unter 15 Grad ist die Herzmuskulatur so weit abgekühlt, dass der Herzstillstand eintritt. Bis es so weit ist, dauert es wohl eine Weile. »Der Tod ist kein Problem. Aber das Sterben«, schrieb Sándor Marai, als er sich auf seinen Abgang vorbereitete. Vielleicht haben die Schlaftabletten den Prozess für meinen Bruder beschleunigt.

In seinen Notizblock hatte er mit seiner peniblen Handschrift notiert: »Ein Bewusstsein, in welchem Veränderung nur über den Tod denkbar und vorstellbar wird: Dabei wird der Akt der Tötung zur einzig möglichen Handlung, deren verändernde Kraft sie freilich allein dem Umstand verdankt, dass sie die letzte, sich selbst aufhebende ist.« Ich weiß nicht, ob es sich um ein Zitat einer anderen Person oder um seine eigenen Gedanken handelt, aber ich weiß, dass der Satz seinen Gemütszustand zusammenfasst. Mehr gibt es über meinen Bruder nicht zu sagen. Oder vielleicht noch Émile M. Cioran: »Zuletzt jedoch, am Ende eines Lebens ohne Titel und Würden, trägt er – als Trost – seine Nutzlosigkeit wie eine Krone.«[56]

Das, was von meinem Bruder nach vollzogener Tat übrig war, wurde erst ein Jahr später von einem Wanderer gefunden. Der Zahnarzt half, die Leiche zu identifizieren. Ich ordnete die Kremierung an, veranstaltete mit Verwandten eine kleine Trauerfeier und ließ die Urne am Grab meiner Großeltern bestatten. Der Grabstein enthält nun neben dem Namen unseres Vaters auch seinen und den Namen unserer Mutter, jeweils versehen mit einem Davidstern. Vermutlich wäre das meiner Mutter nicht recht gewesen. Der Davidstern ebenso wenig wie der Ort. Schließlich war ihr Schwiegervater ein Antisemit gewesen. Aber doch: »Man braucht den Beweis für die Existenz verschwundener Menschen, denn ortlose Erinnerungen genügen nicht«, schreibt Christina Thürmer-Rohr.[57]

Geweint habe ich um meine Verstorbenen nicht. Meine Art zu trauern war, ein Buch über sie zu schreiben. Die Fotos meiner Großeltern und Eltern bewahre ich ehrfürchtig auf. Ich sehe sie mir gern an, meine Eltern waren schöne junge Leute, voller Lebenslust und dem Willen, die Welt zu verändern. Meine Mutter war Kunstgewerblerin. Von den Gegenständen und Schmuckstücken, die sie geschaffen hat, haben nur wenige die Zeit überlebt. Die schönste ihrer Broschen ging mir auf dem Flughafen Salzburg verloren. Ich bin stolz auf ihre Arbeiten, als hätte ich sie selbst hergestellt. So viel Liebe kann ich aufbringen. Kürzlich habe ich einen von ihr gewebten Teppich vors Haus gelegt. Am nächsten Tag war er weg. Die Vorstellung, dass er nun jemand Fremdem Freude bereitet, gefällt mir. Ich selbst mochte ihn nicht mehr.

Als Kind habe ich einmal darüber nachgedacht, was wäre, wenn meine Mutter stürbe. Der Gedanke ist mir als ein fast unerträgliches Gefühl in Erinnerung. Wie kann die Mutter, die immer da ist, auf einmal weg sein? Für immer weg sein?

Als Massimo zwölf oder dreizehn war, hatten die Kinder ein Kätzchen, mit dem sie Sachen machten, von denen sie wussten, dass es die Katze nicht mochte. Einmal nahm Massimo dieses Kätzchen in den Arm und näherte es einem toten Suppenhuhn, das zum Kochen bereitlag. Das Tier reagierte panisch und kämpfte verzweifelt darum, aus den Armen des Kindes zu entkommen. So war lange Jahre auch Massimos Verhältnis zum Tod: Entsetzen. Heute ist er gelassener. Denn in Wirklichkeit sei nicht der Tod, sondern das Leben das große Unbekannte, schreibt Cioran.

Als ich jung und in der Frauenbewegung engagiert war, berauschte mich der Gedanke, mit meinem Handeln den Lauf der Ereignisse zu beeinflussen. Geschichte zu machen. Heute versuche ich mich mit dem Gedanken vertraut zu machen, dass die Welt ohne mein Einwirken weitergehen wird. Und in der Tat beginnt sich seit einiger Zeit meine Welt einzuengen. Ich konzentriere mich auf das Wesentliche. Die Jungen demonstrieren, und ich nehme nicht daran teil, nicht weil es mich nicht interessiert, sondern weil mir die Kraft fehlt, und ich denke, dass es nun nicht mehr meine Aufgabe ist, die Welt zu verändern. Es ist ihre Zukunft. »Das Alter ist zunehmende Zukunftslosigkeit«, schreibt Silvia Bovenschen in *Älter werden*.[58] Ich gebe ab. »Auch weil ich jetzt Angst habe, von der Polizei oder wem auch immer einen Schlag auf den Kopf zu bekommen«, sagt Massimo. »In der Vergangenheit hatte ich diese Angst nicht.« Aber egal ist mir der Lauf der Welt nicht. Als meine Mutter im Alter einmal sagte: »Nach mir die Sintflut«, ärgerte ich mich. Spielte es für sie keine Rolle, in welcher Welt ihre Kinder weiterleben würden? Und wenn sie schon kein Interesse an meiner persönlichen Zukunft hatte, so ging es doch – mit Hannah Arendt gesprochen – um das »Weiterleben des Menschengeschlechts«, für das meine Mutter einst als junge Frau ihre Freiheit riskierte. Und doch verstehe ich sie heute ein wenig besser als damals.

Simone de Beauvoir sah den Tod ihrer Mutter als eine Niederlage. Massimo sieht es anders. »Es ist ein sehr persönlicher Vorgang, gewissermaßen die Krönung des Lebens. Das ist mein Ziel. Im Sterben will ich erkennen, was für ein Leben ich gelebt habe.« Massimo hat im Zuge seiner Krebserkrankung viel Energie verloren, geblieben ist ihm der Humor. »Ich denke, dass der Humor der einzige sichere Beweis für ein Jenseits ist. Wenn du dich in einer beschissenen Lage befindest, diese Lage aber dennoch mit Humor betrachten kannst, heißt das, dass es eine Alternative gibt, eine andere Welt. In diesem Sinn kann man sich beim Sterben vielleicht die Existenz eines Jenseits vorstellen, einen Übergang, eine Transformation in etwas, von dem wir leider nicht wissen, was es ist, und worüber wir nicht erzählen können.«

»Manchmal spüre ich es jetzt schon, diese Müdigkeit, mich mit den Alltagsproblemen zu befassen, mit den Problemen der Menschen, die mir nahe sind«, sagt Massimo. »Man ist müde und denkt, soll doch die Welt alleine weitermachen, ich habe mein Leben gelebt und kann jetzt sterben.« Das wäre der Idealzustand: zu wissen, innerhalb meiner historischen und persönlichen Möglichkeiten im Leben nichts verpasst, das Beste aus meiner Zeit auf Erden gemacht zu haben. »Das bedeutet auch, alle Einschränkungen zu akzeptieren«, fügt Massimo hinzu. »Wenn ich auf mein Leben zurückblicke, sehe ich alle Fehler, die ich begangen, und die Dinge, die ich aus Angst unterlassen habe. Auch das muss man akzeptieren können. Dann sagst du: Das war es, was ich tun konnte. Mehr war nicht drin.« Schrecklich ist der Ausspruch meiner Mutter nicht lange vor ihrem Tod: »Es war ein verpfuschtes Leben.« Deshalb war sie so bitter.

Als Massimos Mutter immer schwächer wurde und sehr viel schlief, eilte er von seinem Wohnort Neapel nach Rom, um bei ihr zu sein. Als er ankam, sagte sie zu ihm: »Gestern hatten wir einen wunderschönen Tag.« Massimo hat mir von dieser Erinnerung wiederholt voller Rührung erzählt. Selbst in ihren letzten Tagen fand seine Mutter noch die Fähigkeit in sich, Freude zu empfinden. Freude ohne Hoffnung.

Dabei zu sein, wenn jemand stirbt, ist gewiss ein Geschenk, dass mir bis heute versagt geblieben ist. Manche beziehen daraus Trost. Ich habe noch nie einen toten Menschen gesehen. Aber »auch der Augenblick des Todes spricht den Lebenden nur vom Leben«, schreibt Christina Thürmer-Rohr. »Der Tod lässt uns den Tod nicht begreifen. Der Tod ist nicht vorstellbar. ... Er hinterlässt keine lesbaren und erkennbaren Botschaften. Der Tod ist der Tod der anderen, den Lebenden gehört er nicht.« So bringt das Alter, wenn wir uns dem Tod nähern, »eine unbekannte Art des Lernens« mit sich, so Thürmer-Rohr, »ein stilles, unvergleichliches und nicht vorzeigbares Lernen: nicht nur wissen, sondern akzeptieren, dass wir anfingen, ohne zu bleiben.«[59]

Ich habe viele Freunde, die jetzt in Rente gehen. Die sind genauso angeekelt von dem, was da auf sie einprasselt, wie ich. Sie sagen: Ich will jetzt einfach zur Ruhe kommen. Ich habe schwer gearbeitet, ich habe Kinder großgezogen, ich habe meine Eltern versorgt. Jetzt kriege ich mal Geld, auch wenn es nicht reicht, und muss überhaupt erst mal kapieren, dass ich nicht mehr an meinen Arbeitsplatz muss. Jetzt will ich schauen, wonach mir ist. Will ich noch mal durchstarten? Will ich eine zweite Pubertät erleben? Sie wollen in sich hineinschauen und sehen, welche Geschichten in ihnen wohnen, worauf sie Lust haben.

Klar, die meisten von uns haben auch selbst den Anspruch, weiter zu funktionieren, noch etwas zu unternehmen mit der verbleibenden Zeit. Aber es kommt dieser enorme Druck von außen, sich möglichst lange fit zu halten, unbedingt Sport zu treiben. Man suggeriert uns, dass siebzig noch kein Alter ist. Aber das stimmt nicht. Die körperlichen Gebrechen fangen schon viel früher an. Natürlich hängt es davon ab, was man gearbeitet hat. Mein Rücken wäre heute auch anders, hätte ich nicht als Krankenschwester schwere Patienten gehoben. Als ich mit vierzig im Krankenhaus aufgehört habe, war mein Rücken schon arg in Mitleidenschaft gezogen. So geht es allen meinen Kolleginnen. Bis zum Schluss hält kaum eine durch.

Brigitte, 76, Berlin

MEIN ALPHABET

Gestern war ich bei einem Geburtstagsfest einer Freundin. Sie wurde neunundfünfzig Jahre alt, die meisten anderen Gäste, ungefähr zwölf Personen, waren im selben Alter oder jünger. Ich war die Älteste. Ich habe mich daran gewöhnt, die Älteste zu sein, dagegen ist grundsätzlich nichts einzuwenden. Das Problem ist nur, dass ich mich in Gruppen nicht mehr wohlfühle. Immer öfter sage ich Einladungen zu Festen und größeren Veranstaltungen ab. Es ist wie in meiner Jugend, wobei ich damals keine Einladung abgelehnt habe und jedes Mal von Neuem hoffte, auf dem Fest würde sich etwas Einschneidendes ereignen, eine Begegnung, die mein trauriges Leben in eine neue Richtung lenken würde. Und natürlich ist das nie passiert, nicht einmal amüsiert habe ich mich in den meisten Fällen. Und heute, mit achtundsiebzig und bar jeder Hoffnung auf eine einschneidende Begegnung, stehe ich wieder (oder immer noch) herum und fühle mich unnötig. Niemand spricht mich an, ich spreche niemanden an. Nur mit Personen, die ich kenne, kommt kurzzeitig ein Gespräch zustande, aber schon bald fällt mir nichts mehr ein.

Es gab eine Zeit, da war ich wer, da kannte man mich, da war ich eingebettet in eine politische Kultur. Eine kurze Lebenszeit lang war es leicht, ein Gespräch zu führen, es gab viele gemeinsame Projekte, gemeinsame Themen, gleichgesinnte Empörungen, geteilte Zukunftshoffnungen. Anfang der 1980er-Jahre habe ich einige Monate in Mosambik verbracht. Außer dem Freund, den ich besuchte und der dort als Entwicklungshelfer arbeitete, kannte ich niemanden. Doch niemals fühlte ich mich ausgeschlossen. Alle seine Freunde und Bekannten, die ich traf, waren leidenschaftlich an der Entwicklung dieses bettelarmen, erst 1975 von Portugal unabhängig gewordenen Landes interessiert, und jeder hatte im Gespräch etwas beizutragen, was ich gierig aufsog. Wie zehn Jahre zuvor in der Frauenbewegung in Wien hatten wir alle ein gemeinsames Anliegen, das uns augenblicklich verband. Das ist alles lange her, auch weil ich aus der mir vertrauten Kultur in Wien in eine fremde ausgewandert bin. Und weil die meisten unserer Zukunftshoffnungen verblasst sind, auch die um ein demokratisches sozialistisches Mosambik.

Aber vermutlich macht es auch den anderen, den Jungen, keinen besonderen Spaß, auf einer Party mit alten Leuten zu reden, wenn diese sich nicht offensiv in den Mittelpunkt zu stellen verstehen und nicht als Prominente eingeführt werden – weil sie von ihnen wenig Anregendes erwarten. Also schweige ich und esse, immer zu viel, um wenigstens irgendetwas zu tun. Gern würde ich wissen, wie andere mich wahrnehmen. Als eine alte Frau in Rente, die nur noch über ihre Enkel Aussagekräftiges von sich zu geben weiß und der man also am besten aus dem Weg geht?

Ich vertrete in meinen Büchern und bei öffentlichen Auftritten durchaus Meinungen, die nicht mehrheitsfähig sind und für die jüngere Personen wütende Hassmails ernten – zu Prostitution, zu gendersensibler Sprache, zu Transgender, zu Israel und BDS. Nicht dass ich mir unbedingt Hassmails wünschen würde, aber es fällt auf, dass der Widerspruch ausbleibt. Lohnt er sich gegen mich nicht mehr? Gelte ich als keine angemessene Diskussionsgegnerin und schon gar nicht als Hassobjekt? Bin ich abgehängt, auch wenn ich immer noch mitten im Leben stehe?

Dann kommt das Problem des Hörens dazu. Ich kann mich nur mit einer Person in meiner unmittelbaren Nähe unterhalten, die Leute an der anderen Seite des Tisches höre ich schon schlecht. Und auch wenn ich die benachbarte Person gut höre, versetzt mich der Lärm rundherum in zunehmende Erschöpfung und Missgelauntheit. Schlecht zu hören schließt aus. Dabei trage ich die besten Hörgeräte, die auf dem Markt erhältlich sind. Bin ich menschenscheu geworden? Ich gebe zu, dass auch mich jüngere Leute mehr interessieren als alte, sie stehen immerhin im Leben und können mir aus ihrer Welt berichten. Das war auch in jungen Jahren der Grund, warum ich nach diversen Irrungen Journalistin wurde: um meine Neugier auf die Welt dort draußen zu befriedigen, um das Leben, das ich selbst nicht führte, zu mir hereinzuholen. Mich interessiert auch mehr, was Menschen tun, als wie Menschen sich fühlen. Und Jüngere tun mehr als Ältere. Cicero hatte recht: »Was gibt es denn Erfreulicheres, als im Alter von jungen Menschen voller Eifer umdrängt zu sein?«[60]

Der zunehmende Rückzug ist ein Teufelskreis, der zu

immer größerer Isolation führt, die ich aber nur wahrnehme, wenn Menschen um mich sind. Dieses Unbehagen. Am glücklichsten bin ich bei der Arbeit, mit mir allein am Computer. Dann habe ich etwas zu sagen, mir selbst und anderen. Das, was ich in den Computer tippe, antwortet mir. Aber wie lange noch? Schon merke ich, dass ich rascher müde werde und mich manchmal auch Denken anstrengt. »Zu den Symptomen des Alterns gehört neben der Verlangsamung und dem Rückzug auf gesicherte Gebiete auch ein ökonomisches Verhältnis zur Zeit«, schreibt Silvia Bovenschen.[61] »Das Alter fördert das Privileg, nicht alles mitmachen zu müssen«, sagt auch Christina Thürmer-Rohr.[62] Es als Privileg zu sehen und nicht als Defizit ist ein schöner Gedanke.

Wie lange noch? Das fragen wir uns also mit zunehmendem Alter. »Bei mir geht es dem Ende zu«, sagt meine dreiundneunzigjährige Freundin Marie-Thérèse Escribano, eine Sängerin und Schauspielerin in Wien. »Wie lange hab ich noch zu leben? Wie kann ich alles schaffen, was ich noch vorhabe? Die Zeit vor mir wird immer kürzer.« – »Die Jahre sind einfach vergangen«, antwortet Friederieke Mayröcker Iris Radisch in dem Interviewband *Die letzten Dinge* auf deren Frage, was die Jahre mit der Schriftstellerin gemacht haben. Da war sie achtzig, heute ist sie sechsundneunzig. »Und dann denkt man: Wie lange wird es noch gehen?« Aber Mayröcker denkt wenig an die Vergangenheit. »Ich denke an eine Mischung von Gegenwart und Zukunft. Ich habe noch so viel vor.« Und dann sagt sie auch noch: »Manchmal denke ich, mein Leben beginnt überhaupt erst.«[63] Das gefällt mir sehr: immer wach bleiben, die Neugier nie verlieren, jeden Tag aufs Neue über die Welt staunen. »Mir ist sehr wichtig, mit großen Augen zu schauen, was die Welt mir bringt«[64], sagt Mayröcker und fasst ihr Leben als »endlosen Augenblick« zusammen. Als Kind war ihr die Außenwelt gleichgültig, »jetzt ist sie mir ganz wichtig«.[65] Wenn wir uns daranmachen, sie zu verlassen, wird sie plötzlich wichtig. Ist es das?

Thürmer-Rohr stellt sich Fragen, die auch ich mir stelle, wenn ich mich mit der polnischen Sprache abmühe. Wozu? »Wieso sich überhaupt noch etwas merken«, fragt sie sich, »wenn man doch weiß, dass es vielleicht morgen schon restlos entschwunden ist? Wozu überhaupt noch lesen? Und wozu leben, wenn man doch stirbt?«[66]

NACHRUF VON A BIS Z

Im Haus der Poesie in der Berliner Kulturbrauerei ist meine Freundin Margret Kreidl zu Gast. »Ich bin Tochter eines Hilfsarbeiters und Dichterin«, sagt sie von sich selbst. Dieser Satz hat mich sehr berührt. In sieben Worten fasst er ihr gesamtes Leben zusammen und strotzt vor Selbstbewusstsein. »Ich bin Tochter eines Hilfsarbeiters und Dichterin.« »Ich bin eine Margarete und keine Margerite«, schreibt sie. Auch das sind sieben Worte von großer Tiefgründigkeit. Margret ist keine Blume. Sie schmückt niemandes Zimmer und niemandes Leben. 2014 hat sie ein »Alphabet der Träume« veröffentlicht, mit einem bezaubernden Geleitwort, einer Parole der *Idignados auf der Plaza del Sol* in Madrid, der Entrüsteten, die im Frühjahr 2011 gegen Arbeitslosigkeit und die Austeritätspolitik der Regierung Zapatero protestierten: »Wenn ihr uns nicht träumen lasst, lassen wir euch nicht schlafen.«[67] Einen schöneren Slogan für einen politischen Protest kann man sich nicht ausdenken.

Margrets Alphabet der Träume hat mich zu einem Nachruf inspiriert, zu einem Nachruf auf mich selbst von A bis Z. Mein Leben in 24 Buchstaben. Das Alphabet schafft Struktur.

A

Die Arbeit war mir wichtig, wichtiger als das meiste andere. Sie verschaffte mir Anerkennung, aber auch Abwechslung und Abstand von den Zumutungen des Lebens. Ich hoffte, bis ins hohe Alter arbeiten zu können. Ein anderes Leben war mir nie vorstellbar. Muße machte mich missmutig. Schreiben bis zum letzten Atemzug, sagte Friederike Mayröcker. So ungefähr, nur weniger pathetisch. Ich war ja keine Dichterin.

B

Der Balkan hatte es mir angetan. Getroffen. Bosnien, Kosovo. Die Flüchtlinge im Fernsehen rissen eine Wunde auf, eine Erinnerung ohne eigenes Erleben. In meinem Körper eingeschrieben.

C

Nach China wäre ich gern gereist. Ich reiste gern, ich liebte es, mich dem Fremden auszusetzen. China wäre sehr fremd gewesen. Aber der Corona-Virus verhinderte es. Glücklicherweise gab es das Kino, chinesische Filme.

Mich begeisterte es, dass Chinesen, Japanerinnen und Koreaner über dasselbe lachen können wie wir. Am Ende sind wir alle gleich. Kinder spielen gleich. Mütter liebkosen und schützen ihre Kinder gleich. Wir leiden und sterben gleich. Aber chinesische Filme sind sehr traurig.

D
Geheiratet haben wir in Dänemark. Auf der Insel Møn. Vielleicht wegen des durchgestrichenen o, ein Buchstabe, der mich ebenso faszinierte wie die vielen ä, ö und ü im Türkischen. Unbekannte Täter machten eines Nachts die U-Bahn-Station »Mohrenstraße« zu einer »Möhrenstraße«. Dafür liebte ich Berlin. Auf Møn war es so kalt, dass das Meer mit einer dünnen Eisschicht überzogen war. Dort wurde ich zum Frau-Teil eines Ehepaars, schon zum zweiten Mal. Eigentlich unzulässig für eine Feministin.

E
1938 flüchteten meine Eltern nach England, wo ich geboren wurde. Was für ein Glück für ein österreichisches Baby 1943. Keine Luftschutzbunker, kein Hitler-Geschrei aus dem Volksempfänger, kein Hunger, nur Bananen und Schokolade, die mir die Leute in den Kinderwagen legten, und rundherum der Klang der englischen Sprache. Auch deshalb war ich keine Erika, sondern eine Erica. Was für ein Glück auch das, denn in meiner Schulklasse gab es drei Erikas. Nazi-Kinder. Englisch war meine erste Sprache. Danach habe ich noch weitere drei gelernt.

F

»Endlich ein deutscher Name«, jubelte der Neuköllner
Augenarzt bei meinem Eintreten. Fischer. Ich ärgerte
mich und schwieg. Dafür schämte ich mich bis ans Ende
meiner Tage. Wird man sich später an mich erinnern,
dann wegen meiner Beteiligung am Aufbruch der Frauen
Anfang der 1970er-Jahre in Wien: F wie Feminismus. Er
war für mich eine Befreiung von der düsteren Last der
Jugend, ein Aufplatzen meines verborgenen Potenzials
wie das im Zeitraffer gefilmte Aufblühen einer Blume.
Mit einem Schlag hatte ich keine Angst mehr.

G

Zunehmend aß ich mehr Grünzeug und weniger Fleisch.
Nur ab und zu ein Anfall, Heißhunger. Was die Menschen
den Tieren antaten, ertrug ich weniger als das, was Menschen Menschen antaten. Warum? Vielleicht weil Menschen mehr verstehen als Tiere. Besser leiden können. Es
hieß ja immer, der Holocaust sei unbegreiflich gewesen,
aber das stimmt nicht. Der russische Schriftsteller War-
lam Schalamow schrieb, dass die geschundenen Pferde im
stalinistischen Lager eher starben als die Menschen, der
Überlebenswille der Menschen sei stärker gewesen. Die
Frage sei nicht »Können Tiere denken?« oder »Können
sie reden?«, sondern »Können sie leiden?«, sagte Jeremy
Bentham, der ein äußerst widersprüchlicher Zeitgenosse
des 18. und 19. Jahrhunderts gewesen sein muss.

H

Holocaust. Shoah. Die Männer kamen als Erste ins Gas.
Die Frauen mussten sich ihre Schreie anhören und war-

teten, nackt, vor der Eisentür, bis das Schreien verebbte und sie selbst an die Reihe kamen. Todesangst führt zu Darmentleerung. Die Arbeitsjuden mussten es wegspülen. So starb meine Großmutter.

I

Das Internet hat die Arbeitsweise von Übersetzern und Schriftstellerinnen und Schriftstellern von Grund auf verändert. Als ich Mitte der 1970er-Jahre an der Übersetzung von Kate Milletts *Flying* arbeitete, verlegte ich meinen Arbeitsplatz für mehrere Wochen auf die griechische Insel Lesbos. Im Rucksack trug ich zwei mehrere Kilo schwere Langenscheidt-Wörterbücher und in der Hand eine Reiseschreibmaschine. Die 2000-Seiten-Übersetzung überarbeitete ich nach Fertigstellung und ließ sie – auf eigene Kosten – von einer Schreibkraft abtippen. Als ich 1987 an der Übersetzung eines weiteren Buches arbeitete, verbrachte ich zwei Wochen in der Österreichischen Nationalbibliothek bei der Suche nach Zitaten. Das alles wurde Geschichte. Zitate findet man überwiegend im Internet, Wörterbücher haben sich fast vollkommen erübrigt.

J

Ich war Jüdin. Nach der Halacha, dem jüdischen Gesetz, ist das Kind einer jüdischen Mutter jüdisch. Eigentlich absurd, dass ich mich bei meiner Herkunft auf ein jüdisches Gesetz berief, das mir vollkommen egal war. Aber was hätte ich sonst angeben können? Aus Österreich wurden meine Eltern vertrieben. Aber ich hatte einen österreichischen Pass. Als die FPÖ an die Regierung kam, überlegte ich, Deutsche zu werden, aber irgendwie konnte ich mir mich nicht als Deutsche vorstellen. England hatte meine Eltern aufgenommen, dort wurde ich geboren und hatte einen britischen Pass. Doppelstaatsbürgerschaft – eine verpönte Existenz, aber nur für die Einheimischen, nicht für Leute wie mich. Einst waren Österreich und das Vereinigte Königreich noch gemeinsam in der Europäischen Union. Am ehesten war also noch die Jüdin in meinen Körper eingeschrieben, die Erinnerung an die Ermordung meiner Großeltern.

K

Ich wuchs in einem katholischen Land auf, in meiner Kindheit war das noch deutlich spürbar. Wenn ich als Teenager deprimiert war, setzte ich mich in eine katholische Kirche. Mein Vater war in jungen Jahren aus der Kirche ausgetreten. In meiner Familie war man antiklerikal. Mein Vater war Mitglied des sozialdemokratischen Vereins der Freunde der Feuerbestattung »Die Flamme«. In Wien wurde die Feuerhalle Simmering 1922 in Betrieb genommen. Seit 1966 ist die Feuerbestattung der Erdbestattung gleichgestellt. Die Katholiken hatten an Boden verloren.

L

Ich wurde Feministin aus Liebe. Um einander wirklich zu lieben, müsse Gleichheit herrschen zwischen den Geschlechtern, dachte ich damals. Irgendwie stimmt das auch, aber nur irgendwie. Sexuell erlebte ich die höchste Stufe der Erfüllung mit einem, der ungleicher nicht hätte sein können. Doch das Wort »Liebe« mischte sich auch nicht zwischen uns ein.

M

Massimo war mein letzter Mann. Nach nahezu zehn Jahren der Eingewöhnung – schließlich ist es keine Kleinigkeit, im Alter von fünfundsechzig Jahren eine neue Beziehung zu einem Menschen einzugehen, der sein Leben in einem anderen Umfeld und mit anderen Prioritäten verbracht hat – entwickelten wir uns zu einem gut akkordierten Ehepaar. Dass sich unser literarischer und filmischer Geschmack so stark unterschied, war vielleicht sogar von Vorteil. So waren wir gezwungen, immer wieder eigene Wege zu gehen. Massimo liebte seinen Namen nicht, seine Eltern gaben ihm damit eine schwere Bürde auf den Weg. Denn alles andere als ein Maximus, war er ein zugewandter, bescheidener, zurückhaltender Mensch, der sich selbst nur selten in den Vordergrund rückte.

N

2020 wurde in den Medien viel über Nazis und Neonazis gesprochen. Es schien, als würden die Behörden endlich begreifen, dass Deutschland nicht von Linksradikalen, sondern von Rechtsradikalen bedroht wurde.

O

Ich wurde eingeladen, mich bei »Omas gegen rechts« zu engagieren. Obwohl ich einst in Wien eine erfahrene Aktivistin war, ging mir seit meiner Auswanderung nach Deutschland die Lust am Aktivismus verloren. Einerseits schob ich es auf das Alter, andererseits darauf, dass sich die Strukturen in dem kleinen Österreich von jenen im großen Deutschland maßgeblich unterscheiden. Was mir in Wien bis zum Erbrechen vertraut war, blieb mir lange

Zeit in Deutschland fremd. Ich verlegte mich aufs Schreiben. Und »Oma« wollte ich nicht sein. Für die Blutslinie, die sich über Generationen fortpflanzt, fehlte mir der Sinn.

P

Peter hieß mein vier Jahre jüngerer Bruder. Er nahm sich nach dem Tod der Mutter das Leben. Ab dem Alter von fünfundfünfzig Jahren hatte ich also keine Familie im engeren Sinn. In meiner Familienbiografie *Himmelstraße* nannte ich ihn Paul. Es half, mit seiner Person als literarischer Figur umzugehen. Zwischen Peter und mir bestand ein enges emotionales Band, das wir nicht ausdrücken konnten. Noch am ehesten in der Kindheit, als wir miteinander spielten. Als er größer wurde, kämpften wir, wenn die Mutter nicht im Haus war, er mit einer solchen Wut, dass ich Angst vor ihm bekam. Warum hasste er mich so?

Q

Zu Q fiel mir nur Qual ein.

R

In den Nullerjahren begann man in Deutschland endlich von »Rassismus« zu sprechen, besonders nach Hanau. Schon in der Kindheit hatte ich gelernt, Rassismus zu erkennen, mich vor Rassismus zu fürchten und Empathie für jene zu empfinden, die Rassismus erfuhren. Den antikolonialen Kampf in Kenia verfolgte ich mit solcher Begeisterung, als wäre er mein eigener. In Deutschland wurde der Rassismus mit »Fremdenfeindlichkeit«, »Xenophobie«, »Ausländerfeindlichkeit«, »Islamophobie« umschrieben. Keiner wollte Rassist sein. Der Antisemitismus stand auf einem anderen Blatt. Als das Wort »Rassismus« endlich seinen Platz in der deutschen Debatte einnahm, war ich erleichtert. Man muss die Dinge beim Namen nennen.

S

Gegen Sexismus konnte ich mich besser wehren als gegen Antisemitismus. Antisemitismus ließ mich vor Todesangst erstarren, obwohl ich nie gegen mich selbst gerichteten Antisemitismus erlebt hatte. Aber die Angst meiner Großeltern und meiner Mutter saß mir in den Knochen. Antisemitismus tötet, das wusste ich schon als Kind. Auch Sexismus tötet, aber das erkannte ich erst später.

T

Töne. Als ich noch für den Hörfunk arbeitete, war es mir ein großer Genuss, meine mit einem Rekorder aufgenommenen O-Töne – die menschliche Stimme, das Gezwitscher von Vögeln, das Geratter von Maschinen, der Ruf des Muezzins zum Gebet – zu bearbeiten, zu schneiden, miteinander zu einer neuen Tonfolge zu verbinden. Eigentlich war mir die Arbeit für das Radio die liebste Tätigkeit, weil sie so sinnlich war. Noch in späten Jahren, als ich längst nicht mehr für den Hörfunk arbeitete, erinnerte ich mich an den Klang einer bestimmten Stimme, die ich beim Schneiden stundenlang im Ohr hatte. Hätte die Person angerufen, ich hätte sie sofort erkannt.

U

Im Sommer 2019 hatte ich einen Radunfall, direkt vor meinem Haus. Ich fiel auf den Kopf, wurde ohnmächtig und wachte in der Ambulanz auf. Ich hatte eine riesige Beule und ein geschwollenes Auge, aber die Computertomografie ergab keine Auffälligkeiten. Drei Monate später flog ich nach Griechenland. Am Vorabend begannen sich die Buchstaben am Computer zu verheddern. Ich dachte, der Computer sei kaputt. Auch als Massimo einen Vers von Dante fehlerfrei eintippte, blieb ich unbesorgt und freute mich auf die Reise. Auf dem Flughafen der Insel Zakynthos fiel ich über meine eigenen Füße und konnte nicht mehr richtig sprechen. Man brachte mich ins Krankenhaus in der Hauptstadt. Es war Freitagnacht.

An die beiden Nächte im dortigen Spital erinnerte ich mich nur ungenau. Es war ein unheimlicher Zustand der Orientierungslosigkeit. Nachts irrte ich durch die Korridore und suchte Massimo, der einen Krankenpfleger beauftragt hatte, sich um mich zu kümmern, der mich aber nur noch mehr verwirrte. Das Cortison stabilisierte mich schließlich, und am Montag darauf konnte ich ohne fremde Hilfe in die Ambulanz steigen, die mich in die Universitätsklinik nach Patras brachte. Dort wurde ich operiert, zwei Löcher links und rechts wurden mir in die Schädeldecke gebohrt, um den Druck des Hämatoms auf das Gehirn zu reduzieren und das Blut durch Kanülen abfließen zu lassen. Die Tatsache, dass der Chefarzt perfekt Deutsch sprach, weil er in der DDR in Leipzig ausgebildet worden war, empfand ich als beruhigend. Die Schwesternschülerinnen waren bezaubernd. Massimo, der neben mir auf einem Klappsessel schlief, hatte seine Freude.

V

Ich war negativ auf meine Mutter fixiert. Freundinnen fiel auf, dass der Vater in meinen Erzählungen nie vorkam. Erst viel später erkannte ich, dass er der sanftere, weichere, zärtlichere Elternteil gewesen war. Aber er war abwesend wie so viele Väter. Schade.

W

Mehr als einzelne Personen liebte ich die Welt, um diese sorgte ich mich und um die Menschen in ihr. Deshalb kam ich gut ohne Familie und mit nur wenigen Freundinnen und Freunden aus.

X

Die Tochter von Yanis Varufakis, dem ich gern die Organisation der Weltwirtschaft übertragen hätte, heißt Xenia. So hätte ich gern geheißen. Xenia – die Fremde.

Y

Eine Yacht zu besitzen interessierte mich nicht. Doch in einer Hafenstadt hätte ich gern gelebt – wo Yachten schaukeln und Möwen kreischen. Neapel, Barcelona, Thessaloniki, Rijeka, Sydney, Pula, Cagliari … Hamburg wäre mir zu grau gewesen.

Z

Zakynthos heißt die griechische Insel, auf der ein österreichischer Rechtsanwalt von Mai bis September Kreativurlaube anbot, wahrscheinlich bis ans Ende seiner Tage. Fünfzehn Jahre lang leitete ich auf Zakynthos eine Schreibwerkstatt. Für mich, die Abwechslung liebte, war das eigentlich eine Ungeheuerlichkeit, aber mit den Jahren stellte sich eine Vertrautheit mit dem Dorf und seinen Menschen ein. Nikos mit den strahlenden Augen, der Sohn der Gemüsehändler, der die blond gelockte Römerin, eine Malerin und Tänzerin, heiratete. Zur Olivenernte war er immer pünktlich zurück aus Wien und Rom. Kostas, einst Kellner im größten Restaurant des Dorfs, der an einem Gehirntumor starb. Auch der Wunderheiler in Thailand konnte ihm nicht helfen. Und noch ein anderer Nikos, Mitbesitzer der Lieblingskneipe der Kursleiter mit dem schönsten Blick aufs Meer. Seine Mutter kochte nach griechischer Art mit viel Öl und weigerte sich, auf die Vorlieben ihrer ausländischen Gäste Rücksicht zu nehmen. Nikos, der mit den Jahren leidlich gut Englisch lernte und abends versonnen in den Sonnenuntergang blinzelte, immer allein. Dass er hinreißend tanzen konnte, war überraschend. Und Athina, die an Depressionen leidende Frau unseres Vermieters. Das Haus verließ sie nur, um Massimo und mich zu begrüßen und zu verabschieden. So vertraut war mir in meinem Leben vielleicht kein anderer Ort.

Aber nach der Operation musste ich ihn verlassen. Manche Kursleiter konnten sich nicht trennen. Jahr für Jahr kehrten sie zurück, auch wenn sie keinen Kurs leiteten. Ich schrieb einen tränenreichen Abschiedsbrief an den Leiter der Sommerakademie, in dem ich meine fünfzehn Jahre Revue passieren ließ. Er antwortete nicht. Ich hatte es auch nicht erwartet, ich wusste, dass ich für ihn nichts war als eine alte Frau. Der Abschied fiel mir also nicht schwer. Aber Trennungen fielen mir immer leicht. Ich war nicht treu. Meine Eltern hätten mich Xenia nennen sollen.

Die Verbindung zwischen Jung und Alt
müsste intensiver sein.
Auch ein alter Mensch
sollte geachtet und geschätzt werden,
und nicht lieblos in ein Altersheim
abgeschoben werden.
Die ältere Generation hat auch viel geleistet,
sodass jeder einen Nutzen davon hatte.
Verständnis und Achtung
den älteren Menschen gegenüber
sind Voraussetzung für ein gutes Miteinander.
Man hat als älterer Mensch immer das Gefühl,
nur noch ein Störfaktor zu sein.

Eintragung ins Gästebuch der Wanderausstellung
»Was heißt schon alt?« (2016) des Bundesministeriums
für Familie, Senioren, Frauen und Jugend

DA KOMM ICH REIN!

VOM LEBEN UND STERBEN IM HOSPIZ

Ich arbeite seit elf Jahren in einem Hospiz. Menschen im Alter von zwanzig bis hundert kommen zu uns, weil sie an einer unheilbaren Erkrankung leiden. Um bei uns aufgenommen zu werden, brauchen sie eine Diagnose, die zeigt, dass alles versucht wurde, um ihren Zustand zu bessern, oder aber dass sie sich selbst dazu entschieden haben, nichts mehr zu unternehmen. Sie dürfen bei uns mit ihrer Krankheit sterben. Es wird nichts Lebensverlängerndes unternommen, aber auch nichts Verkürzendes. Die Symptome werden gelindert, die Gäste werden gepflegt, und es wird ihnen ermöglicht, möglichst sanft und schmerzfrei zu gehen. Sie dabei empathisch zu begleiten, das ist unsere Aufgabe. Wir bezeichnen die Menschen, die zu uns kommen, deshalb auch nicht als »Patienten«, sondern als unsere »Gäste«, die uns mit ihrem Tod wieder verlassen werden.

Die Voraussetzung ist also eine unheilbare Krankheit. Es geht nicht darum, in einer angenehmen Umgebung und gut gepflegt sterben zu können?

Wir werden oft von allein lebenden älteren Leuten gefragt, ob sie nicht in ein Hospiz gehen können, um dort zu sterben. Aber das ist nicht möglich. Grund ist vor allem die Finanzierung durch die Pflege- und Krankenkassen. Sie übernehmen die Kosten für den Aufenthalt für alle, die die entsprechenden Kriterien erfüllen. Das ist wirklich ein Luxus. Auch die Ärmsten können zu uns kommen. Es gibt keinen Unterschied. Das finde ich großartig.

Derzeit haben wir zehn Gäste. Unser Haus ist eine schöne alte Villa im Grünen. Bei uns ist gut aufgehoben, wer Ruhe und Natur mag. Wir haben eine Terrasse, die mit Betten befahrbar ist, sodass auch jene frische Luft atmen können, die nicht mehr mobil sind.

Mit dem Küchenpersonal und der Leitung sind wir insgesamt zwanzig Mitarbeiterinnen und Mitarbeiter. Wir arbeiten im Dreischichtsystem, zwei bis drei Kollegen sind jeweils im Dienst. Das ist ein sehr guter Schlüssel.

Was hast du für eine Ausbildung?

Ich bin Krankenschwester. Bei uns im Hospiz arbeitet nur examiniertes Fachpersonal. Die meisten von uns haben eine palliative Zusatzausbildung. Das ist erwünscht und auch sehr sinnvoll, weil sich unsere Arbeit doch sehr von der herkömmlichen Krankenbetreuung unterscheidet. Wir sind für alle medizinischen und pflegerischen Aufgaben zuständig und versuchen den Menschen ganzheitlich zu sehen, mit all seinen Wünschen, Bedürfnissen, Ängsten und Freuden. Ganz wichtig sind die Gespräche mit den Gästen und ihren Angehörigen und die Trauerbegleitung innerhalb des Sterbeprozesses.

In der DDR habe ich in einem Krankenhaus gearbeitet, war aber nie so richtig glücklich damit. Nach der Wende habe ich mich drei Jahre lang zur Heilpraktikerin ausbilden lassen, dann kamen die Kinder, und ich habe weiter nebenbei in verschiedenen Einrichtungen als Krankenschwester gearbeitet, auch mit Wachkoma-Patienten. Irgendwann habe ich in unserem Hospiz gejobbt und gehört, dass sie Personal suchen. Ich habe mich sofort beworben, weil ich fand, dass hier alle meine Qualifikationen gebraucht werden. Hier fühle ich mich richtig.

Nach elf Jahren denke ich jetzt manchmal, ob ich das noch weitere zehn Jahre machen kann. Es ist ja eine körperlich anstrengende Arbeit, und man hat ständig mit Trauer und Sterben zu tun. Ob man das auf Dauer aushält – ich weiß es nicht. Andererseits arbeite ich auch nur 70 Prozent, denn das ist das Konzept unseres Hauses. Damit habe ich auch immer wieder drei oder vier Tage frei und kann mich sammeln. Trotz der geübten professionellen Schutzhaltung baut man doch manchmal eine nahe Beziehung zu einer Person auf, und wenn diese stirbt, kann einem das auch stärker zu schaffen machen. Für diese Fälle besteht die Möglichkeit, sich in einer Supervision damit auseinanderzusetzen.

Derzeit hören einige Mitarbeiterinnen auf, und wir haben Schwierigkeiten, den richtigen Nachwuchs zu finden. Das liegt nicht nur an der grundsätzlichen Unterbezahlung unseres Berufes, man braucht auch Leute, die für diese Arbeit Herzblut mitbringen. Man kann nicht einfach bei Feierabend die Arbeit hinschmeißen und gehen. Jene, die schon länger bei uns arbeiten, denken immer auch für die anderen mit.

Das Haus ist von der Diakonie. Spielt Religion eine Rolle?

Die Religionszugehörigkeit ist keine Voraussetzung. Wenn ein Gast Seelsorge wünscht, dann werden wir dem gerecht, und es gibt auch einen katholischen Seelsorger. Aber zu uns kann jeder kommen, egal welcher Glaubensrichtung.

Wie sieht dein Tagesablauf aus?

Ich leiste die grundpflegerische Versorgung, ich wasche die Kranken, ziehe sie an, lagere sie. Wir sorgen dafür, dass sie ernährt werden, dass sie bei Inkontinenz trocken sind, wir versorgen sie aber auch medizinisch: Verbände, Medikamente, Infusionen, Spritzen, Schmerzpumpen, Sauerstoff. Es geht darum, möglichst alle Beschwerden wie Schmerzen, Atemnot und Übelkeit zu lindern. Wir sind rund um die Uhr für die Leute da, denn viele schlafen am Tag und sind dann in der Nacht wach. Ärzte haben wir vor Ort nicht, aber wir arbeiten mit mehreren Palliativärzten von außen zusammen, die jederzeit abrufbar sind, 24 Stunden am Tag. Denn oft ändert sich der Zustand eines Kranken ganz schnell.

Was für Krankheiten haben die Gäste?

Hauptsächlich ist es Krebs, es gibt aber auch Leute mit einer chronischen Lungen- oder Nierenerkrankung oder ALS, einer Amyotrophen Lateralsklerose. Diese Menschen brauchen eine sehr aufwendige Betreuung, weil sie geistig vollkommen klar sind, aber die Lähmung nach und nach den ganzen Körper erfasst. Sie können dann auch immer weniger gut atmen, nicht mehr schlucken. Oft sind es jüngere Menschen, auch Sportler. Diese Erkrankung ist sehr qualvoll. Sie brauchen eine ganz andere psychische Betreuung. Bei Krebserkrankungen ist es eher so, dass die Leute müder werden, viel schlafen.

Wie sieht die psychische Betreuung aus?

Das wird gemacht, wenn es gerade anfällt. Wenn zum Beispiel jemand gewaschen wird, kann ein Gefühl von Traurigkeit aufkommen, weil der Verlust von Autonomie bewusst wird. Darauf muss man eingehen, das kann man nicht verschieben. Wir haben dafür auch genügend Zeit. Jeder hat nur drei bis vier Gäste zu betreuen. Trotzdem kann es manchmal stressig werden. Wir haben zum Beispiel eine Frau mit einem Gehirntumor, die ununterbrochen klingelt. Sie hat große Angst, allein zu sein, und braucht praktisch eine Eins-zu-eins-Betreuung. Sie ist sehr, sehr traurig. Mehrere Tage hintereinander ist das für uns kaum auszuhalten. Da wechseln wir uns dann öfter ab. Dabei lassen wir uns auch gern von ehrenamtlichen Mitarbeitern helfen.

Bei der Übergabe wird festgelegt, wer an dem bestimmten Tag wen betreut. Unsere Dienste wechseln oft, weil wir ja nur 70 Prozent arbeiten, da haben wir dann manchmal einige Tage Frühdienst, einige Tage Spätdienst oder Nachtwache und dann auch wieder frei. Wir müssen uns also immer neu absprechen, damit wir bei der Betreuung nicht unterschiedlich vorgehen. Letztendlich soll immer gewährleistet sein, dass die betreffenden Personen sich möglichst wohlfühlen.

Wir hatten mal einen Gast, der sagte: »Ich hab das Gefühl, alle sind hier zu meiner Freude.« Eine solche Anerkennung ist dann ein echter Glücksmoment.

Und es geht immer ums Sterben.

Ja, immer. Ganz selten gehen die Leute wieder nach Hause. Aber meistens ist auch das zeitlich sehr begrenzt. Die Kasse bezahlt die Sätze, aber wenn sich das Krankheitsbild der Leute verbessert oder stabil bleibt, dann können sie nicht ewig bei uns wohnen. Die Ärzte erstellen ein Gutachten, und wenn eine Person sehr stabil bleibt, wird ihr geraten, wieder nach Hause oder ins Pflegeheim zu gehen. Die Plätze werden ja gebraucht. Wir hatten Gäste, die über ein Jahr bei uns waren, aber das ist dann schon die Grenze. Die Menschen, die zu uns kommen, haben eine lange Krankenhauslaufbahn hinter sich: Chemo, Bestrahlung, sie haben schon schlimme Sachen erlebt, und bei uns ist Endstation. Viele sagen dann: Ach, jetzt bin ich im Sterbehaus. Dann geht es darum, loszulassen und seinen Weg so ruhig wie möglich zu gehen.

Und die Gespräche drehen sich ums Sterben?

Ums Sterben und ums Leben. Leben dauert so lange, bis man tot ist. Im Prinzip geht es bei uns darum, so gut wie möglich zu leben. Natürlich mit dem Tod als Endpunkt. Es ist ein Weg, eine Arbeit, eine ganz schön krasse Auseinandersetzung damit, alles zu verlieren. Ich kann nicht mehr laufen, ich kann nicht mehr alleine essen, alles muss für mich gemacht werden. Doch ich finde, dass so gut wie alle das erstaunlich gut meistern. Es ist für mich tröstlich zu sehen, dass es möglich ist.

Der Tod wird in unserer Gesellschaft stark verdrängt.

Die Hospize wurden ja auch geschaffen, um zu zeigen, dass bei uns im Land gestorben werden darf. Guckt hin! Es wird jeden von uns irgendwann einmal treffen, ob wir an einer Krankheit oder an Altersschwäche sterben. Das Sterben ist nicht aus dem Leben wegzudenken. Es gehört dazu. Und dass es jetzt von den Kassen übernommen wird, ist eine absolut optimale Situation: dass man behütet sterben kann.

Was hast du von diesen vielen Gästen gelernt, die im Laufe deiner Tätigkeit gestorben sind?

Nichts aufschieben! Wie oft haben wir Leute erlebt, die gerade Rentner geworden sind und jetzt endlich in die Welt reisen wollten, und dann geht es nicht mehr. Die Krankheit kommt, wann sie kommen will, spät oder viel zu früh. Man lernt, das Leben intensiver zu leben und sich den Fragen von Leben und Tod zu stellen. Das heißt jetzt nicht, dass ich weiß, wie es bei mir sein wird. Aber ich lerne, diesen Prozess anzunehmen – dass es so ist. Ich lerne von jedem ein bisschen, aus seiner oder ihrer Geschichte. Ich kann es gar nicht im Einzelnen aufzählen – es macht jetzt mein Menschsein aus. Mein Verständnis vom Leben.

Arbeitet es in dir weiter, wenn du nach Hause gehst? Wie kannst du dich abgrenzen?

Als ich angefangen habe, fiel es mir sehr schwer, mich abzugrenzen. Da gingen die Geschichten zu Hause weiter. Ich habe mich so stark mit diesen Menschen verbunden, mit ihrem Leid. Aber schon bald habe ich gemerkt, dass mir das zu viel Kraft nimmt, und ich habe versucht, es zu ändern. Ich habe mich nach der Arbeit geduscht, mich anders angezogen und mir gesagt: So, jetzt gehe ich raus, und alles bleibt hier. Und das ist mir immer besser gelungen. Aber natürlich habe ich weiterhin das Bedürfnis, mit meinen Freundinnen, meinem Partner oder mit meinen Kindern über meine Arbeit zu reden. Sie gehört ja schließlich zu meinem Leben dazu. Man gibt sehr viel, mit allen Sinnen und mit aller Kraft, aber man kriegt auch so viel zurück. Es sind kleine Dinge: Wenn ich zum Beispiel eine Frau nach dem Waschen schön eingecremt habe und sie sagt: »Ach, jetzt fühle ich mich richtig wohl.« Oder wenn man reinkommt und die Person sagt: »Da sind Sie ja – wie schön!« Es rührt mich sehr, mit wie wenig ich Menschen glücklich machen kann.

Das ist ja auch generell beim Älterwerden so. Man kann weniger machen, vieles geht langsamer, manches fällt ganz weg, aber es ist nicht so schlimm. Diese Umstellung geht einher mit der Veränderung des Körpers. Ich kann nicht etwas anstreben, was nicht mehr möglich ist. Aber es erfolgt schmerzlos. Ich kann mich freuen am Anblick eines hübschen jungen Mannes, aber ich weiß, dass er nicht mehr mein Liebhaber sein kann.

Und jetzt freut man sich am Anblick, das ist auch schön. Es sind die kleinen Sachen. Ich setze zum Beispiel eine Patientin auf die Bettkante, weil sie nicht mehr liegen kann. Und sie sagt: »Das ist das Schönste, was ich mir vorstellen kann: endlich mal wieder zu sitzen.« Wenn das Leben so reduziert ist, freut man sich über kleine Dinge. Es ist eine absolut ehrliche Angelegenheit. Außer dem Leben hat der Mensch nichts mehr zu verlieren. Alles Unwichtige fällt weg. Es zählt nur noch, was ist. Und selbst bei den Angehörigen fallen alle Hüllen. Da wird geweint und geflucht. Man kann sich nichts mehr vormachen.

Über den Tod wird viel gelogen und verdrängt.

Da kommen Leute, die nicht wissen, wo sie sind. Die Familie hat ihnen gesagt, sie gehen auf eine Kur. Aber das funktioniert nicht! Wenn sie uns fragen, dann sagen wir ihnen, wo sie sind. Sie müssen einfach wissen, was mit ihnen passiert. Warum werde ich immer schwächer? Ich bin doch auf Kur, warum geht es mir da nicht besser? Ich kann jeden verstehen, dem es schwerfällt, seinem Angehörigen zu sagen, dass er sterben wird, aber es bringt nichts. Und wir werden nicht mitlügen. Wir bitten die Angehörigen, ehrlich zu sein, und gehen mit ihnen ins Gespräch. Dabei hilft mir meine familientherapeutische Ausbildung sehr. Wenn eine Person im Sterben liegt, fragen wir die Angehörigen: Möchten Sie dabei sein? Manche wollen es nicht, sie möchten die Person lebend in Erinnerung behalten. Wenn sie es aber möchten, versuchen wir, sie früh genug anzurufen, damit sie es noch schaffen.

Die Verstorbenen können bei uns noch bis zu 36 Stunden verbleiben. Wir machen sie zurecht und schmücken das Bett. Wenn die Angehörigen es wünschen, bieten wir eine kleine Verabschiedung am Bett an, wir sprechen ein paar Worte, lesen eventuell einen Text oder ein Gedicht vor, zünden gemeinsam Kerzen an, spielen Musik. Und dann kommen die Fragen: Was wird jetzt sein? Wie lebe ich ohne Partner weiter? Ohne meine Mutter? Wir können darauf nur begrenzt eingehen. Wir verweisen die Leute an eine Trauerbegleiterin, wenn sie Hilfe benötigen.

Und einmal im Halbjahr veranstalten wir in der Kapelle ein Erinnerungsfest, zu dem wir die Angehörigen noch einmal einladen. Da werden dann für alle, die im vergangenen halben Jahr gestorben sind, Kerzen angezündet, und ihre Namen werden verlesen, im Durchschnitt sind es sechzig. Und hinterher können die Angehörigen zu einem Austausch bei Kaffee und Kuchen mit uns ins Hospiz kommen.

Bei diesen Gesprächen geht es dann oft um Erinnerung, bewältigte oder noch nicht bewältigte Trauer, den Blick nach vorn, aber auch um Streitigkeiten unter den Angehörigen wegen des Erbes. Da kann ich mich inzwischen entspannt zurücklehnen und sagen, dass ist nicht mehr meine Angelegenheit. Da habe ich gelernt, mich gut abzugrenzen. Anfangs hatte ich Angst, dass ich keine empathische Hospizschwester mehr sein würde, wenn ich mich zu sehr abgrenze. Ich dachte, ich würde hart werden. Aber so ist das nicht.

Sterben junge Menschen anders als alte?

Der Unterschied ist gravierend. Alte Menschen wissen, dass sie irgendwann sterben werden. Wenn sie mit neunzig zu uns kommen, dann sagen sie: Ich bin alt und muss sterben, und es ist schön, dass ich es hier kann. Manche sehnen sich auch nach dem Tod und gehen dann natürlich viel leichter. Bei jüngeren Menschen ist es furchtbar. Sie werden mitten aus dem Leben herausgerissen. Wir haben oft Frauen und Männer, die noch kleine Kinder zu Hause haben, die kämpfen ums Überleben. Aber bei diesen Diagnosen wird die Krankheit immer siegen. Die meisten Alten können sagen, sie haben ihr Leben gelebt. Das ist der Unterschied. Es gibt aber auch Ältere, die einen Familienauftrag haben. Wir hatten eine ältere Dame, die in ihrer Familie die Einzige war, die noch tough war und alles zusammenhielt. Die durfte nicht sterben. Ihr Sohn hat ihr gesagt: »Wenn du stirbst, bringe ich mich um.«

Loslassen kann derjenige, der mit sich weitestgehend im Reinen ist, die Krankheit angenommen hat und weiß, dass er diesen Weg gehen muss. Aber es gibt auch Leute, die kurz vor ihrem Tod darüber reden, was sie im nächsten Jahr im Urlaub unternehmen wollen.

Gibt es einen Unterschied zwischen Männern und Frauen?

Aus meiner Krankenschwesternerfahrung weiß ich, dass Männer meistens viel bedürftiger sind und sich gern betreuen lassen. Sie können schwerer mit Schmerzen umgehen. Frauen müssen eben funktionieren. Beim Sterben selbst erkenne ich keinen Unterschied. Im Allgemeinen haben wir im Hospiz mehr Frauen. Die Männer werden ja oft von den Frauen zu Hause betreut. Frauen sind eher bereit, die Pflege eines Angehörigen zu übernehmen. Männer lehnen das oft ab. Wir hatten mal eine Frau bei uns, deren Mann sie besuchen kam und fragte: »Uschi, wo steht denn bei uns der Salzstreuer?« Frauen sind öfter bei uns, weil dann keiner mehr da ist, der sich um sie kümmert. Sie wollen ihre Männer auch nicht überfordern.

Wie erlebst du den Augenblick des Todes?

Manchmal habe ich das Gefühl, dass die Sterbenden ihr Gehen irgendwie steuern können. Einige wollen dabei alleine sein. Die Angehörigen sitzen tagelang am Bett, um den Augenblick nicht zu verpassen. Dann gehen sie nur kurz eine Zigarette rauchen oder zur Toilette, und wenn sie zurückkommen, ist der geliebte Mensch gegangen. Andere Gäste warten so lange mit ihrem Sterben, bis auch noch der letzte Enkel erschienen ist. Jeder geht seinen ganz eigenen Weg.

Als Schwester ist man natürlich auch oft dabei. Gerade wenn die sterbende Person Atembeschwerden hat, löst das große Angst aus. Viele bekommen Medikamente, die schläfrig machen, sedieren. Da ist es dann oft so, dass sie einfach hinüberdämmern können. Es kommt aber immer drauf an, was du für ein Typ bist und welche Krankheit du hast. In vielen Fällen ist es ein sehr friedlicher Moment. Alle Kämpfe sind überstanden. Jeder wünscht sich, still hinüberzuschlafen. Bei uns sind auch schon Leute auf der Terrasse gestorben. Sie wollten hinaus an die frische Luft, und das war für sie dann genau der richtige Augenblick.

Und bei euch haben sie ja keine Schmerzen.

Nein, das kann man so nicht sagen. Es wäre sehr schön, wenn es so wäre. Wir reduzieren die Schmerzen so gut es geht, aber es gibt fürchterliche Tumore. Manche sind nicht schmerzfrei, aber die meisten schon. Daran arbeiten wir ja. Das ist unser Ziel. Übelkeit ist auch ein großes Problem und schwer auszuhalten.

Besteht ein Zusammenhang zwischen der Art, wie die Menschen früher gelebt haben und wie sie sterben?

Kein Mensch stirbt wie der andere. Ich lerne unsere Gäste ja erst in der letzten Lebensphase kennen. Aber ich bin überzeugt, dass die, die sich ihren Problemen gestellt haben, auf jeden Fall leichter sterben. Die, die verdrängen bis zum Schluss, haben eine unglaubliche Angst und Anspannung in sich, weil sie sich dem Unausweichlichen nicht stellen können. Diese Menschen sterben oft schwerer, ob alt oder jung.

Wir hatten einmal einen ALS-Patienten, einen sportlichen jungen Mann. Als ich ihn fragte, wie er mit der Erkrankung umgeht, hat er geantwortet: »Ich finde es nicht so schlimm, denn ich habe doppelt so intensiv gelebt wie andere. Eigentlich bin ich schon hundert. Eine Bergwanderung wollte ich noch mit meinen Kumpels machen, um die ist es schade. Aber sonst ist es okay.«

Für viele ist das Sterben ja auch eine Erlösung von einer kräftezehrenden Krankheit. Und manche haben ihren Glauben.

Hilft der Glaube?

Ja. Bei Leuten, die richtig gläubig sind, hilft er auf jeden Fall. Die haben etwas, woran sie sich festhalten können. Es gibt Menschen, die glauben, dass Gott im Himmel auf sie wartet oder dass sie dort alle ihre Verwandten wiedersehen. Und sie freuen sich darauf. Manche glauben auch, dass die Energie und die Seele nicht verloren gehen und dass sie irgendwo als irgendwas wiedergeboren werden. Ich öffne gern das Fenster, damit die Seele fliegen kann, wohin es sie zieht. Wenn ich mich energetisch darauf einlasse, fühle ich, dass da tatsächlich mehr ist.

Einmal hatten wir eine Frau, die nicht sterben wollte. Schließlich ist sie gestorben, und ihr Zimmer wurde schnell wieder belegt mit einem Mann, der ein bisschen durcheinander war. Einmal hat er nachts geklingelt und gesagt, auf seinem Bett sitze eine Frau, die nicht gehen will. »Wie sieht sie denn aus?«, habe ich gefragt. Und seine Beschreibung passte genau auf die Frau, die vorher in dem Bett gestorben ist!

Wenn jemand stirbt, zu dem du eine stärkere Bindung entwickelt hast, dann ist das doch auch für dich sehr traurig.

Ja, das ist sehr traurig. Ich erinnere mich an eine Frau, die zum Sterben gekommen war. Sie hatte sich bereits aufgegeben, wollte nicht mehr essen und trinken, sondern so schnell wie möglich bei uns sterben. Dann wurden ihre Medikamente umgestellt, und sie ist richtig aufgelebt. Das zu erleben war sehr schön. Wir hatten eine spontane Zuneigung und haben viel miteinander gesprochen. Sie hatte auch noch ein paar Sachen zu klären. Als wir zusammensaßen, sah sie meine Ohrlöcher und sagte, das hätte sie auch immer machen wollen. Da habe ich gesagt: »Es ist noch nicht zu spät.« Sie ist tatsächlich losgezogen und hat sich Ohrlöcher stechen lassen. Sie hat ihr Leben bis zum letzten Tag ausgekostet – ist noch mal an die Ostsee gefahren und hat alles getan, was sie noch tun wollte. Und als ich einmal wegfuhr, habe ich in einem Geschäft Ohrringe gesehen, die zu ihr passten. Ich habe sie gekauft und sie ihr nach meiner Rückkehr rangemacht. Zwei Tage später ist sie in meinen Armen gestorben. Da habe ich geweint.

Sie fuhr an die Ostsee. Das heißt, dass die Menschen, die noch mobil sind, verreisen können.

Ja. Bei uns kam einmal einer mit dem Auto angefahren, Koffer in der Hand. Ja, wo wollen Sie denn hin? Und er: »Ich werde heute hier aufgenommen.« Die Leute können sich frei bewegen, wenn die Ärzte es erlauben. Aber längere Zeit wegbleiben oder 14 Tage Urlaub machen geht nicht, weil Bedürftigere das Bett benötigen und die Kasse ja dafür bezahlt. Aber mal eine Nacht bei der Familie bleiben oder Weihnachten zu Hause feiern können sie natürlich.

Gibt es im Haus selbst Aktivitäten?

Bei uns ist alles auf Spendenbasis und ehrenamtlich. Hospize sind nicht reich und können keine zusätzlichen Mitarbeiter einstellen, die die Gäste beschäftigen. Da ist unsere Kreativität oft gefragt. Ab und zu haben wir schöne Konzerte im Haus. Es gibt eine Stiftung, die junge Musiker unterstützt, und als Gegenleistung müssen diese in sozialen Einrichtungen auftreten. Mit dieser Stiftung haben wir eine Kooperation. Es kommen auch ehrenamtliche Künstlerinnen, die ein paar Lieder auf dem Klavier spielen und singen, oder es kommt jemand, der vorliest. Und einmal im Jahr veranstalten wir ein Sommerfest. Die Ehrenamtlichen werden bei uns ausgebildet und dort eingesetzt, wo sie dringend gebraucht werden: bei uns im Hospiz, bei Erkrankten zu Hause, im Pflegeheim oder als Sitzwache im Krankenhaus. Da geht es dann darum, die Angehörigen zu entlasten oder einsame Menschen nicht allein zu lassen.

Wie war es in der Corona-Zeit?

Mit ansteckenden Krankheiten haben wir es ja immer mal wieder zu tun, zum Beispiel mit multiresistenten Erregern aus den Krankenhäusern, bei denen keine Antibiotika mehr greifen. Bei solchen Gästen müssen wir uns vermummen: Kittel, Häubchen, Mundschutz, Schuhe und eine Schleuse zum Desinfizieren, um die anderen Bewohner unseres Hauses zu schützen. Wir kennen das also schon. Aber Corona ist noch mal eine andere Herausforderung. Wir arbeiten rund um die Uhr mit Mundschutz. Die Neuaufnahmen müssen getestet werden, und bis zum Ergebnis dürfen sie ihr Zimmer nicht verlassen. In der ersten Zeit durften die Verwandten nur sehr eingeschränkt kommen, immer nur ein Besucher am Tag für eine Stunde. Das war schon eine erhebliche Einschränkung für unsere Gäste. Bei großen Familien hatten alle Angst, den Sterbenden nicht mehr zu erleben. Es war schwer für mich, sie wegzuschicken. Wir wollten nicht, dass unsere Patienten ganz alleine bleiben, wir wollten aber auch uns selbst und die Gäste untereinander schützen. Die Gäste sind zwar in Einzelzimmern untergebracht, aber es gibt ja auch einen Gemeinschaftsraum.

Unsere Bewohner hatten keine Angst vor Corona, die haben ja mit ganz anderen Dingen zu tun. Auch für die Angehörigen war Corona nicht das wichtigste Thema. Für uns war es vor allem stressig, weil wir die Leute wegschicken mussten. Jetzt ist es schon viel aufgelockerter. Alle können kommen, wenn sie Mundschutz tragen und die Hygieneregeln einhalten. Wir hatten bisher auch keinen einzigen Covid-19-Fall. Die starken Einschränkungen waren wirksam, aber menschlich gesehen total schwierig. Eine Ausnahme hatten wir bei Sterbenden kurz vor ihrem Tod, da durften mehrere Angehörige ans Bett kommen und sich verabschieden. Aber es war auch nicht leicht und deshalb wiederum stressig, den richtigen Augenblick zu erspüren.

Gibt es genügend Plätze?

Großstädte sind mittlerweile sehr gut aufgestellt, aber wir haben trotzdem eine gefüllte Warteliste. Manchmal kann es aber trotz Warteliste schnell gehen, weil Suchende sich oft in allen verfügbaren Hospizen anmelden und mitunter schon einen anderen Platz gefunden haben oder bereits verstorben sind oder gerade kein akutes Interesse haben. Im ländlichen Raum ist die Situation schlechter. Die

Angehörigen müssen weite Wege auf sich nehmen, und es gibt lange Wartezeiten.

Es fällt auf, dass man seit einiger Zeit offener mit dem Tod umgeht. Auch die Begräbnisrituale sind viel individueller geworden.

Das finde ich immer sehr spannend, wie unterschiedlich unsere Gäste damit umgehen. Manche schreiben ihre Trauerrede selbst oder lassen einen Film über ihr Leben drehen, geben genaue Anweisungen an ihre Kinder weiter, wie das Begräbnis vonstattengehen soll. Kinder bemalen den Sarg des Vaters oder übernachten mit im Zimmer. Das ist eine Entwicklung, die ich sehr begrüße. Ich habe eine Frau kennengelernt, die etwas verwachsen war und ungewöhnliche Körpermaße hatte. Sie hat sich einen an ihre Größe angepassten Sarg zimmern lassen. Den hatte sie im Keller stehen, und immer mal wieder hat sie Probe gelegen, ob er noch passt. Und eine andere hat mir einmal gesagt: »Ich will Ihnen was zeigen. Unter dem Tisch ist ein Karton, gucken Sie mal rein.« – »Oh, das ist ja eine Urne!« – »Ja, die habe ich mir von einer Künstlerin bemalen lassen. Ist die nicht schön? Da komme ich rein!«

Ich muss wirklich sagen: Das Hospiz ist auch ein ganz fröhlicher Ort. Was wir da lachen miteinander! Weißt du noch? Eine Menge kurioser Geschichten gibt es da zu erzählen. Zweifellos sind viele Momente sehr traurig, aber es ist trotzdem auch ein Stück ganz normaler Alltag.

Wir hatten einmal eine ältere Dame, die sich in einen Pfleger verliebt hat. Am Morgen hat sie sich immer aufgebrezelt und auf ihn gewartet. Die war richtig toll

zurechtgemacht. Und einmal kam ich rein und sagte:
»Oh, Frau X, Sie sehen ja heute todschick aus!« Und sie:
»Todschick, haha!« Es gibt humorvolle Leute, Leute, die
Spaß verstehen, wenn einem auch manchmal das Lachen
im Hals stecken bleibt. Humor ist ein großartiger Helfer,
führt durch problematische Situationen und baut Brücken.

Das ist auch das Wichtigste an der Arbeit mit Menschen: dass man die Individualität jedes Einzelnen akzep-
tiert und schätzt. Ich lerne dort, dass man niemand in
eine Schublade stecken darf – weil jeder anders ist. Und
das ist auch gut so.

Und die Menschen sterben auch unterschiedlich.

Ja, komplett. Deswegen kann ich auf die Frage, wie gestorben wird, nicht antworten. Keine Ahnung. Jeder stirbt so,
wie er es möchte oder muss. Oder es zulassen kann. Das
ist das Schöne daran: die Unterschiede des Menschseins.
Ich erinnere mich an eine alte Dame, die sich schon in
einer Art Zwischenwelt befand. Sie hatte wahrscheinlich
schlimme Kriegs- und Kindheitserfahrungen gemacht.
Und ich arbeite viel mit ätherischen Ölen. Sie mochte
diesen Rosenduft. Ich war gerade dabei, ihre Hände aus-
zustreichen, als sie plötzlich in eine Art Film rutschte und
sagte: »Wir müssen uns verstecken!« Sie befand sich in
ihrer Vorstellung im Bunker, und ich habe die Rolle ihrer
Schwester übernommen. Sie gab mir Anweisungen im
Flüsterton: »Wir müssen jetzt das Radio leiser machen.«
Und ich habe alles ausgeführt. »Und was machen wir
jetzt?« Sie war ganz aufgeregt, und als sie nicht mehr
konnte, habe ich sie mit dem Rosenöl weiter massiert und

gesagt: »So, jetzt gehen wir wieder zurück nach nebenan in unseren Rosengarten und erholen uns.« Das hat sie alles mitgemacht. Es war wie eine Hypnotherapie. Für eine Weile hat sie ruhiger geatmet, und danach ging es wieder los. Drei Mal hat sich das wiederholt. Und dann plötzlich wurde sie ganz ruhig, hat sich eingerollt wie ein Embryo und ist gestorben. Da dachte ich: Okay, noch so spät kannst du etwas lösen! Sie hatte ein großes Problem, vor dem sie Angst hatte und das sie mit meiner Hilfe noch bewältigen musste.

Manche haben wohl überhaupt niemanden mehr.

Ja, es gibt Menschen, die mutterseelenallein sind. Ich habe einmal einen Mann gefragt, ob ich ihm einen Kaffee ans Bett bringen soll. Da hat er geantwortet: Noch nie hat das jemand für mich getan. Er hatte in seinem Leben offenbar keinen Menschen, der ihm etwas Gutes getan hat. Später sagte er: »Es ist mir noch nie so gut gegangen wie hier im Hospiz.«

Das ist, was wir geben können.

ANMERKUNGEN

1 Iris Radisch: *Die letzten Dinge. Lebensendgespräche, Rowohlt Verlag,* Reinbek bei Hamburg 2016, S. 192.
2 Veza & Elias Canetti: *Briefe an Georges,* Carl Hanser Verlag, München 2006, S. 174.
3 *Der Spiegel* 48, 23.11.2019, S. 106–109.
4 Dorothy Parker: »New Yorker Geschichten«, zit. nach: Rainer Wieland, Petra Müller (Hg.): *Die Jahre sind mein Lebensglück,* Knesebeck Verlag, München 2008, S. 18.
5 Jean Améry: *Über das Altern. Revolte und Resignation,* Ernst Klett Verlag, Stuttgart 1968, S. 12.
6 Simone de Beauvoir: *Das Alter,* Rowohlt Verlag, Reinbek bei Hamburg, 4. Aufl. 2008, S. 9.
7 Ebd., S. 10.
8 Susan Sontag: »The Double Standard of Aging«, *Saturday Review,* 23.9.1972.
9 Erica Fischer: *Jenseits der Träume. Frauen um Vierzig,* Kiepenheuer & Witsch, Köln 1983, S. 12.
10 Hannelore Schlaffer: *Das Alter. Ein Traum von Jugend,* Suhrkamp Verlag, Frankfurt am Main 2003, S. 95.
11 Susan Sontag: »The Double Standard of Aging«, a.a.O.
12 Simone de Beauvoir: *Das andere Geschlecht. Sitte und Sexus der Frau,* Rowohlt Verlag, Reinbek bei Hamburg, 19. Auflage 2018, S. 724.

13 Cicero: *De senectute. Über das Alter*, Reclam Verlag, Stuttgart 1998, S. 97.

14 Ebd., S. 59.

15 Jean Améry: *Über das Altern. Revolte und Resignation*, Ernst Klett Verlag, Stuttgart 1968, S. 30.

16 Ebd., S. 47.

17 Ebd., S 57.

18 Ebd., S. 149.

19 Simone de Beauvoir: *Das Alter*, a. a. O., S. 711.

20 Ebd., S. 6.

21 Ebd., S. 8.

22 Olga Tokarczuk: *Unrast*, Kampa Verlag, Zürich 2019, S. 27.

23 Siebter Altenbericht, Bundesministerium für Familie, Senioren, Frauen und Jugend, Berlin 2016, S. 57.

24 Dieter Dehm und Christian Petry (Hg.): *Rente und Respekt! Das rot-rote Buch fürs Älterwerden*, Eulenspiegel Verlagsgruppe, Berlin 2020, S. 22.

25 Interview mit Elke Hartmann-Wolff, *Focus Online*, 9. 5.2018.

26 Wieland Wagner: *Japan – Abstieg in Würde. Wie ein alterndes Land um seine Zukunft bangt*, Deutsche Verlagsanstalt, München 2018, S. 24.

27 Ebd., S. 46.

28 Martina Lizarazo López et al.: Gesamtwirtschaftliche Effekte der demografischen Alterung: Auswirkungen auf Produktivitätswachstum und makroökonomische Größen in ausgewählten Industrienationen. Potenziale durch den arbeitssparenden technologischen Fortschritt, Bertelsmann Stiftung, Gütersloh 2019, Website der Bertelsmann Stiftung.

29 Gisela Notz: Ältere Frauen – gestern – heute – morgen. Vortrag am Institut für Kirche und Gesellschaft der Evangelischen Kirche von Westfalen, Dortmund 2015, http://www.kirche undgesellschaft.de/fileadmin/Dateien/Fachbereich_V/ Bilder_Programme_2015_2016/Alte-FrauenDortmund

30 Simone de Beauvoir: *Das Alter*, a. a. O., S. 18.

31 E. M. Cioran: *Lehre vom Zerfall. Essays*, Verlag Klett-Cotta, Stuttgart 1978, S. 11.

32 Ebd., S. 31 f.

33 Zit. nach: *Der Freitag*, Blog »Das Alter ist die Hölle der Frauen«, 28.7.2017.

34 Ebd.

35 Marx und Engels, *Werke 1* (MEW), Dietz Verlag, Berlin 1974, S. 564 f.

36 Jean Améry, a. a. O., S. 64.

37 Simone de Beauvoir: *Das Alter*, a. a. O., S. 364.

38 Jean Améry, a. a. O., S. 149.

39 Bascha Mika: *Mutprobe. Frauen und das höllische Spiel mit dem Älterwerden*, C. Bertelsmann, München 2014, S. 114.

40 Ebd. S. 115.

41 Ebd., S. 19.

42 Silke van Dyk: »Corona und die Alten«, zit. nach: »Passagen«, Blog für die zweite Lebenshälfte, 22.7.2020.

43 Ebd.

44 *The Guardian*, International Edition, 16.5. 2020.

45 Ashton Applewhite: *This Chair Rocks. A Manifesto Against Ageism*, Celadon Books, New York 2019, S. 190.

46 Interview mit Rossana Rossanda, *La Repubblica*, 1.2.2015.

47 Sven Kuntze: *Alt sein wie ein Gentleman. Über Würde im Alter und andere überschätzte Tugenden*, C. Bertelsmann Verlag, München 2019, S. 7.

48 Nationale Armutskonferenz: Armutsrisiko Geschlecht, Armutslagen von Frauen in Deutschland, Berlin 2017, S. 10.

49 Ebd.

50 Franz Schuh, »Nieder mit dem Zwang zur Arbeit«, *Zeit Online*, 18.9.2019.

51 Adrienne Göhler (Hg.): *Grundein/auskommen*, Parthas Verlag, Berlin 2020, S. 347.

52 *Süddeutsche Zeitung online*, 10.5.2010.

53 Reportage des »Teams Wallraff« , RTL-Fernsehen, 5.5.2014.

54 Journal des Forschungsinstituts für Philosophie Hannover, Ausgabe 26, Oktober 2015.

55 Simone de Beauvoir: *Ein sanfter Tod*, Rowohlt Verlag, Reinbek bei Hamburg 2009, S. 119.

56 E. M. Cioran, a. a. O., S. 105.

57 Christina Thürmer-Rohr: *Fremdheiten und Freundschaften. Essays,* transcript Verlag, Bielefeld 2019, S. 259.

58 Silvia Bovenschen: *Älter werden*, S. Fischer Verlag, Frankfurt am Main 2006, S. 108.

59 Christina Thürmer-Rohr, a. a. O., S. 276–277.

60 Cicero, a. a. O., S. 49.

61 Silvia Bovenschen, a. a. O., S. 22.

62 Christina Thürmer-Rohr, a. a. O, S. 258.

63 Iris Radisch, a. a. O., S. 119.

64 Iris Radisch, a. a. O., S. 122.

65 Iris Radisch, a. a. O., S. 125.

66 Christina Thürmer-Rohr, a. a. O., S. 266.

67 Margret Kreidl: *Einfache Erklärung. Alphabet der Träume*, Edition Korrespondenzen, Wien 2014.

LITERATUR

Siebter Altenbericht des Bundesministeriums für Familie, Senioren, Frauen und Jugend (BMFSFJ), Deutscher Bundestag, Berlin 2016.

Nationale Armutskonferenz: Armutsrisiko Geschlecht, Armutslagen von Frauen in Deutschland, Berlin 2017.

Jean Améry: *Über das Altern. Revolte und Resignation*, Klett-Cotta, München 1991.

Ashton Applewhite: *This Chair Rocks. A Manifesto Against Ageism*, Celadon Books, New York 2019.

Simone de Beauvoir: *Das Alter*, Rowohlt Verlag, Reinbek bei Hamburg 1972, 4. Auflage 2008.

Simone de Beauvoir: *Ein sanfter Tod*, Rowohlt Verlag, Reinbek bei Hamburg 2009.

Norberto Bobbio: *Vom Alter. De senectute*, Piper Verlag, München 1999.

Silvia Bovenschen: *Älter werden*, S. Fischer Verlag, Frankfurt am Main 2006.

Bundesministerium für Familie, Senioren, Frauen und Jugend (MFSFJ, Zentrale Befunde des deutschen Altensurveys (DEAS) 1996 bis 2017): Frauen und Männer in der zweiten Lebenshälfte – Älter werden im sozialen Wandel, Berlin 2019.

Veza & Elias Canetti: *Briefe an Georges*, Carl Hanser Verlag, München 2006.

Marcus Tullius Cicero: *De senectute. Über das Alter*, Reclam Verlag, Stuttgart 1998/2005

E. M. Cioran: *Lehre vom Zerfall. Essays*, Klett-Cotta, Stuttgart 1978.

Das Rote Wien 1919–1934. Ideen, Debatten, Praxis, Wien Museum 2019.

Diether Dehm und Christian Petry (Hg.): *Rente und Respekt! Das rot-rote Buch fürs Älterwerden*, Eulenspiegel Verlagsgruppe, Berlin 2020.

Erica Fischer: *Jenseits der Träume. Frauen um Vierzig*, Kiepenheuer & Witsch/dtv, Köln 1983/München 1985.

Erica Fischer: *Himmelstraße*, Rowohlt Berlin, Berlin 2007.

Adrienne Göhler (Hg.): *Grundein/auskommen*, Parthas Verlag, Berlin 2020.

Irene Götz (Hg.): *Kein Ruhestand. Wie Frauen mit Altersarmut umgehen*, Verlag Antje Kunstmann, München 2019.

Philip Kovce und Birger P. Priddat: *Bedingungsloses Grundeinkommen*, Suhrkamp Verlag, Berlin 2019.

Sven Kuntze: *Alt sein wie ein Gentleman. Über Würde im Alter und andere überschätzte Tugenden*, C. Bertelsmann Verlag, München 2019.

Bascha Mika: *Mutprobe. Frauen und das höllische Spiel mit dem Älterwerden*, C. Bertelsmann, München 2014.

Petra Müller und Rainer Wieland (Hg.): *Die Jahre sind mein Lebensglück. Schriftsteller über das Alter*, Knesebeck, Berlin 2008.

Iris Radisch: *Die letzten Dinge. Lebensendgespräche*, Rowohlt Verlag, Reinbek bei Hamburg 2015.

Henning Scherf: *Grau ist bunt. Was im Alter möglich ist*, Herder Verlag, Freiburg im Breisgau 2006.

Frank Schirrmacher: *Das Methusalem-Komplott*, Karl Blessing Verlag, München 2004.

Hannelore Schlaffer: *Das Alter. Ein Traum von Jugend*, Suhrkamp Verlag, Frankfurt am Main 2003.

Seneca: *Von der Kürze des Lebens*, dtv/C. H. Beck, München 2005, 12. Auflage 2016.

Christina Thürmer-Rohr: *Fremdheiten und Freundschaften. Essays*, transcript Verlag, Bielefeld 2019.

Wieland Wagner: *Japan – Abstieg in Würde. Wie ein alterndes Land um seine Zukunft ringt*, Deutsche Verlags-Anstalt, München 2018.

Christine Weiß et al.: *Digitalisierung für mehr Optionen und Teilhabe im Alter*, Bertelsmann Stiftung, Gütersloh 2017.

»Ein großartiges Buch zu nach wie vor relevanten Themen.«

Galore

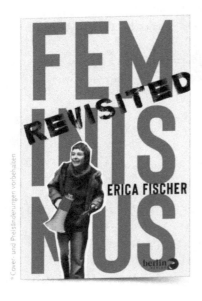

Erica Fischer
Feminismus Revisited

Berlin Verlag, 320 Seiten
€ 20,00 [D], € 20,60 [A]*
ISBN 978-3-8270-1387-3

Oft wird behauptet, der Feminismus habe sich erübrigt. Das Gegenteil ist der Fall. Im Laufe der letzten Jahre hat sich ein neuer, selbstbewusster Feminismus entwickelt. In einer Mischung aus autobiografischem Essay einer Feministin der ersten Stunde und Porträts junger Frauen, für die der Feminismus mehr ist als Quoten und die Forderung nach Frauen in den Aufsichtsräten, zeigt Erica Fischer, warum sich beherztes Engagement lohnt – und auch noch Spaß machen kann.

Leseproben, E-Books und mehr unter www.berlinverlag.de